The Seven Laws of Winners
이기는 사람들의 7가지 법칙

THE SEVEN LAWS OF WINNERS
이기는 사람들의 7가지 법칙

임채성 지음

루이앤휴잇

성공하는 사람은 방법을 찾고,
실패하는 사람은 핑계를 찾는다

변명과 핑계를 당장 멈춰야 하는 이유

나이가 많다고 생각하는가? 그래서 뭔가를 시작하기에는 너무 늦었다고 생각하는가?

운이 나쁘다고 생각하는가? 그래서 인간관계가 자꾸만 꼬이고, 아무리 노력해도 제자리걸음이라고 생각하는가?

학력에 열등감을 느끼고 있는가? 그래서 다른 사람에게 늘 무시당하고, 자신감 역시 떨어진다고 생각하는가?

실패하는 사람들에게는 공통점이 있다. 변명과 핑계에 매우 익숙하며, 그것에 좌우되는 삶을 산다는 것이다. 그들은 실패 원인을 살피고, 자신의 문제점을 되돌아보기보다 '나는 아무런 잘못이 없다'라며 실패 원인을 주변 환경과 운, 학력 탓으로 되돌린다. 그만큼 부정적인 사고방식에 익숙하다. 그러니 뭘 해도 부정적인 결과만 낳는다.

성공한 사람 중 변명과 핑계를 일삼는 사람은 없다. 그들은 자신의 행동에 오롯이 책임지고, 어떤 상황에서도 문제를 해결할 방법을 먼저 찾는다. 하지만 실패하는 사람들은 다르다. 그들은 '왜 그 일을 할 수 없는지', '왜 그 일을 하지 않는지', '왜 그렇게 하지 못하는지'에 대해서 항상 그럴듯하게 변명하고 핑계 대기 일쑤다.

"하고자 하는 사람은 방법을 찾고, 하고 싶지 않은 사람은 핑계를 찾는다"라는 말이 있다. 그런 점에서 볼 때 무엇이건 할 수 있다고 생각하는 사람과 해보기도 전에 할 수 없다고 생각하는 사람은 시작부터 큰 차이를 보이기 마련이다.

오스트리아 정신과 의사로 개인 심리학의 창시자이기도 한 알프레드 아들러(Alfred W. Adler)는 "인간은 누구나 완전하지 않은 존재로 태어났으며, 열등한 상태에서 벗어나려는 욕구를 품고 있다"라고 했다. 아무리 완벽해 보이는 사람도 저마다의 열등감을 갖고 있다는 것이다.

그 말마따나, 누구도 완벽한 사람은 없다. 그러니 성공은 흠잡을 데 없는 완벽함에서 시작하는 것이 아니라 자기가 지닌 열등감을 극복하는 데서 시작된다고 할 수 있다.

성공하고 싶은가? 그렇다면 당장 변명과 핑계를 멈춰라. 실패의 99%는 변명과 핑계에서 나온다. 또한, 변명과 핑계는 삶을 힘들고 아프게만 할 뿐 앞으로 나아가지 못하게 한다. 그 시작은 다음과 같다.

- 뭔가를 시작하기에는 나는 나이가 너무 많아.
- 나는 정말 운이 없어. 왜 내 주변에는 능력이 뛰어난 사람이 없을까.
- 제대로 된 교육만 받았어도 충분히 성공할 수 있었을 텐데.

이런 생각에 빠진 사람일수록 적당한 구실을 찾으면 거기에만 집중한다. 자신이 성공하지 못하는 이유를 다른 사람들에게 그럴듯하게 말하고, 열등감에 휩싸인 자신을 설득하기에는 그것만 한 것이 없기 때문이다. 하지만 변명과 핑계를 되풀이할수록 거기서 벗어나지 못한 채 그것이 실패의 진짜 원인이라고 착각하게 된다. 그래서는 언제까지나 제자리걸음 하거나 후퇴하는 삶을 살 수밖에 없다.

실패는 '재정비'할 수 있는 소중한 기회

"한 번 실수는 병가지상사(兵家之常事)"라는 말이 있다. '전쟁할 때 한 번의 실수는 늘 있는 일'이라는 뜻으로, '어떤 일이건 실수나 실패는 있다'라는 말이다.

누구나 실수할 수 있다. 하지만 실패한 사람을 바라보는 시선은 차갑기 그지없다. '실패는 곧 끝'이라고 생각하기 때문이다. 그러다 보니 실패한 사람 대부분이 '패자부활전' 한번 제대로 해보지 못한 채 극한 상황으로 내몰리곤 한다. 그렇다고 해서 그것을 두려워할 이유는 전혀 없다.

실패의 시대다. 누구도 실패로부터 자유롭지 않다. 문제는 실패를 인정하지 않고 원인을 방치하느냐, 아니면 실패를 겸허히 받아들이고 미래의 성공을 위한 발판으로 삼느냐에 있다.

실패는 모든 것을 무너뜨리기도 하지만, 다시 재정비할 수 있는 매우 소중한 기회이기도 하다. 따라서 실패의 악순환을 끊으려면 실패를 적극적으로 활용할 줄 알아야 한다.

실패를 인정하고 겸허히 받아들여야 한다. 실패를 스스럼없이 고백하고 인정하는 것이야말로 최상의 대책이기 때문이다. 또한, 실패를 실패로 끝내지 않으려면 그것을 디딤돌 삼아야 한다. 왜 실패했는지, 뭘 조심하고 신경 써야 하는지 알면 그만큼 더 크고 단단해질 수 있다.

나이는 어떤 변명이나 핑계가 될 수 없다

실패하면 주변 환경과 나이, 운, 학력을 탓하는 사람들이 간혹 있다. 그들은 자신이 처한 상황 때문에 어쩔 수 없었다며 이런저런 변명을 하고 핑계를 대곤 한다. 그중 가장 흔한 것이 '나이'를 핑계 삼는 것이다.

- 그 일을 하기에는 내 나이가 너무 많아.
- 나는 경험이 부족해서 그 일을 절대 할 수 없어.

나이의 많고 적음이 일하는 것과 어떤 상관이 있기에 자신에게 주어진 기회의 문을 과감히 닫는 것일까.

물론 어떤 일을 하는 데 있어서 나이가 걸림돌이 될 수는 있다. 아닌 게 아니라 우리 삶에서 젊음과 경험은 적지 않은 영향을 미친다. 하지만 그럴수록 더욱더 노력해서 부족한 열정과 경험을 채워야 하는데도 적지 않은 사람이 나이를 핑계로 아예 시도조차 하지 않는다.

나이는 어떤 변명이나 핑계가 될 수 없다. 만일 나이가 너무 많아서 문제라면, 그래서 젊은 시절의 열정이 더는 느껴지지 않는다면 지나온 길보다는 앞으로 나아가야 할 길을 내다봐야 한다. 우리가 주목해야 할 것은 과거가 아닌 미래에 있기 때문이다. 나아가 그것을 이루는 데 있어 나이가 장애가 된다면 미래 역시 포기해야 한다. 과연, 그런 삶을 원하는 사람이 있을까.

뭔가를 시작하기에 늦었을 때란 절대 없다. '너무 늦었다'라고 생각하는 것은 실패하는 사람의 사고방식이다. 성공한 사람일수록 나이가 변명이나 핑계가 될 수 없음을 잘 안다. 그 때문에 그들 중에는 꽤 늦은 나이에 성공한 '슬로 스타터(Slow—Starter)' 역시 적지 않다.

경험이 부족한 것 역시 마찬가지다. 경험 부족은 끊임없는 노력과 지혜로 채우면 된다. 그래야만 노련한 상대와 맞설 수 있다.

운에만 의존해서는 절대 성공할 수 없다

세상에 원인 없는 일은 없다. 어떤 일이건 일어나는 데는 그럴 만한 이유가 있기 마련이다. 그런데 의외로 많은 사람이 자기 생각대로 일이 풀리지 않으면 '운' 탓을 하곤 한다. 마찬가지로 다른 사람이 성공하는 이유 역시 그저 '운이 좋았기 때문'이라며 평가절하한다.

평소에 영업실적이 그리 좋지 않은 한 판매사원이 어느 날 100만 달러가 넘는 계약을 맺었다. 당연히 많은 동료가 축하 인사를 건넸고, 일부는 그를 부러워하며 이렇게 말했다.

"자네, 운이 정말 좋군."

그의 능력과 열정이 아닌 운을 부러워한 것이다. 하지만 그것은 운과는 아무런 관계가 없었다. 그가 그 계약을 맺을 수 있었던 이유는 그만큼 열심히 노력했기 때문이다. 만일 그가 고객에게 가장 효과적인 플랜을 제시하기 위해 며칠 동안 밤을 새워가며 꼼꼼한 계획을 세운 사실을 안다면 누구도 그런 말을 하지 못했을 것이다.

정상의 자리에 오른 사람에게는 그에 걸맞은 이유가 있다. 그것이 피와 땀이건, 눈물이건 그에 적합한 대가를 치렀기에 그 자리에 오를 수 있었다. 그러므로 그것을 단지 운이 좋았다며 함부로 평가절하해서는 안 된다.

성공한 사람은 단 한 번의 실패에도 중요한 사실을 깨닫고 새로운 각오를 다지며 다시 일어서지만, 실패만 거듭하는 사람은 몇 번을 실패해도 제자리걸음이거나 뒷걸음질 칠 수밖에 없다. 왜 실패했는지, 무엇이 잘못되었는지 알지 못하기 때문이다. 그것이 성공한 사람과 실패한 사람의 결정적인 차이다.

쉽게 성공하려는 생각은 버려야 한다. 무엇보다도 운에만 의존해서는 절대 성공할 수 없다. 설령, 성공한다고 한들 그 성공은 그리 오래가지 못할 뿐만 아니라 진정한 성공 요인이 될 수 없다. 똑같은 상황에 부딪혔을 때 다시 성공한다는 보장이 없기 때문이다. 그런 점에서 볼 때 뚜렷한 목표를 세우고 신념과 열정을 갖고 인내하며 끝까지 최선을 다하는 것이야말로 최고의 성공 원칙이라고 할 수 있다.

성공하는 데 있어서 가장 중요한 것

툭하면 건강을 핑계 삼아 다른 사람의 관심을 얻으려는 이들이 더러 있다. 하지만 '몸이 좋지 않다'라는 것이 과연 실패와 실수를 감추는 정당한 변명이 될 수 있을까.

성공한 사람 중 건강을 핑계로 자신의 단점과 실수, 실패를 감추는 사람은 없다. 오히려 건강이 좋지 않을수록 그것을 더욱더 숨기려고 한다. '몸이 좋지 않다'라는 것은 그만큼 자기관리에 철저하지 못하다는 것이기 때문이다.

그런가 하면 "나는 머리가 좋지 않다"라며 자신의 치부를 스스럼없이 드러내는 사람도 있다. 사실 정도의 차이만 있을 뿐, 대부분 사람이 이 말을 습관처럼 하곤 한다. 그것을 '겸손'이라고 착각하기 때문이다. 하지만 겸손이 남을 존중하고 자기를 낮추는 것인데 반해, 그 말에는 자기를 낮추는 뜻은 담겨 있을지 모르지만, 다른 사람을 존중하는 의미는 전혀 담겨 있지 않다. 따라서 진정한 의미의 겸손이라고 할 수 없다.

대부분 사람이 자신은 과소평가하고, 타인은 과대평가한다. 그 결과, 자신의 가능성과 잠재능력은 철저히 부정하며, 뭔가를 시도하기도 전에 일찌감치 포기하곤 한다. 스스로 기회를 박탈하는 셈이다.

성공하는 데 있어서 가장 중요한 것은 학력이나 지식, 재능이 아니다.

어느 정도의 학력과 지식, 재능을 갖추고 있느냐보다는 지금 지닌 지식과 학력, 재능을 어떻게 활용하느냐가 훨씬 중요하기 때문이다. 예컨대, 학력 수준이 다소 떨어지고 지능이 낮아도 자기 자신의 가능성과 잠재력을 믿고 적극적이고 긍정적인 태도를 보인다면 학력 수준이 아무리 높고 지능이 높아도 소극적이고 부정적인 사람보다 성공할 가능성이 훨씬 크다. 작은 일이라도 즐기면서 최선을 다하는 사람은 누구도 이길 수 없기 때문이다. 따라서 자신을 과소평가한 나머지 가능성과 잠재력마저 무시해서는 절대 안 된다. 그보다는 현재 지니고 있는 것에 집중해야 한다. 아울러 학력이나 지식보다는 생각과 가치관이 훨씬 중요하다는 사실을 깨닫고, 항상 적극적이고 긍정적인 태도를 지니기 위해서 노력해야 한다.

한 번 할 수 없다고 생각하면 어떤 일도 할 수 없다. 마음과 몸이 먼저 포기하기 때문이다. 그것을 이길 수 있는 사람은 없다. 따라서 그런 생각은 애당초 하지 않도록 매사에 '나는 잘되고 있다'라며 적극적이고 긍정적인 태도를 지녀야 한다. 또한, 단순한 사실을 기억하는 것보다는 생각하고 창조하는 능력이 훨씬 가치 있음을 깨닫고, 항상 똑같은 방식으로 문제에 접근하기보다는 새로운 아이디어를 찾기 위해서 노력해야 한다. 그러자면 자기 자신에게 이렇게 물어야 한다.

"나는 내 능력을 새로운 역사를 창조하기 위해서 이용하고 있는가, 아니면 다른 사람이 만든 역사를 기록하기 위해서 이용하고 있는가?"

올바른 진단과 처방만이 삶을 원하는 곳으로 나아가게 한다. 자신의 부족함을 알고 잘못을 뉘우치면 발전하지만, 자기 분수를 모르고 날뛰거나 실수와 잘못을 깨닫지 못한 채 변명과 핑계를 일삼으면 퇴보하거나 실패를 반복할 수밖에 없다. 그래도 계속해서 변명할 것인지, 변화할 것인지, 그 선택은 오직 자기 자신에게 달려있다.

첫 번째 법칙 ||| 목표 설정

🚶 두 번째 법칙 ▌▌▌ **신념**

🚶 세 번째 법칙 ▌▌▌ **습관**

🦸 네 번째 법칙 ||| 결단력

일곱 번째 법칙 ||| 인간관계

● ● ●

어떤 목표도 없고, 어떤 계획도 갖지 않은 이들이 있다.

그들은 목적지 없이 떠도는 배와도 같다.

__ 지그 지글러(Zig Ziglar)

THE SEVEN LAWS OF WINNERS
이기는 사람들의 7가지 법칙

첫 번째 법칙 : 목표 설정

목표가 이끄는 삶

우리가 성공하지 못하는 이유는 기회가 부족하거나 능력이 부족해서가 절대 아니다. 기회는 우리 주위에 항상 널려 있다. 단지, 목표가 없기에 기회를 잡지 못하는 것일 뿐이다. 목표가 없으면 어떤 것도 얻을 수 없다.

1. 목표가 이끄는 삶

성공이란 과연 무엇이라고 생각하는가? 또한, 성공하려면 어떻게 해야 한다고 생각하는가? 혹시 돈을 많이 버는 것을 성공이라고 생각하거나 이름을 크게 떨치는 것을 성공이라고 생각하지는 않는가?

성공하려면 목표가 있어야 한다. 즉, 성공은 목표를 세우는 데서 시작한다. 누구나 어느 곳으로 가는지 모르면 절망할 수밖에 없기 때문이다.

목표가 없는 삶은 목적지가 없는 것이며, 목적지가 없는 것은 삶의 의미가 없다는 것이다. 목표가 없으면 얻는 것도 없다. 모든 것이 귀찮고 힘들어질 뿐이다. 과연, 그런 삶이 행복할 수 있을까.

성공을 향한 첫걸음, 삶의 목표 세우기

성공의 기준은 크게 두 가지로 나눌 수 있다. 다른 사람들로부터 '성공한 사람'이라고 인정받는 것과 자기 스스로 '나는 성공한 사람'이라고 인정하는 것이 바로 그것이다. 전자가 세상이 정한 객관적인 성공 기준에 충실하다면, 후자는 자신이 정한 기준에 의해서 성공 여부를 판단한다. 따라서 우리가 생각하는 성공 기준과는 크게 다를 수도 있다. 과연, 둘 중 어느 쪽이 더 성공에 가까울까. 당연히 자기 스스로 성공했다고 인정하는 사람이다. 자기 스스로 인정하지 않으면 그 어떤 성공도 무의미하기 때문이다.

주목할 점은 성공 기준은 제각각이라는 것이다. 즉, 성공 기준은 주관적이다. 예컨대, 어떤 사람은 좋은 차가 성공의 기준이지만, 행복이 성공의 기준인 사람도 있다. 그러므로 자신의 성공 기준이 다른 사람과 다르다고 해서 고민하거나 다른 사람의 성공 기준을 무조건 좇으려고 해서는 안 된다. 그럴수록 문제가 생기기 마련이며, 가치관 역시 흔들릴 수 있기 때문이다. 무엇보다도 성공 기준은 다른 사람이 아닌 자기 자신이 되어야 한다.

어니스트 헤밍웨이(Ernest Hemingway), 스콧 피츠제럴드(Scott Fitzgerald), 존 더스패서스(John Dos—Passos) 등과 함께 '잃어버린 세대(Lost Generation)'을 대표하는 동시에 제임스 조이스(James Joyce), 버지니아 울프(Virginia Woolf), 마르셀 프루스트(Marcel Proust)와 함께 서구 모더니즘 문학을 이끈 20세기 최고의 작가 중 한 명인 윌리엄 포크너(William Cuthbert Faulkner)는 매우 소박한 성공 기준을 지니고 있었다.

"나는 방랑자로 태어나서 아무것도 가지지 않았을 때 가장 행복했다.

당시 내가 가진 것이라고는 큰 주머니가 달린 외투 한 벌 뿐으로, 나는 거기에 양말 한 켤레와 셰익스피어의 작품 한 권, 위스키 한 병을 넣고 다녔다. 그런데도 나는 행복했고, 다른 것은 전혀 원하지 않았다."

물론 이런 성공을 부정하고 꺼리는 사람도 있을 것이다. 하지만 말했다시피, 성공 기준은 제각각이기에 무엇이 옳고 그르다고 할 수 없다. 그러니 윌리엄 포크너가 작은 행복에서 만족을 얻었듯이, 누구나 자신이 정한 성공 기준에 따라서 삶을 즐기면 그것이 바로 성공한 삶이라고 할 수 있다.

"왜 살아야 하는지 아는 사람은 어떤 일도 이겨낼 수 있다"

삶의 목표가 있고 없고의 차이는 매우 크다. 목표가 있는 사람은 미래가 있지만, 목표가 없는 사람은 미래가 없기 때문이다. 또한, 목표가 있는 사람은 행동으로 그것을 보여주지만, 목표가 없는 사람은 언제나 걱정만 한다.

사막에 둘러싸인 아프리카의 어느 부족이 있었다. 갈수록 심각해지는 사막화로 인해 부족은 결국 삶의 터전을 옮겨야 했다. 문제는 아무리 애써도 사막에서 벗어날 수 없었다는 것이다. 방향을 잃고 헤매다가 다시 돌아오거나, 심한 갈증을 이기지 못해서 죽는 일만 반복했다.

그러던 어느 날, 한 학자가 북극성의 존재를 가르쳐 주었다. 북극성을 방향 삼아 사막을 벗어나면 된다는 것이었다. 그 결과, 아무리 애써도 사막에서 벗어날 수 없었던 부족은 단 3일 만에 지긋지긋했던 사막에서 벗어날 수 있었다.

그만큼 목표는 중요하다. 더는 헤매지 않고 위기에서 벗어날 수 있게 해주기 때문이다. 이는 꿀벌을 실험한 연구에서도 명확히 드러났다.

따뜻한 곳에 사는 꿀벌을 겨울이 없는 곳으로 옮겨서 한 가지 실험을 했다. 겨울이 오지 않자 꿀벌들은 꿀을 모으지 않고 게을러져서 사람들을 향해 날카로운 침을 마구 쏘았다. 날씨가 추워지기 전에 열심히 일해야 한다는 목표가 사라졌기 때문이다.

누구나 목표가 있어야만 원하는 곳을 향해 움직일 수 있다. 목표가 있으면 최선을 다해서 자신이 가고자 하는 길을 찾기 때문이다. 아울러 그 과정에서 끊임없이 자신을 단련하며 계발한다. 이에 대해 독일의 철학자 프리드리히 니체(Friedrich Nietzsche)는 이렇게 말했다.

"왜 살아가야 하는지 그 이유를 아는 사람은 어떤 일도 이겨낼 수 있다."

삶의 목적과 관련 없는 행복은 진정한 행복이 아니다

누구나 살면서 수많은 실패를 경험한다. 쉽게 빠져나올 수 없는 슬럼프에 빠지기도 하며, 절망적인 순간에 부딪힐 때도 있다. 중요한 것은 그것이 삶에 대한 희망을 꺾기보다는 성공에 대한 더욱 강한 열정을 품게 한다는 것이다. 미국의 한 TV 프로듀서는 이와 관련해서 이렇게 말했다.

"완전이라는 절대적인 기준에 의해 날마다 성과를 판단하려고 했다면 나는 벌써 미쳤을 것이다. 내가 시도하고자 한 것은 좋은 타율이었다. 나는 때때로 파울을 치기도 했고, 삼진아웃을 당하기도 했으며, 많은 실수도 했다. 하지만 나는 그런 것쯤은 전혀 상관하지 않았다. 그 역시 내 삶의 일부이기 때문이다."

타격 기술이 아무리 뛰어난 타자라도 매번 안타를 칠 수는 없다. 10번 나와서 3번만 안타를 쳐도, 즉 타율이 3할만 되어도 수준급 선수라는 말을 듣는다.

성공 역시 마찬가지다. 언제나 성공의 순간에만 머물 수는 없다. 오히려 실패를 통해서 성공의 강도와 기쁨이 더 강해질 수도 있다. 하지만 그걸 참지 못하는 사람들이 많다. 비와 바람, 겨울을 버티지 못한 꽃은 금방 시들 듯이, 시련과 실패를 겪어내지 못하면 진정한 성공의 기쁨을 즐길수 없다. 진정한 성공은 수많은 시련과 실패 뒤에 오기 때문이다.

삶의 확신을 가진 사람일수록 어떤 시련과 실패도 쉽게 이겨낸다. 그것이 불가피한 것이며, 삶의 과정이란 것을 잘 알기 때문이다. 비록 생각대로 풀리지 않는 삶이 초조할 수도 있지만, 그로 인해 쓸데없는 걱정과 비관적인 생각에 빠져서 인생을 좀먹지는 않는다. 그것이야말로 삶을 망치는 지름길이기 때문이다. 그런 점에서 볼 때 만족할 줄 모르는 성공은 진정한 성공이 아니다. 성공은 누리는 것이 아니라 만족하는 데서 오기 때문이다. 문제는 적지 않은 사람이 성공의 화려한 겉모습에만 흠뻑 취해서 성공한 후에도 그 기쁨을 온전히 누리지 못한다는 것이다. 그러니 아무리 성공한들 그 기쁨을 제대로 누릴 수 없다. 더 많은 욕심이 그것을 가로막기 때문이다.

세계 최빈국 중 하나인 방글라데시의 행복 지수가 전 세계 1위라는 사실은 이미 널리 알려져 있다.

영국 정경대학(LSE, London School of Economics and Political Science) 명예연구원으로 국제여론기관인 모리(MORI, Market & Opinion Research International Ltd)의 창립자이기도 한 로버트 우스터(Robert Worcester) 교수팀이 세계 54개국을 대상으로 국민 행복 지수를 조사한 적 있다. 그 결과, 빈곤국인 방글라데시와 아제르바이잔, 나이지리아가 1, 2, 3위를 차지했다. 미국을 비롯한 G7 국가는 단 한 곳도 상위권에 들지 못했다. 과연, 무엇이 세계 최빈국 방글라데시 국민을 행복 지수 1위로 만들었을까.

그들은 좋아하는 일을 하고 있다는 확신과 일에 대한 만족감이 자신을 매우 행복하게 한다고 말한다. 그런 점에서 볼 때 화려한 겉모습이 아닌 스스로 정한 기준에 도달했을 때 느끼는 기쁨과 만족감이야말로 진정한 성공이라고 할 수 있다. 학창 시절, 밤이 늦도록 도서관에서 공부하고 귀가할 때면 뭔가 뿌듯한 기분을 경험한 적 있을 것이다. 자신의 목표를 향해 점점 다가가고 있다는 데서 오는 정신적인 만족감이 스스로 행복하게 한 것이다.

성공은 자유를 제한하기 위해서 자기 자신에게 족쇄를 채우는 것이 아니다. 또한, 하나의 기준으로 설명할 수 있는 것도 아니다.

현재 자신이 하는 일이 삶의 목적과 아무런 관련이 없다면 누구도 행복할 수 없다. 그런 점에서 볼 때 삶의 목적과 관련 없는 성공은 진정한 성공이 아니다. 그것은 그저 지나가는 삶의 한 페이지에 지나지 않기 때문이다.

2. 목표가 있는 삶, 목표가 없는 삶

삶의 장기적인 목표와 단기적인 목표가 있는가? 그것을 이루기 위해서 오늘 무엇을 했는가? 또한, 올해의 목표는 무엇이며, 이번 달의 가장 중요한 목표는 무엇인가? 나아가 목표를 달성하는 데 있어 도움이 될 만한 사람이 주변에 있는가?

삶이 힘들고 불안한 이유는 목표가 없기 때문이다. 확실한 목표가 있는 사람은 어떤 고난과 시련, 실패도 견딜 수 있다. 목표가 삶에 힘과 생동감을 불어넣기 때문이다.

아무런 계획도 세우지 않으면 아무런 실패도 하지 않을 것처럼 보인다. 하지만 이는 잘못된 생각이다. 목표가 없으면 실패할 걱정은 하지 않아도 될지 모르지만, 무엇도 얻을 수 없기 때문이다.

우리가 성공하지 못하는 이유

삶이 힘들다고 느낀 적 없는가? 매일 반복하는 삶이 불안하고 초초해한 적 없는가? 살다 보면 누구나 몇 번쯤은 그런 고민을 하곤 한다.

삶이 힘들고 불안한 이유는 그만큼 삶이 불확실하기 때문이다. 누구도 지금 이후의 삶을 알 수 없다 보니 눈에 보이는 현재의 고난과 시련, 실패에만 집착해서 삶을 낭비하는 것이다.

프랑스의 곤충학자 장 앙리 파브르(Jean Henri Fabre)는 날벌레의 생태를 관찰하던 중 매우 중요한 사실을 발견했다. 날벌레들이 앞에서 나는 벌레들만 무작정 쫓아서 난다는 것이다. 바로 밑에 먹이를 놓아둬도 거들떠보지 않고 그 주변만 계속 맴돌았다. 그러다가 결국 7일 후 모두 굶어 죽었다.

비슷한 예로 미국 양로원 노인들의 사망률을 보면 생일이나 공휴일 후에 급증한다고 한다. 대부분 노인이 생일이나 크리스마스를 즐겁게 보내기 위해서 목표를 세웠다가, 막상 그 목표를 달성하고 나면 삶의 의지가 약화하기 때문이다.

이렇듯 우리 삶에서 목표는 매우 중요하다. 그러나 대부분 사람이 확실한 목표를 갖고 있지 않은 경우가 많다. 한 통계에 의하면, 아무런 목표 없이 파브르가 관찰한 날벌레와 같은 모습으로 사는 사람이 세계 인구의 87%에 달한다고 한다. 인류의 87%가 아무런 목표 없이 사는 것이다.

우리가 성공하지 못하는 이유는 기회가 부족하거나 능력이 부족해서가 절대 아니다. 기회는 우리 주위에 항상 널려 있다. 단지, 목표가 없기에 기회를 잡지 못하는 것일 뿐이다. 그렇다면 우리는 왜 목표나 행동 계획을 세우지 않는 것일까. 그 이유는 목표를 달성하지 못할지도 모른다는 두려움 때문이다.

배는 항해할 때보다 항구에 머물 때 훨씬 안전하다. 하지만 배는 항구에 머물기 위해서 만들어진 것이 아니라 항해하기 위해서 만들어진 것이다. 마찬가지로 아무런 목표도 세우지 않으면 실패할 걱정은 하지 않아도 될지 모르지만, 무엇도 얻을 수 없다는 사실을 알아야 한다.

목표가 없으면 얻는 것도 없다

삶은 리허설이 아닌 라이브다. 누구도 지금, 이 순간 일어나는 일은 바꿀 수 없다. 다만, 사전에 철저히 계획한 구체적인 목표가 있다면 그나마 실패를 줄일 수 있고, 실패하더라도 똑같은 실수를 반복하지 않게 된다.

목표는 '목적' 혹은 '목적지', '목표물'을 뜻한다. 그것은 곧 '계획'을 말한다. 계획은 누군가가 대신해주는 것이 아니다. 자기 자신이 직접 세워야 한다.

계획이 없는 목표는 한낱 꿈에 불과하다. 하지만 적지 않은 사람이 아무런 목표와 계획 없이 무작정 앞으로만 달려가려고 한다. 행복보다는 돈을 좇아서 우르르 몰려다니기 때문이다. 진정한 성공이 무엇인지, 행복이 무엇인지에 대한 가장 기본적인 답도 모른 채 말이다.

미국 예일대에서 졸업을 앞둔 학생들을 대상으로 목표에 대한 한 가지 실험을 했다. 그 결과, 응답자의 87%가 목표 설정을 전혀 하지 않는다고 했으며, 10%는 대충 목표를 세운다고 했다. 목표와 그것을 달성하기 위한 행동 계획을 종이에 적으면서 진지하게 고민한다고 대답한 학생은 고작 3%에 불과했다.

그로부터 20년 후 예일대는 그들이 어떻게 살고 있는지 추적해보았는데, 그 결과는 매우 놀라웠다. 직업, 재정 상태 등 모든 면에서 목표와 행동 계획을 구체적으로 설정한 3%의 학생들이 다른 97%의 학생들을 모두 합한 것보다 훨씬 크게 성공했기 때문이다.

하버드 경영대학원 졸업생을 상대로 한 설문조사에서도 비슷한 결과가 나왔다. 하버드대는 졸업생들에게 다음과 같은 세 가지 질문을 했다.

- 미래에 대한 뚜렷한 목표를 세웠는가?
- 목표를 기록하는가?
- 목표를 달성하기 위한 구체적인 행동 계획이 있는가?

그 결과, 특별한 목표가 없다는 사람이 84%, 목표는 있지만 그것을 종이에 적어 두지는 않는다는 사람이 13%였다. 목표를 구체적으로 설정하고 기록해둔다는 사람은 3%에 불과했다.

10년 후 하버드 경영대학 역시 그들이 어떻게 살고 있는지 조사했고, 결과는 다음과 같았다.

목표는 있지만 그것을 적어두지 않는다는 사람이 특별한 목표가 없는 사람보다 소득이 평균 두 배 이상 높았으며, 목표를 구체적으로 설정하고, 그것을 기록해둔 사람의 경우 목표만 있는 사람보다 소득이 무려 열 배 이상 높았다.

이렇듯 목표를 구체적으로 설정하고, 그것을 눈으로 확인할 수 있게 메모하거나 그려보는 일은 매우 중요하다. 목표가 뚜렷할수록 그것을 이룰 가능성이 훨씬 높기 때문이다.

무엇을 하건, 어디에 살건 목표가 확실해야 한다. 제아무리 힘이 세다 고 한들 그것을 이용하는 방법을 모르면 그 힘은 무용지물이기 때문이 다. 오히려 순간순간 감정에 좌우되어 좋지 않은 일에 사용할 수도 있다. 하지만 뚜렷한 목표가 있다면 원하는 일에 그 힘을 사용하면서 목표에 조금씩 다가갈 수 있다.

인생이란 낯선 곳에서 목표라는 나침반이 없으면 아무것도 할 수 없 다. 그러므로 아직 정확한 목표가 없다면 지금 당장 목표부터 세워야 한 다. 목표가 없는 사람은 날개 없는 새와도 같기 때문이다.

3. 모든 위대함은 작은 첫걸음에서 시작된다

어떤 목표를 몇 개나 갖고 있는가? 나아가 그것을 이루기 위해서 어떻게 하고 있는가? 이번 달 개인적인 목표는 무엇이며, 직업적인 목표는 무엇인가? 올해 목표는 무엇이며, 현재 어느 정도 달성했는가? 건강 계획은 세웠으며, 노후를 대비한 계획은 마련했는가?

목표는 여유를 갖고 진지하게 생각해야 한다. 그만큼 삶을 좌우하는 중요한 문제이기 때문이다. 그러자면 고정관념에서 벗어나서 열린 사고를 할 줄 알아야 하며, 포기하지 않는 신념과 열정을 지녀야 한다.

실패 없이는 아무것도 얻을 수 없다

1714년 영국의 발명가 헨리 밀(Henry Mill)은 세계 최초로 타자기를 만들어 특허를 얻었다. 이후 발전을 거듭해 1878년 영문 대문자와 소문자를 모두 입력할 수 있는 타자기가 등장해 필기의 기계화 시대가 열렸고, 많은 여성이 타이피스트와 비서로 고용되었다.

그런가 하면 자전거의 발전은 과거 핸들로 돌리는 세발자전거에서 시작해 1817년 방향을 조절할 수 있는 바퀴를 단 '달리는 기계(Running Machine)'로 이어졌다. 여기서 나무 안장에 앉아 발로 땅을 구르면서 앞으로 움직이는 형태로 개선된 후 여러 발명가와 기술자들에 의해 코스터 브레이크가 장착된 신식 자전거가 개발되었다.

지금 우리가 지닌 물건은 대부분 작은 아이디어에서 시작되었다. 시계, 종이, 통조림 캔, 비료, 타자기, 자전거, 재봉틀, 자동차, 텔레비전, 컴퓨터, 인터넷 등등. 지금 생각하면 아무것도 아닌 것 같지만, 그것이 존재하지 않았던 때를 생각하면 얼마나 우리 삶에 획기적으로 기여했는지 알 수 있다.

그런 발명품이 만들어질 수 있었던 것은 한 사람의 아이디어와 확실한 목표, 구체적인 행동계획이 뒷받침되었기 때문이다. 하지만 그 뒤에 수많은 실패와 눈물이 숨어 있다는 사실을 아는 사람은 그리 많지 않다.

실패 없이는 아무것도 얻을 수 없다. 에디슨(Thomas Edison)은 수천 번의 실패 끝에 전구를 발명해 세상을 밝게 했으며, 선더스(Saunders) 대령 역시 1,009번의 실패 끝에 우연히 방탄유리를 발명해 수많은 사람의 목숨을 구했다. 이들의 성공이 더욱 빛나는 이유는 수많은 실패가 있었기 때문이다.

중요한 것은 목표를 이루는 것이 아니라 그 과정에서 뭔가를 배우며 성장하는 것이다. 가장 큰 실패는 목표 달성에 실패하는 것이 아니라 목표를 세우기는 하지만, 그것을 이루려고 전혀 노력하지 않는 것이기 때문이다. 따라서 실패를 두려워하지 말고 성공의 발판으로 삼아야 한다. '성공을 위한 실패'에는 다음과 같은 조건이 따른다.

우선, 목표가 확실해야 한다. 목표란 신념과도 직결되기에 목표에 대한 확신만 있다면 실패는 문제 될 것이 없다. 하지만 뚜렷한 목표 없이 이 사람 저 사람에게 끌려다니는 사람에게는 실패가 큰 충격일 수도 있다.

실패를 두려워하지 않으려면 용기와 인내 역시 중요하다. 목표가 확실하다고 해도 한두 차례의 실패에 쉽게 좌절하면 그것을 절대 이룰 수 없기 때문이다. 실패는 우리가 빨리 좌절하기를 바라지만, 성공은 우리에게 용기와 인내를 요구한다.

마지막으로, 적극적으로 실천해야 한다. 즉, 실패를 통해 깨달은 것들을 반드시 적극적으로 실행에 옮겨야 한다. "구슬이 서 말이라도 꿰어야 보배"라는 말처럼 '성공을 위한 실패'는 실천이 뒷받침 되어야만 그 가치를 발휘할 수 있기 때문이다.

꿈을 현실로 만든 오타니 쇼헤이의 '목표 달성표'

메이저리그(MLB) 역사상 베이브 루스(Babe Ruth) 이후 유일무이한 투타 겸업 선수인 오타니 쇼헤이(大谷翔平). 평소에는 지명타자로 풀타임 출장하면서 적게는 6일, 많게는 9일 간격으로 선발투수로도 등판하는 그는 메이저리그 역사상 최초로 투수와 야수 부분 모두 올스타에 선정되었다. 특히 타자로 나선 전반기 76경기에서(2021년 기준) 30개의 홈런을 기록하며 일본인 최초로 메이저리그 홈런왕을 꿈꾸기도 했다. 그만큼 군계일학의 실력을 지니고 있다.

목표는 일을 시작하는 첫 단추와도 같다. 첫 단추를 잘못 끼우면 처음부터 다시 채워야 하듯, 우리 삶 역시 첫 단추를 잘 못 끼우면 모든 것이 엉망이 되고 만다. 그만큼 첫 단추를 끼우는 일은 매우 중요하다. 어떻게 하면 삶의 첫 단추를 잘 끼울 수 있을까.

우리가 어떤 행동을 하는 이유는 그것을 통해 얻고자 하는 목표가 있기 때문이다. 목표가 뚜렷하고 구체적일수록 그것을 이루고자 하는 바람 역시 더욱 강해진다. 따라서 첫 단추를 잘 끼우려면 뚜렷하고 구체적인 목표를 세워야 한다. 애매모호한 목표로는 원하는 것을 이룰 수 없기 때문이다. 오타니 쇼헤이가 그 사실을 증명하고 있다.

그는 고교 재학 시절인 18세부터 42세까지 해마다 구체적인 목표를 설정한 계획표를 작성했다. '만다라트(Mandal—art)'라 불리는 목표 달성표의 중심에 그는 '일본프로야구 드래프트에서 8개 구단 이상 1순위 지명'이라는 목표를 기록하고, 그 주위에 몸만들기, 제구, 구위, 160km, 변화구, 운, 인간성, 멘탈 등의 구체적 목표를 추가한 뒤 또다시 그에 대한 8가지 세부 목표를 상세하게 적었다.

인생 계획표 역시 마찬가지 방법으로 작성했다. 18세에 메이저리그 구단에 입단해서 40세에 은퇴, 41세에 일본에 귀국하는 계획이었다. 이에 따르면, 그는 19세에 영어를 마스터하고, 20세에 메이저리거가 되며,

22세에 메이저리그 최고 투수에게 주는 사이영상을 받고, 24세에는 노히트 노런을 달성하며, 25세에는 175km를 던지는 것을 목표로 했다. 또한, 26세에 결혼해서 28세에 첫아들을 낳고, 29세에 두 번째 노히트 노런을, 31세에는 딸을 낳으며, 37세에는 '장남 야구 시작'이라는 계획도 세웠다. 말도 안 되는 꿈같은 이야기일 수도 있지만, 그는 말도 안 되는 것들을 점점 현실로 만들고 있다.

'마부작침(磨斧作針)'이라는 말이 있다. '도끼를 갈아 바늘을 만든다'라는 뜻으로 '아무리 어려운 일도 꾸준히 하면 언젠가는 그것을 이룰 수 있다'라는 말이다.

모든 위대함은 작은 첫걸음에서 비롯된다. 아무리 크고 위대한 일도 그것을 이루려면 일단 시작해야만 한다. 어떤 일도 시작하지 않으면 아무것도 얻을 수 없기 때문이다.

성공을 위한 실패의 3단계 과정

어떤 목표를 갖고 있는가? 나아가 그것을 이루기 위해서 어떤 아이디어를 갖고 있는가? 목표는 여유를 갖고 진지하게 생각해야 한다. 그만큼 인생을 좌우하는 중요한 문제이기 때문이다. 그러자면 고정관념에서 벗어나 열린 사고를 할 줄 알아야 한다. 아이디어가 현실적이건 비현실적건 상관없다. 일단은 생각나는 대로 무조건 적어라. 그런 다음 그것을 주의 깊게 검토하면서 다음 3단계 과정을 거쳐야 한다.

1단계 : 단계별 계획 세우기

목표가 정해졌으면 그것을 어떻게 이룰 것인지 세부적인 계획을 세워야 한다. 하지만 대부분 사람이 여기서 그만 포기하고 만다. 지나치게 큰 계획에만 집착하기 때문이다. 그 결과, 자신의 계획대로 일이 이루어지지 않으면 실망한 나머지 곧 포기한다.

그들은 '자동학습기'의 교훈을 배우지 못한 사람들이다. 자동학습기는 아주 쉬운 질문부터 시작해서 점점 까다로운 문제로 구성되어 있으며, 문제를 충분히 이해하기 전까지는 다음 문제로 절대 넘어가지 않는다. 그 방식을 계획 세우기에도 응용해야 한다.

우선, 생각나는 대로 목표를 적어라. 그리고 그것을 여러 단계로 나눈 후 가장 쉬운 단계부터 차근차근 실천해야 한다. 하지만 어떤 사람들은 이 단계에서 종종 무력해진다. 그 경우, 일단 거기서 멈춘 후 목표를 다시 한번 점검할 필요가 있다. 그렇게 해서 그것이 목표를 이루는 데 적합하지 않다면 폐기하거나 더 적합한 목표로 바꿔야 한다.

2단계 : 적절한 방법 선택하기

이제 단계별 계획을 어떻게 유용하게 활용할 수 있는지에 대해서 알아보자.

5개의 카드에 5가지 목표와 단계별 계획을 간단히 적은 후 그중 하나를 매일 보는 거울에 붙여둬라. 두 번째 카드는 주머니나 지갑에 넣고 다니는 것이 좋다. 이렇게 하면 매일 의식적으로나 무의식적으로 단계별 계획을 되새길 수 있기 때문이다. 단, 지나치게 조바심을 느끼거나 서두르지 않아야 한다. 아울러 무의식중에 떠오르는 생각을 적어 두는 습관 역시 필요하다. 그것이 삶을 바꿀 수도 있기 때문이다.

3단계 : 아이디어와 일에 대한 열정 갖기

만일 장기적인 목표, 예컨대 고등학생이 의사가 되고자 한다면 구체적인 계획을 세울 필요가 있다. 물론 그 역시 현실적이고 실제적이어야 하는 것은 당연하다. 중요한 것은 목표에 대한 열정을 지니는 것이다. 목표에 전념하기 전에 해당 분야 전문가의 경험과 의견을 들어보는 것도 큰 도움이 된다. 그렇게 해서 적합하지 않은 목표와 계획은 즉시 수정해야 한다.

한 가지 주의할 점은 목표는 목표일 뿐이라는 것이다. 즉, 목표는 이상적인 계획일 뿐 이룰 수도 있고, 이루지 못할 수도 있다. 그러므로 그것을 이루지 못했다고 해서 실망할 필요는 전혀 없다. 그보다는 계획을 세움으로써 그것을 이룰 수 있었던 것에 만족해야 한다. 계획이 없었다면 그조차도 이루지 못했을 것이기 때문이다.

원하는 바를 이루려면 그만큼 이성적이고 현실적이어야 한다. 예컨대, 어떤 목표는 어려움이 따르지만, 계속해서 시도하고 싶을 수도 있다. 하지만 그 목표가 더는 현실적이지 않다면 즉시 수정해야 한다. 그것에만 집착하면 다른 목표 역시 이루지 못할 수도 있기 때문이다.

계획을 세울 때는 자동학습기 원리를 응용할 필요가 있다. 아주 쉬운 것부터 시작하라. 그것은 일을 시작하는 데 적지 않은 도움이 될 뿐만 아니라 목표를 쉽게 이룰 수 있게 한다. 또한, 목표와 계획은 고정적이고 변할 수 없는 것이라고 고집해선 안 된다. 예컨대, 어떤 목표를 이루었다면 즉시 그것을 잊고 새로운 목표를 세워야 한다.

중요한 것은 목표가 자신을 지배해선 안 된다는 것이다. 자신이 목표를 지배해야 한다. 그러자면 삶의 중심을 잘 잡아야 한다. 그래야만 방향을 잃지 않고 원하는 곳을 향해 제대로 나아갈 수 있다.

4. 목표를 달성하는 가장 좋은 방법

하루하루의 목표가 있는가? 만일 있다면 어느 정도 구체적인가? 그저 막연하고 추상적이지는 않은가?

자신에게 끊임없이 질문하면서 남은 삶을 미래에 투자하라. 좋은 목표 설정이란 미래를 생각하며, 상황에 맞춰 자신을 끊임없이 바꿔나가는 것이다.

실현 가능한 목표에 집중하기

말했다시피, 누구나 반드시 목표가 있어야 한다. 그러나 그 목표가 실현 가능해지려면 다음과 같은 조건을 반드시 포함해야 한다.

첫째, 가능한 한 목표가 커야 한다. 즉, 목표는 크면 클수록 좋다. 목표가 클수록 그것을 이루려는 열정 역시 커지기 때문이다. 예컨대, 스포츠에서 강한 경쟁자의 존재는 그렇지 않은 경쟁자보다 더 많이 연습하게 하고, 더 많은 투지를 갖게 한다. 목표 역시 마찬가지다. 큰 목표일수록 삶을 더 크고 멀리 보게 하며 더 많은 열정을 품게 한다.

둘째, 장기적인 목표가 있어야 한다. 만일 장기적인 목표가 없다면 단기적인 목표에 압도당할 수 있다. 중간중간 마주하는 장애물, 즉 고난과 시련에 지치기 때문이다. 가족 문제나 불행한 주위 환경으로 실망하거나 괴로움을 겪을 수도 있다. 하지만 장기적인 목표가 있으면 그런 일시적인 장애물이나 사소한 문제를 얼마든지 극복할 수 있다. 역경을 극복하고 나면 그것이 우리를 넘어지게 하는 돌이 아니라 성공의 디딤돌이 된다는 사실을 깨닫게 되기 때문이다. 단, 장기적인 목표를 세울 때 주의할 점이 있다. 시작하기도 전에 모든 장애물을 다 제거하겠다는 어리석은 생각을 해서는 안 된다는 것이다. 아무리 계획을 잘 세운다고 해도 일하다가 보면 예기치 않은 문제가 생길 수 있기 때문이다. 그럴 때는 융통성을 발휘해서 즉시 계획을 수정해야 한다.

셋째, 매일 매일의 목표가 있어야 한다. 목표를 달성하려면 매일 그것을 이루기 위해서 열심히 노력해야 한다. 그런 점에서 볼 때 하루하루의 목표가 없다는 것은 다분히 이상적인 생각에 지나지 않는다. 위대한 사람이 되는 기회는 나이아가라 폭포처럼 한꺼번에 오는 것이 아니다. 그것은 한 번에 한 방울씩 떨어지는 물방울처럼 서서히 온다.

넷째, 구체적인 계획이 있어야 한다. 구체적인 계획이 없는 사람은 어떤 일을 해도 성공할 수 없으며, 어떤 가치 있는 결과도 얻을 수 없다. 즉,

구체적인 계획 없이는 어떤 일도 제대로 해낼 수 없다.

구체적인 계획이란 "나는 돈을 많이 벌 것이다"라는 식의 막연한 생각이 아닌 "나는 얼마의 돈을 언제까지 벌겠다"와 같은 구체적인 목표를 말한다. 한 가지 주의할 점은 실현 가능성 없는 계획은 절대 세워서는 안 된다는 점이다. 사람들이 실현 가능성 없는 계획을 세우는 이유는 실패했을 때 변명하기 위해서이기 때문이다. 또한, 누가 봐도 불가능한 일이기에 실패한다고 해도 누구나 이해할 수 있으리라는 착각 역시 한몫한다. 하지만 누가 봐도 실현 가능성 없는 계획을 세우는 것이야말로 망상에 가깝다.

끝으로, 막연히 행운만 기대하고 목표를 설정하는 것 역시 바로잡아야 한다. 행운보다는 뭔가를 이루려는 열정과 노력이 훨씬 중요하기 때문이다.

성공한 사람들은 자기 실력을 최대한 발휘해서 성공한다는 공통점을 가지고 있다. 또한, 그들은 신념과 열정의 중요성에 대해서도 매우 잘 안다. 따라서 성공하고 싶다면 그런 마음가짐으로 모든 일에 최선을 다해야 한다.

목표 설정에 앞서 반드시 알아야 할 것

목표 설정에 앞서 반드시 알아야 할 것이 있다. 자신의 정확한 위치를 알아야 한다는 것이다. 자신의 위치를 모르면 그 목표는 실현 불가능하거나 허황된 꿈에 지나지 않기 때문이다. 그만큼 목표 설정에 있어서 자신이 처한 현실을 정확히 아는 것은 매우 중요하다. 아울러, 자신의 능력 역시 제대로 알아야 한다. 그래야만 현실적이고 정확한 목표를 세울 수 있다. 예컨대, 자신의 능력과 비교해서 목표가 너무 낮으면 성취도가 아무리 높아도 의미 있는 결과라고 할 수 없다. 반대로 지나치게 높은 목표를 정해서 성취도가 낮은 것 역시 마찬가지다.

세계적인 동기부여가인 지그 지글러에 의하면 목표는 육체적인 목표, 정신적인 목표, 영적인 목표, 개인적인 목표, 사회적인 목표, 가정적인 목표, 경제적인 목표 등 총 7가지로 나눌 수 있다고 한다. 이 7가지 목표 모두를 확실하고, 정확하게 세워서 실천할 때 우리는 원하는 자리에 설 수 있다. 그 방법은 다음과 같다.

첫째, 목표를 달성하려면 일단 목표를 상세히 기록해야 한다. 즉, 무엇을, 언제까지 달성하겠다는 계획을 구체적으로 기록해야 한다.

둘째, 중요한 순서대로 목표를 적은 후 그 목표를 달성하는 데 있어 혹시 있을지도 모르는 장애물 역시 함께 적어야 한다. 만일 장애물이 없다면 그 목표는 이미 달성한 것이나 다름없다.

장애물을 작성한 후에는 그들을 극복할 수 있는 계획을 세워야 한다. 마찬가지로 장애물이 무엇인지 정확히 안다면 생각보다 빨리 그것을 극복할 수 있다. 나아가 하나의 목표를 달성하면서 일어나는 장애물을 잘 극복했다면 다른 목표를 달성할 때 생기는 장애물 역시 쉽게 극복할 수 있다.

좋은 목표란 미래를 생각하며, 자신을 바꿔나가는 것

1968년 미국의 심리학자 에드윈 로크(Edwin A. Locke)는 '목표 설정 이론'이라는 흥미로운 논문을 발표했다. 이를 위해 그는 20년 경력의 타이피스트 45명을 대상으로 성과 개선에 관한 실험을 했다. 그녀들은 해당 분야에서 수많은 경력을 쌓으며, 분당 평균 95줄을 타이핑하는 노련한 전문가들이었다.

그는 타이피스트들에게 분당 98줄이라는 새로운 목표를 제시했다. 그러자 실험 참가자들은 하나같이 깜짝 놀랐다. 그도 그럴 것이 20년간 실력을 갈고닦은 끝에 분당 95줄을 타이핑하는 수준에 도달했기 때문이다. 그런데 한 주 만에 그것을 뛰어넘는 성과를 올리라고 했으니 놀라는 것이 당연했다. 하지만 실험 결과는 더욱더 놀라웠다. 일주일 만에 모두가 분당 평균 103줄을 입력하는 수준에 이르렀기 때문이다. 또한, 3주 후에는 분당 평균 112줄을 치는 데 성공했다.

이 실험은 우리에게 몇 가지 중요한 사실을 말하고 있다.

첫째, 높은 수준의 목표일수록 동기를 자극해서 성과를 개선한다는 것이다. 그런데 대부분 사람은 높은 수준의 목표를 그다지 좋아하지 않는다. 힘들기 때문이다. 하지만 바로 그 이유 때문에 타이피스트들은 오히려 더 각성하고 업무에 집중할 수 있었다.

둘째, 목표가 구체적일수록 달성 가능성이 더욱더 높다는 것이다.

미국 농구의 전설 마이클 조던(Michael Jordan)은 30살에 은퇴를 선언한 후 마이너리그 야구선수로 활동을 하다가 갑자기 복귀를 선언했다.

아들로부터 농구를 가장 잘하는 사람은 샤킬 오닐(Shaquille O'Neal)이라는 말을 듣고, 자신이 최고 선수라는 것을 아들에게 직접 보여주고 싶었기 때문이다. 그러면서 그는 이렇게 말했다.

"도전할 목표가 생기면 경기를 갈망하며 더 노력하게 된다. 한 걸음 한 걸음씩 나아가는 것, 어떤 일을 하든지 목표를 달성하는데 이보다 뛰어난 방법은 없다."

자신에게 끊임없이 질문하면서 남은 삶을 미래에 투자하라. 좋은 목표 설정이란 미래를 생각하며, 자신을 끊임없이 바꿔나가는 것이다. 미국의 심리학자 윌리엄 제임스(William James)의 말마따나, 생각이 바뀌면 행동이 바뀌고, 행동이 바뀌면 습관이 바뀌고, 습관이 바뀌면 인격이 바뀌고, 인격이 바뀌면 운명이 바뀌기 때문이다.

5. 상상의 힘, 뜨겁게 갈망하라

목표에 관한 확신이 어느 정도 섰다면, 이제 그것을 적극적으로 실행해서 자기 것으로 만들어야 한다. 그러자면 다음과 같은 질문에 자신 있게 답할 수 있어야 한다.

- 일과를 상세하고 구체적으로 기록하고 있는가?
- 목표 달성 과정에서 생기는 장애물을 기록하고 있는가?
- 어떻게 하면 목표를 달성할 수 있는지 아직도 모르고 있지는 않은가?
- 목표가 허황된 것은 아닌가? 혹시 달성 불가능한 것, 자기 능력을 뛰어 넘는 것을 목표로 삼지는 않았는가?"

고난 속에는 더 나은 삶을 만드는 기회가 숨어 있다

삶을 바꿀만한 큰 목표건, 개인적인 작은 목표건 그것을 이루려면 반드시 그것을 방해하는 장애물에 몇 번쯤 부딪히게 된다. 누구나 마찬가지다. 성공한 사람이라고 해서 장애물이 전혀 없는 것은 아니다. 그들 역시 그것을 극복하고 그 자리에 섰다.

누구도 장애물을 극복하지 않고는 원하는 것을 얻을 수 없다. 장애물을 극복해야만 앞으로 나아갈 수 있고, 더 나은 자신과 만날 수 있다. 하지만 적지 않은 사람이 장애물을 만나면 거기서 포기한다.

실패하는 사람일수록 어떤 일도 시도하지 않은 채 "나는 할 수 없다"라는 말만 입버릇처럼 외치며 산다. 그런 사람에게 미래를 바꿀 기회는 없다. 미래를 바꾸고 싶다면 마음의 문을 열고 현실을 직시해야 한다.

고대 그리스에서 가장 뛰어난 웅변가로, 아테네 시민을 선동해서 마케도니아 왕 필리포스(Philippos)와 그의 아들 알렉산드로스(Alexandros) 대왕에 대항하도록 한 데모스테네스(Demosthenes)는 태어날 때부터 언어장애가 있었을 뿐만 아니라 7살에 고아가 되었다. 또한, 후견인들이 아버지의 유산마저 가로챘기에 그의 삶에 희망이라고는 전혀 없었다. 하지만 그는 좌절하지 않았다. 어느 날, 그는 한 웅변가의 연설에 감동하여 가슴 속에 꿈을 품기 시작했고, 매일 자갈을 입에 물고 말하는 연습을 하며, 자신에게 주어진 운명을 극복하기 위해 노력했다. 그 결과, 그는 아테네에서 가장 뛰어난 웅변가가 되었을 뿐만 아니라 유산을 둘러싼 재판에서도 이길 수 있었다.

고난과 역경 속에는 더 나은 삶을 만드는 기회가 숨어 있다. 그러니 살면서 어떤 장애물과 마주하더라도 그것을 흔들림 없이 바라보고, 지금 할 수 있는 일에 최선을 다해야 한다. 그래야만 데모스테네스처럼 무너지지 않고, 운명을 바꿀 수 있다.

꿈의 시각화

목표를 달성하려면 꾸준한 연습이 필요하다. 하지만 그것 못지않게 중요한 것이 있다. 뜨겁게 갈망해야 한다는 것이다. 삶은 우리가 원하는 만큼만 얻을 수 있기 때문이다.

뜨겁게 갈망하라. 그것은 현실이 된다. 앞서 말했다시피, 우리의 삶을 바꾼 위대한 발명품은 모두 '상상'에서 시작되었다.

베트남 전쟁에 참전한 제임스 네스밋(James Nesmith) 미군 소령은 북베트남에 포로로 잡혀 6년 3개월 동안 독방에 감금되었다. 놀라운 것은 그 동안 다른 포로들은 대부분 정신병을 앓거나 죽어나갔지만, 그는 멀쩡하게 살아남았다는 것이다. 훗날 그는 그 비결을 사랑하는 사람을 떠올리면서 고통을 이겨냈기 때문이라고 했다. 하지만 그것 역시 곧 한계에 이르자 좋아했던 골프를 상상했다고 한다. 얼마나 생생하게 상상했는지 그는 골프복의 촉감과 잔디 냄새를 맡고, 다람쥐들이 잽싸게 움직이는 소리도 느낄 수 있었다. 그렇게 매일 4시간씩 상상의 18홀을 돌며 골프를 쳤다.

7년 후 자유의 몸이 된 그는 현실 속의 18홀을 돌았고, 첫 게임에서 70

타를 기록했다. 포로로 잡히기 전보다 무려 20타나 향상된 실력이었다.

이렇듯 뜨거운 갈망은 곧 현실이 된다.

골프의 제왕, 잭 니클라우스(Jack William Nicklaus)의 스윙 코치였던 짐 플릭(Jim Flick)은 골프에 대해서 이렇게 정의했다.

"골프의 90%는 정신력, 나머지 10%도 정신력이다."

잭 니클라우스 역시 그와 비슷한 말을 했다.

"나는 연습장에서 샷을 할 때도 머릿속으로 이미지를 그려 보기 전에는 절대로 샷을 하지 않는다. 그것은 컬러로 된 영화를 찍는 것과 같다. 먼저 나의 볼이 놓인 모습을 보고 목표 지점으로 볼이 날아가는 모습, 높은 탄도로 궤적을 그리며 그린 위에 떨어지는 모습, 그린에 떨어진 볼이 홀컵 쪽으로 굴러서 들어가는 모습 등을 그려 본다. 그런 다음 화면이 잠시 어두워지면서 앞에서 상상한 장면에서의 이미지를 그리며 스윙을 하는 내 모습이 나타나는 것을 본다."

심리학자들은 이를 상상훈련, 즉 '이미지 트레이닝(Image Training)'이라고 한다. 놀라운 것은 이미 100여 년 전부터 많은 선수가 이 방법을 사용하고 있다는 것이다. 한 연구에 의하면, 캐나다 올림픽 대표팀 선수의 99%가 사용할 만큼 일반적인 기술이다.

2007년 캐나다 비숍대학 심리학자들은 '멘탈 트레이닝'에 대한 흥미로운 실험을 했다. 연구진은 '멘탈 트레이닝'이 체력 증진에 미치는 영향을 평가하기 위해 운동선수 30명을 선발해서 무작위로 10명씩 세 그룹으로 나누어 6주 동안 다음과 같은 실험을 했다.

첫 번째 그룹은 멘탈 트레이닝, 즉 실제로는 운동을 하지 않고 특정한 운동을 하는 것을 상상만 하게 했으며, 두 번째 그룹은 특정한 운동을 실제로 하게 했다. 그리고 세 번째 그룹은 아무것도 하지 않게 했다. 그 결과, 아무것도 하지 않은 세 번째 그룹은 거의 변화가 없었지만, 특정한 운동을 반복해서 실행한 두 번째 그룹은 28%의 체력 증진 효과가, 마인드 트레이닝을 계속해서 실시한 첫 번째 그룹은 24%의 체력 증진 효과가 나타났다.

꿈을 시각화하라. 마음의 눈으로 이미 성공한 자신, 성공한 목표를 볼 수 있다면 실제로 그런 일이 일어날 가능성 역시 커진다. 이미 성공한 모습을 마음속으로 생생하게 그리는 습관은 목표를 달성하는 가장 강력한 방법이기 때문이다.

안 되는 이유가 아닌 '해낼 방법'을 생각해라

한 젊은 선원이 배를 타고 항해를 떠났다가 사나운 폭풍을 만났다. 돛대에 올라가서 항로를 조정하라는 명령을 받은 그는 잠시 아래를 보다가 그만 겁에 질리고 말았다. 그러던 중 파도를 뒤흔드는 폭풍에 결국 균형을 잃고 말았는데, 그때 선배 선원이 그를 올려다보며 이렇게 외쳤다.

"이 봐, 위를 봐, 위를 보라고!"

그 말에 정신이 번쩍 든 그는 그제야 균형을 다시 잡을 수 있었다.

일이 안 되는 이유를 찾지 말고 일을 해낼 방법을 생각해야 한다. 그러면 어떤 장애물도 극복할 수 있다. 아울러 목표를 작은 카드에 매일 기록하고, 그것을 항상 갖고 다니면서 수시로 꺼내 보며 주문처럼 되뇌어야 한다.

중요한 것은 생각이 아닌 행동이다. 이론가보다는 행동가가 되어야 한다. 목표를 설정하고도 행동하지 않으면, 목표는 절대 이루어지지 않는다. 가만히 앉아서 기회를 기다리지 말고 적극적으로 행동하라. 기회는 오는 것이 아니라 스스로 만드는 것이다.

세계적인 권투선수 무하마드 알리(Muhammad Ali)는 "만약 내가 이 시합에 진다면"이라는 말을 절대 하지 않았다. 그 대신 "다음번에는"이라는 의미심장한 말을 자주 했고, 목표 달성은 시간문제라며, 항상 자신감이 가득했다.

우리 역시 그런 자세를 본받아야 한다. 다른 것에는 절대 눈 돌리지 말고 오로지 목표만 바라보며 앞을 향해 나아가라. 거기에 우리가 원하는 것이 있다.

● ● ●

신념은 인간에게 가장 중요한 것이다.

그러나 아무리 굳은 신념이 있어도 가슴속에 품고만 있다면 아무런 소용없다.

어떠한 희생을 치르더라도, 죽음을 걸고서라도

반드시 신념을 드러내고, 실행하는 용기가 필요하다.

그래야만 신념은 비로소 생명을 갖는다.

__ 아르투로 토스카니니(Arturo Toscanini)

THE SEVEN LAWS OF WINNERS
이기는 사람들의 7가지 법칙

두 번째 법칙 : 신념

불가능을 가능으로 바꾸는 '마음'의 힘

신념은 마음을 만드는 '연금술'과도 같다. 신념이 생각과 결합했을 때 성공은 훨씬 가까워진다. 가물가물하던 정신이 일깨워지고, 정신적 가치가 생길 뿐만 아니라 어떤 일도 쉽게 포기하지 않는 '열정'이 생기기 때문이다.

1. 불가능을 가능으로 바꾸는 '마음'의 힘

목표를 현실로 만들려면 가장 중요한 것은 무엇이라고 생각하는가? 주변 사람 모두가 "그 꿈은 절대 이루어질 수 없다"라고 하거나, 다른 사람들이 선택한 길과 전혀 다른 길을 가야 한다면 어떻게 할 것인가?

삶의 목표에 따른 장기적 · 단기적 계획을 세웠다면, 이제 그것을 어떻게 이룰 것인지에 집중해야 한다. 그것을 이루려면 가장 필요한 것은 무엇일까. 바로 마음의 힘, 즉 '신념'이다. 반드시 목표를 이루고야 말겠다는 흔들리지 않는 믿음이 있어야만 정상에 우뚝 설 수 있기 때문이다.

결정적인 순간, 나를 일으켜주는 신념의 마력

"일념(一念)은 이어가도 이념(二念)은 일으키지 말라"라는 일본 속담이 있다. '한 가지 일을 시작하면 다른 생각은 절대 하지 말라'라는 뜻이다. 서양에도 그와 비슷한 말이 있다.

"신념은 산을 움직이며, 의지는 하늘을 움직인다."

그만큼 신념은 중요하다. 노력만으로는 절대 성공할 수 없기 때문이다. 만일 열심히 노력하지만, 성공할 수 있다고 믿지 않는 사람과 노력은 비교적 덜 하지만, 성공을 확신하는 사람이 있다면 누가 성공할 확률이 더 높을까.

성공학 연구자들에 의하면, 자신을 믿는 사람이 성공할 확률이 더 높다고 한다. 성공은 자신을 굳게 믿고 실천하는 사람에게만 주어지기 때문이다.

신념은 목표를 이루는 데 필요한 힘과 에너지, 기술을 제공한다. '나는 그것을 할 수 있다'라고 믿으면, 자신도 모르게 그것을 할 수 있게 되기 때문이다.

27세에 백만장자가 된 폴 마이어(Paul J. Meyer)는 19살에 미 공군에 입대하여 체육 교관으로 군 복무를 마친 후 대학에 들어갔지만, 집안 형편이 너무 어려워서 3개월 만에 학교를 그만두고 보험회사의 문을 두드렸다. 그러나 대학 중퇴에 말까지 더듬는 그를 주목하는 사람은 아무도 없었다. 당연히 입사원서를 낸 회사마다 퇴짜 당하기 일쑤였다. 그 횟수가 무려 57번이었다. 그러면서 하는 말은 매번 똑같았다.

"당신은 영업사원으로 적합하지 않습니다."

결국, 그는 심한 자괴감에 빠졌지만, 그렇다고 해서 좌절하지는 않았다. 그때마다 마음속으로 '당신들은 이 나라에서 제일가는 세일즈맨을 놓쳤다'라고 항변하며 자신을 위로했다. 그렇게 해서 마음을 다잡은 그는 가까스로 한 회사에 취업했지만, 가는 곳마다 거절당하기 일쑤였다. 몇 달 동안 단 한 건의 실적도 올리지 못할 정도였다.

그때 그에게 다시 용기를 심어준 것은 '나는 이 일에서 꼭 성공하고 말겠다. 나는 해낼 수 있다'라는 신념이었다. 어렵고 힘든 고비가 앞을 가로막을 때마다 그는 여기서 포기하면 더는 갈 곳이 없다는 생각에 이를 악물었다. 그 결과, 입사 1년 만에 신계약 업적 1백만 달러라는 기록을 달성하며 최연소로 기네스북에 오르는 영광을 차지했을 뿐만 아니라 성공 동기부여 연구소(SMI, Success Motivation Institute)를 설립하여 세계적인 대부호가 되었다. 아울러 성공의 원리를 배우고 싶어 하는 이들을 위해 리더십 매니지먼트 인터내셔널(LMI, Leadership Management International)을 설립하여 수많은 사람에게 성공의 길을 안내하며 '자기계발 연구의 창시자'로 불리게 되었다.

폴 마이어는 자신의 성공 비결에 대해서 이렇게 말했다.

"생생하게 상상하고, 간절하게 소망하라. 무엇보다도 자신을 믿고 열정을 다해야 한다. 그러면 무엇이건 반드시 이루어진다."

"생생하게 상상하고, 간절하게 소망하라"

어렵고 힘든 장애물이 앞을 가로막을 때마다 '나는 반드시 성공할 것이다'라는 신념만큼 강력한 성공 수단은 없다. 할 수 있다는 강한 자신감과 어떻게 하면 더 좋은 결과를 만들 수 있는지에 대한 끊임없는 생각과 노력, 그리고 그것을 실천하는 사람에게 성공의 문은 저절로 열리기 때문이다. 반면, 실패한 사람들에게는 다음과 같은 공통점이 있다.

- 주위 사람들의 조언을 무시한다.
- 일이 잘되어 가지 않는데도 그다지 놀라지 않는다.
- 해보기는 하겠지만, 잘되지 않을 것이라며 의심한다.

자신을 믿지 않고 의심하면 힘은 힘대로 들면서 부정적인 결과만 낳는다. 더욱이 그것은 잠재의식에도 큰 영향을 미쳐 결국 부정적인 자아를 만든다. 따라서 성공하고 싶다면 가장 먼저 의심과 자기 불신을 버려야 한다. 자기 자신을 믿지 않고 의심하면 절대 성공할 수 없기 때문이다.

"콩 심은 데 콩 나고, 팥 심은 데 팥 난다"라는 말이 있다. '심는 대로 거둔다'라는 뜻이다. 생각건대, 이 말만큼 우리 삶을 제대로 설명하는 말은 없을 것이다. 예컨대, 벼락치기 공부로 60점밖에 나오지 않을 사람이 90점이나 100점을 기대한다면 어떻게 될까. 운이 좋아서 90점이나 100점을 얻을 수도 있다. 하지만 그것은 단지 운이 좋았을 뿐, 진정한 실력은 아니다. 즉, 누구도 그 점수가 끝까지 이어진다고 장담할 수 없다. 심고, 뿌린 만큼 거두는 것이 순리이기 때문이다.

우리 역시 마찬가지다. 평소에 어떻게 생각하고, 어떻게 행동하느냐가 우리 자신을 결정한다. 항상 자신을 의심하고 불신하는 사람은 부정적인 존재로, 항상 자신을 믿고 강한 신념을 지닌 사람은 긍정적인 존재로 평가받는다. 그 차이는 매우 크다. 부정적인 사람은 누구나 꺼리는 죽은 사람과도 같지만, 긍정적인 사람은 누구나 가까이하고 싶을 뿐만 아니라 스스로 빛을 발하기 때문이다.

명작은 저절로 만들어지지 않는다. 피와 땀, 눈물, 고난과 시련을 겪은 뒤라야 명작은 탄생한다. 중요한 것은 그것을 만드는 것은 다른 누구도 아닌 자기 자신이라는 점이다.

신념은 자동 온도 조절 장치와도 같다. 끊임없이 전진하려면 스스로 가치 있고, 큰일을 할 수 있다고 믿어야 한다. 말과 행동을 통해 그것이 증명되고, 결국 그것이 삶을 바꾸는 큰 힘이 되기 때문이다.

누구나 믿는 만큼만 성공할 수 있다

1990년대 최고의 농구선수였던 마이클 조던. 신체적 조건이 그리 뛰어나지도, 불굴의 투지와 혀를 내두를 정도의 강한 승리욕을 지니고 있지도 않았던 그의 성공 신화는 너무도 평범한 데서 시작되었다.

그는 NBA 역사상 연습을 가장 열심히 한 선수였다. 물론 그 외에도 연습을 게을리하지 않았던 선수는 수없이 많지만, 그는 단 한 번도 연습을 연습이라고 생각하지 않았다. 연습도 늘 실전처럼 생각하며 철저히 자신을 속였다. 이런 믿음으로 훈련 강도를 높이고 최상의 기술을 익힘으로써 누구도 넘볼 수 없는 동작과 전술을 익힐 수 있었다.

미국의 만화영화 제작사인 월트 디즈니(Walt Disney)는 장편 만화영화 제작 시 장면을 스토리 보딩(Story boarding)하는 전략으로 유명하다.

알다시피, 스토리 보딩은 필름에 담을 실제 소리와 영상을 작가와 연기자들에게 할당하기 전에 주요 장면의 아웃라인(Outline)을 게시판에 순서대로 붙여놓는 것으로, 작업이 시작되기 전에 실전 과정을 순서대로 파악할 수 있다는 장점이 있다. 그런 점에서 볼 때 월트 디즈니는 무엇을, 어떻게 하는 것이 가장 효과적이며, 성공으로 연결되는지 누구보다도 더 잘 알고 있었다.

뉴욕 타임스 광장에서 평범한 명함 케이스를 파는 남자가 있었다. 그는 온종일 그곳에서 제품을 홍보한 후에 해가 지면 기사가 운전하는 리무진을 타고 집으로 돌아갔다. 많은 사람이 그 이유를 궁금해하자, 그는 이렇게 말했다.

"매일 수십만 명, 1년이면 5천만여 명이 뉴욕 42번가와 브로드웨이를 오갑니다. 내가 매일 그곳에 서 있는 이유는 목표를 잊지 않기 위해서입니다. 5천만 개의 명함 케이스를 팔려는 것이 절대 아닙니다. 중요한 것은 많은 사람을 만날수록, 일의 강도를 높일수록 목표를 달성할 가능성역시 커진다는 것입니다."

자신을 믿고, 실천하는 것, 바로 이것이 성공의 첫 번째 단계다. 이 문을 통과하지 않고는 누구도 앞으로 나아갈 수 없다. 누구나 믿는 만큼만 성공할 수 있기 때문이다.

생각을 '힘'과 '능력'으로 바꾸는 법

인류 역사에 길이 남을 만한 성과들은 대부분 재능 있는 사람들이 아닌 위험과 도전을 마다하지 않고 이들에 의해 이루어졌다. 예컨대, 출장이 잦은 세일즈맨이었던 킹 캠프 질레트(King Camp Gillette)는 아침마다 수염을 깔끔하게 깎아야 했지만, 수염을 깎을 수 있는 도구라고는 날카로운 칼밖에 없었다. 그러다 보니 자칫 실수라도 하면 얼굴에 상처를 남기기 일쑤였다.

어느 날, 이발사가 빗을 대고 머리카락만 잘라내는 모습을 떠올린 그는 칼날을 얇은 철판 사이에 끼운 '안전면도기'를 만들었고, 대량생산이 불가능하다는 말에 몇 년이나 연구를 거듭해서 마침내 면도기의 혁명을 이루어냈다. 자신의 아이디어에 대한 집요한 믿음이 만든 결과였다.

이렇듯 뭔가를 이루고, 변화를 이끄는 이들일수록 강한 신념을 품고 있다. 그들은 자신이 가는 길을 스스로 끊임없이 환기하며 운명이 아닌 자신을 믿는다.

믿는 것이 곧 현실이 된다. 그러므로 진정으로 원하는 것이 있다면 '할 수 있다'라고 믿어야 한다. 단, 이때 절대 간과해서는 안 되는 것이 있다. 신념 자체만으로는 그 무엇도 이룰 수 없다는 점이다. 끊임없는 자기암시와 잠재력, 자신감 등을 통해 신념을 뒷받침해야 한다. 그러자면 다음 세 가지를 명심해야 한다.

첫째, 성공만 생각해야 한다. 어떤 경우에도 실패는 절대 생각해서는 안 된다. 어려움에 직면했을 때 역시 마찬가지다. '포기하고 싶다'가 아닌 '이길 수 있다'라고 믿어야 한다. 즉, 어떤 순간에라도 '나는 할 수 있다'라며 자기암시를 반복해야만 긍정적인 결과를 얻을 수 있다.

둘째, 자신을 자주 칭찬해야 한다. 심리학에서는 이를 '자기충족적 예언'이라고 한다.

성공한 사람이라고 해서 모든 것을 잘할 수는 없다. 그들이라고 해서 '슈퍼맨'은 아니기 때문이다. 그들 역시 우리와 똑같은 능력을 지닌 평범한 사람에 지나지 않는다. 다만, 자기 자신과 자기 일에 누구보다도 강한 신념을 지니고 있기에, 우리와 다른 결과를 만든 것일 뿐이다. 미국의 철학자 존 듀이(John Dewey)는 "인간이 가진 본성 중 가장 깊은 자극은 '중요한 사람'이라고 느끼고 싶은 욕망이다"라고 했다. 이는 칭찬이야말로 가장 강력한 동기부여 방법임을 말해주는 것이라고 할 수 있다.

셋째, 어떤 일이 있어도 자기 자신을 믿어야 한다. 성공의 크기는 목표와 신념의 크기에 비례한다. 목표가 클수록 크게 성공한다. 그만한 신념이 뒷받침되기 때문이다.

어떤 순간에도 '나는 할 수 있다', '나는 된다'라고 믿어라. 흔들리지 않는 신념이야말로 생각을 '힘'과 '능력'으로 바꾼다. 나아가 그것은 마음속의 장애물과 한계를 극복하고 정상에 서게 하는 가장 강력한 법칙이기도 하다.

2. 우리가 믿는 것이 우리를 만든다

누구나 마음 깊은 곳에 무한한 힘과 열정을 지니고 있다. 그것을 신념으로 바꾸려면 어떻게 해야 한다고 생각하는가? 나아가 올바른 신념을 지니려면 어떻게 해야 할까?

신념은 자기 암시에 의해 잠재의식 속에 거듭 일깨워지고 가르침을 받아 일어나는 정신 상태로 잠재의식에 '이렇게 해야 한다'라고 거듭 명령하고 확인하는 과정을 거쳐 만들어진다.

신념은 마음을 만드는 '연금술'과도 같다. 신념이 생각과 결합했을 때 성공은 훨씬 가까워진다. 가물가물하던 정신이 일깨워지고, 정신적 가치가 생길 뿐만 아니라 어떤 일도 쉽게 포기하지 않는 '열정'이 생기기 때문이다.

생각이 바뀌면 세상이 바뀐다

확고한 신념만큼 빛나는 성공 비결은 없다. 아무리 능력이 뛰어난 사람도 확고한 신념 없이는 원하는 것을 절대 얻을 수 없기 때문이다. 이에 대해 세계적인 동기부여가인 노만 빈센트 필(Norman Vincent Peale)은 이렇게 말했다.

"자기 자신을 믿어라. 자기 재능을 신뢰하라. 생각을 바꿔라. 그러면 세상을 바꿀 수 있다. 성공은 신념의 산물이다. 신념이 없으면 성공도 행복도 없다."

그 말을 증명하는 가장 대표적인 인물이 바로 현대그룹 창업주 정주영 회장이다. 어린 시절 그는 주위 사람들에게 "큰물에 나가야 커다란 물고기를 잡을 수 있다"라는 말을 자주 했다고 한다. 그것이 그가 네 번이나 서울로 가출을 감행한 이유이기도 했다. 큰 도시에 가야만 돈 벌 기회가 많은 것은 물론 성공할 기회 역시 많으리라고 생각했기 때문이다.

결국, 가출 후 복흥상회라는 쌀가게의 배달원으로 일했던 그는 특유의 성실함으로 가게 주인의 신임을 얻어 가게를 물려받는 수완을 발휘한 후 불굴의 도전정신과 신념으로 지금의 현대를 창업했다. 아버지의 소 판 돈 70원을 들고 가출한 그가 소 떼 1,000마리를 앞세우고 판문점을 지나 고향을 찾은 이야기는 영화보다 더 극적인 사건으로 회자하고 있다.

정주영 회장의 기업가정신을 말할 때 가장 흔히 하는 이야기가 있다. 바로 '해봤어?'라는 말로 상징되는 도전정신이다. 주위 사람들에 의하면, 그는 도저히 불가능한 상황에서도 포기라는 말은 절대 하지 않았다고 한다. 그만큼 자신을 믿었고, 어떤 일이건 할 수 있다고 확신했기 때문이다. 어떻게 하면 그런 신념을 지닐 수 있을까.

신념은 자신감과 연결되어 있다. 그 때문에 목표를 세울 때는 달성 가능하고 현실적인 목표를 설정해야 한다. 그렇게 해서 목표를 하나씩 이루어나갈 때 자신감은 점점 커지고, 앞으로 나아가는 힘 역시 생기기 때문이다.

또한, 신념을 키우려면 잠재의식에 '이렇게 해야 한다'라고 거듭 명령하고 확인하는 과정을 거쳐야 한다. 그에 대해 어떤 범죄학자는 이렇게 말한 바 있다.

"인간이 최초로 범죄를 저질렀을 때는 매우 불안해하고 거기서 벗어나려고 애썼지만, 범죄에 점점 익숙해지면서 그다지 고통스럽지 않게 되었다. 그러다가 결국 죄의식조차 잊고 말았다."

생각은 끊임없이 잠재의식에 작용하며, 잠재의식은 뚜렷한 형태가 되어 결국 우리를 지배한다. 나아가 그것은 상상을 초월하는 힘이 된다.

꿈을 현실로 만드는 잠재의식의 힘

한 심리학자가 이제 막 사회생활을 시작한 청년들에게 인생에서 가장 갖고 싶거나 꼭 이루고 싶은 일을 종이에 쓰게 했다.

"원하는 것을 종이에 쓰는 것만으로도 얼마든지 그것을 이룰 수 있습니다."

몇 년 후 그는 청년들에게 종이에 썼던 것을 실제로 이루었는지 물었다. 그러자 모두가 자신의 꿈을 이루었다고 했다.

'신념의 마술'을 얘기하는 이 이야기는 실제 있었던 일이지만, 이를 믿는 사람보다는 믿지 않는 사람이 훨씬 많다. 말 그대로 마술 같은 일이기 때문이다.

누구나 오랫동안 고민하던 문제에 대해 기발한 해결법과 뛰어난 아이디어가 번뜩 떠오른 경험이 있을 것이다. 심리학자들은 이를 잠재의식의 발현이라고 말한다.

잠재의식이란 심리학자 지그문트 프로이트(Sigmund Freud)가 제시한 심리학 용어로 의식과 무의식 사이의 영역을 말한다. 그에 의하면, 잠재의식은 우리의 생각과 행동에 큰 영향을 끼치며 삶을 지배해 나가는데, 이때 정신을 집중하면 생각지도 못한 힘을 발휘할 수도 있다.

리더십 코칭의 대가 데일 카네기(Dale Carnegie)가 라디오 방송에 출연했을 때의 일이다. 지금까지 배운 최고의 교훈을 묻는 진행자의 말에 카네기는 이렇게 말했다.

"우리가 무엇을 생각하고 있는지 아는 것이 중요합니다. 그가 무엇을 생각하는지 알 수 있다면, 어떤 인물인지도 알 수 있기 때문입니다. 나아가 우리가 생각하는 것이 우리를 만듭니다. 즉, 누구나 생각을 바꾸는 것만으로도 삶을 얼마든지 바꿀 수 있습니다."

잠재의식 속에 자신이 원하는 것을 심어두고 끊임없이 반복하라. 언젠가는 그것을 정말 이룰 수 있다. 잠재의식은 우리가 크고 작은 좌절과 어려움을 겪을 때마다 용기를 잃지 않게 하는 든든한 힘이 되어주기 때문이다. 나아가 확고한 신념은 잠재의식을 자극해서 능력을 더욱 배가시킨다.

실패한 사람도 살리는 신념의 마술

세계적인 성공학자 나폴레온 힐(Napoleon Hill)의 생일에 있었던 일이다. 제자들이 생일선물로 두툼한 사전을 선물하자, 그는 펜을 꺼내 '불가능'이란 단어를 찾아서 지워버렸다. 그러고는 이렇게 말했다.

"자, 이제 내 사전에 불가능이란 단어는 없네. 나는 이 세상에 불가능이란 존재하지 않는다고 확신하네. 지금까지 불가능하다고 생각했던 일이 전혀 불가능하지 않다는 사실을 수없이 봐왔기 때문이지."

성공은 포기하지 않는 데서 시작되며, 실패는 쉽게 주저앉는 데서 비롯된다. 그런 점에서 볼 때 성공으로 가는 길에서 자신에게 주는 가장 큰 선물은 '할 수 있다'라는 신념과 자신감이라고 할 수 있다.

모든 것은 생각하기 나름이다. 긍정적인 생각은 신념을 더욱 강화하고 새로운 추진력을 갖게 하지만, 부정적인 생각은 모든 것을 포기하게 한다. 그러니 어느 때고 성공한 것처럼 말하고 행동하라. 패배나 실패는 절대 떠올려선 안 된다.

- 신념은 모든 성공의 출발점이다.
- 신념은 모든 기적의 시작이다.
- 신념은 실패한 사람을 살리는 가장 좋은 방법이다.

- 신념은 한정된 정신이 만드는 생각을 뒤흔들고, 그것을 정신적 자산으로 바꾼다.
- 신념은 무한한 지성을 발휘하게 하는 유일한 방법이다.

생각을 바꾸는 것만으로도 삶은 달라진다

"삶은 비밀번호를 맞춰서 여는 자물쇠와도 같다. 정확한 번호를 올바른 순서대로 돌리기만 하면 반드시 열리게 되어 있다. 다만, 맞춰야 할 비밀번호가 많을 뿐이다. 하지만 찾고자 하면 누구나 찾을 수 있다."

세계적인 동기부여가인 브라이언 트레이시(Brian Tracy)의 말이다. 알다시피, 그는 성공의 비밀번호를 직접 만들었다. 가난한 가정에서 태어나 자선단체에서 받은 옷을 입어야 했고, 밥을 먹는 날보다 먹지 못한 날이 많았다. 그런데도 삶은 나아지기는커녕 점점 후퇴하기만 했다. 결국, 고등학교를 중퇴한 그는 접시닦이와 일용직을 떠돌았다. 여관비가 없어서 마구간에서 밤을 보내기도 했다. 그러다가 우연히 보험 세일즈를 시작했는데, 이것이 삶을 바꾸는 계기가 되었다.

'왜 어떤 사람은 다른 사람보다 훨씬 좋은 실적을 올릴까?'

이 문제를 해결하기 위해서 그는 세일즈에 관한 수많은 책과 세미나, 전문가의 강의 테이프를 두루 섭렵했다. 그 결과, 6개월 후 최고 실적을 올렸을 뿐만 아니라 관리자가 되어 6개국에 95명으로 구성된 네트워크를 직접 만들었다.

부동산 분야에 진출할 때 역시 마찬가지였다. 손에서 책을 놓지 않으며 성공 사례를 끊임없이 연구했고, 가장 매력을 느낀 주제인 '행복'에 대한 해답을 찾기 위해서 심리학과 철학, 커뮤니케이션뿐만 아니라 역사와 경제학, 정치학까지 연구하기도 했다. 그렇다면 그가 생각하는 성공의 가장 큰 비결은 무엇일까.

그는 중력과도 같은 마음의 움직임, 즉 신념을 가장 강조한다. 어떻게 생각하고, 마음먹느냐에 따라서 삶은 크게 달라지기 때문이다. 또한, 신념은 몸과 마음의 힘을 활성화하는 촉매제로 자신이 세운 목표가 가치 있음을 확신하게 할 뿐만 아니라 목표에 대한 욕구를 더욱더 강하게 키우는 힘이 되기도 한다. 그러니 신념 없이는 어떤 목표도 달성할 수 없다.

신념은 한 알의 종자에 비유할 수 있다. 비옥한 토지, 즉 조건이 잘 갖춰진 곳에 그것을 뿌리면 꽃이 피고 열매를 맺어 수많은 종자를 얻을 수 있다. 하지만 아무런 조건이 갖춰져 있지 않은 메마른 땅에 그것을 뿌리면 곧 말라서 죽고 만다.

원하는 목표를 문장으로 적은 후 그것을 소리 높여 반복해라. 그것이 잠재의식을 일깨워 꿈을 현실로 만들 것이다.

신념을 키우는 자기 존중, 자신감 키우는 법

어떤 일을 자기 능력으로 충분히 감당할 수 있다고 믿는 마음을 일컬어 '자신감'이라고 한다. 어떤 사상이나 생각을 굳게 믿으며 그것을 적극적으로 실현하려는 '신념'과는 조금 다른 개념이라고 할 수 있다.

자신감이 가득한 사람은 어떤 행동을 하건 대범하게 행동하기에 결과의 도출 역시 매우 빠를 뿐만 아니라 결과가 좋지 않아도 절대 실망하지 않는다. 다음에는 다를 것이라는 믿음이 있기 때문이다. 하지만 자신감이 없는 사람은 다르다. 그들은 어떤 일을 할 때마다 머뭇거리기 일쑤며, 이는 결국 실패로 이어진다. 문제는 그것이 무의식을 지배해서 습관처럼 굳어지면 어떤 일도 해낼 수 없다는 것이다.

자신감이 떨어지는 사람일수록 자기 삶에 만족하지 못하는 경향이 있다. 자신감은 자아 존중에서 비롯되기 때문이다. 또한, 자신감이 없으면 무슨 일이건 쉽게 포기하고, 실패할 것 같은 일은 아예 시도조차 하지 않으며, 다른 사람에게 무조건 의존하려고 한다. 나아가 매사에 부정적일 뿐만 아니라 일이 잘못되면 무조건 남 탓하기 일쑤다.

자신감을 키우려면 어떤 부분에서 자신감이 부족한지 철저히 파악한 후 삶에 실제 변화를 가져다줄 생각과 행동을 적극적으로 끌어내야 한다. 그러자면 다음과 같은 방법이 필요하다.

첫째, 합리성과 자기통제 능력을 키워야 한다. 자신을 자율적으로 통제하고 다스릴 수 있는 사람만이 자신감 있는 삶을 살 수 있기 때문이다.

둘째, 좋아하는 일을 하면서 삶을 즐겨야 한다. 자기 행동이 가져오는 결과가 즐거울수록 스트레스는 줄고, 자신감은 커지기 마련이다. 따라서 자신이 좋아하는 취미생활이나 일을 통해 자신감을 키워야 한다.

셋째, 실수와 실패에 관대해야 한다. '실수하지 않을까', '실패하면 어떻게 하지'라는 생각은 자신감은 물론 자존감 역시 무너뜨린다. 실수와 실패는 누구나 반드시 겪는 일이다. 그러므로 그것에 사로잡혀 기운 뺄 필요는 전혀 없다. 그럴수록 자신감은 떨어지고 삶만 힘들어진다.

넷째, 자신이 할 일을 직접 선택하고 책임져야 한다. 어떤 일에 대해 선택의 기회가 주어지면 누구나 그 상황을 자신이 주도하고 있다고 생각하게 된다. 즉, 책임감을 느끼게 된다. 나아가 일의 결과가 좋으면 자신 역시 이바지했다는 긍정적인 경험을 갖게 되는 것은 물론 자신감 역시 훨씬 커진다.

다섯째, '나는 할 수 있다'라는 주문, 즉 자기암시를 통해 자신을 격려하고, 자신이 '특별한 사람'임을 스스로 인식해야 한다. 실례로, 2016년 브라질 리우올림픽 남자 펜싱 에페 결승에서 박상영 선수는 '할 수 있다'라는 자기암시를 통해 9대 13으로 뒤지던 경기를 15대 14로 뒤집으며 기적과도 같은 승리를 거두었다.

단, 근거 없는 자신감은 버려야 한다. 그것은 오만과 만용에 지나지 않기 때문이다. 오만과 만용은 실제보다 자신을 부풀리기에 십상이다. 그러다 보니 열등감이 심한 사람일수록 그것을 자신감으로 착각해서 허세를 부리곤 한다. 실력이나 실속은 없으면서 겉으로만 뭔가 있어 보이는 척하는 셈이다. 그것은 진정한 자신감이라고 할 수 없다. 진정한 자신감은 준비가 되어 있을 때 나오는 것이기 때문이다.

원하는 것을 이루게 하는 '자기암시' 효과

'쿠에의 공식(Coue Method)'이라는 말이 있다. 프랑스의 약제사 에밀 쿠에(Emile Coue)에게서 비롯된 것으로 자기암시가 일으키는 기적을 두고 하는 말이다.

어느 날 밤, 한 환자가 급히 그의 약국을 찾았다. 환자는 "배가 너무 아프다며 무조건 약을 달라"라며 하소연했다. 하지만 의사의 처방전 없이는 어떤 약도 줄 수가 없었기에 인체에 아무런 영향도 미치지 않는 알약 하나를 주면서 이렇게 말했다.

"이 약을 먹으면 틀림없이 좋아질 것입니다. 그 대신에 내일은 꼭 병원에 가서 치료받으세요."

환자는 그 약을 받아 집으로 돌아갔다. 그리고 며칠 후 길에서 우연히 다시 만나게 되었는데, 그는 진심으로 고마워하며 이렇게 말했다.

"선생님, 정말 감사합니다. 그 약을 먹었더니 다음 날 병원에 갈 필요도 없이 말끔히 나았습니다."

그 말에 쿠에는 깜짝 놀랐다. 자신이 지어준 약은 인체에 아무런 영향도 끼치지 않는 포도당이었기 때문이었다. 다만, 당시 그의 사정이 하도 딱해서 거짓말을 한 것일 뿐이었다.

'약효가 없는 약이 병을 고칠 수는 없다'라는 의문을 품은 그는 그 즉시 그 원인을 연구하기 시작했고, 환자의 확신을 답으로 결론 내렸다. 약이 아닌 약효를 강하게 믿은 환자의 마음이 병을 낫게 했음을 알게 되었기 때문이다. 그래서 만든 공식이 누구나 아침저녁으로 20회씩 외우면 된다는 쿠에의 공식이다.

'나는 날마다 모든 면에서 점점 좋아지고 있다.'

이런 '자기암시'의 힘은 어떤 약보다 효과적이었다. 당시 보수적이고 권위적인 의료계의 질시와 반발로 인해 수많은 비판과 외면을 받기도 했지만, 놀랄 만한 치료 효과에 전 유럽에 엄청난 파장을 불러일으켰기 때문이다.

성공한 사람들은 하나 같이 자기암시의 대가들이다. 그들은 모두 자신이 바라는 상상을 통해 위기를 극복하고 원하는 꿈을 이룬다.

영화〈덤 앤드 더머〉,〈에이스 벤투라〉,〈트루먼 쇼〉로 잘 알려진 할리우드 영화배우 짐 캐리(Jim Carrey)가 그 대표적인 예다. 무명시절 집도 없이 지낼 만큼 힘든 시간을 보냈던 그는 어느 날 '더는 이렇게 살 수 없다'라는 생각에 할리우드에서 가장 높은 곳에 무작정 올라가 가짜 수표책에 '출연료'라고 적은 후 자신에게 천만 달러를 지급했다. 그리고 그것을 5년 동안 지갑에 넣고 다녔다. 그러자 정확히 5년 후〈덤 앤드 더머〉와〈배트맨〉의 출연료로 자신이 꿈꾸던 금액보다 훨씬 많은 1,700만 달러를 받는 기적이 일어났다.

이렇듯 자기암시는 꿈을 현실로 바꾼다. 하지만 그것을 어떻게 활용하느냐에 따라서 성공할 수도, 파멸할 수도 있다.

- 만일 당신이 파멸한다고 생각하면 당신은 파멸한다.
- 만일 당신이 어쩔 수 없다고 생각하고 포기하면 아무것도 성취할 수 없다.
- 만일 당신이 이길 수 없다고 생각하면 승리는 당신에게 영원히 미소 짓지 않는다.

- 만일 당신이 아무렇게나 한다면 당신은 틀림없이 실패한다.
- 성공은 당신의 의지에서 비롯되며, 어떻게 생각하느냐에 따라서 결정된다.

변화는 생각으로부터 시작된다. 하지만 생각만으로는 절대 변하지 않는다. 변하려면 생각을 행동으로 적극적으로 옮겨야 한다. 목표가 무엇이건 간에 행동으로 옮겨야만 진정한 변화가 시작되기 때문이다.

스물일곱 번 실패한 대통령의 조언

누구나 수많은 실패와 좌절을 경험한다. 하지만 그것을 대하는 태도는 사람마다 다르다. 실패를 쉽게 극복하지 못해 낙오자가 되는 사람이 있는가 하면, 실패에 굴복하지 않고 다시 일어서서 더 크게 성장하는 사람도 적지 않다.

미국 제16대 대통령 에이브러햄 링컨(Abraham Lincoln)은 미국인에게 가장 존경받는 대통령이기도 하지만, 누구보다도 많이 실패한 사람이었다. 링컨을 연구한 전문가들에 의하면, 그는 공식적으로 알려진 것만 27번 실패했다고 한다. 하지만 그는 실패를 끝이라고 생각하지 않았다. 오히려 성공에 한 걸음 더 다가서는 중요한 교훈이자, 자신이 더 성장할 좋은 기회로 삼았다.

"나는 선거에서 또 졌다는 소식을 듣고 곧바로 음식점으로 달려갔다. 그리고 배가 부를 정도로 음식을 많이 먹었다. 그 후 이발소에 가서 머리를 다듬은 후 기름을 듬뿍 발랐다. 이제 누구도 나를 실패한 사람으로 보지 않을 것이다. 왜냐하면, 나는 이제 막 다시 시작했기 때문이다. 배가 부르고, 머리가 단정하니, 내 걸음걸이는 바를 것이며, 내 목에서 나오는 목소리는 우렁찰 것이다. 나는 또 시작한다. 다시 힘을 내자."

실패에 어떻게 대처하느냐에 따라 더 큰 위기에 부딪힐 수도, 전화위복의 계기가 될 수도 있다. 그런 점에서 볼 때 쉽고 편한 환경에서는 링컨 같은 사람이 쉽게 나올 수 없다. 끊임없는 시련과 고통을 겪은 뒤라야마음이 무쇠 단단해지고, 포기와 좌절이 아닌 앞을 향해 나아가는 용기가생기기 때문이다.

미국 공기업에서는 직원을 채용할 때 다음과 같은 표현을 자주 사용한다.

"You will shape up, or shake up!"

'지속해서 능력을 발전시키지 않으면 도태할 것'이라는 뜻이다. 늘 하던 대로 해서는 앞으로 나가는 대신 지금의 자리를 지킬 수밖에 없다. 현재 상황에 만족하지 않고 계속해서 자신을 계발하는 사람만이 앞을 향해 나아갈 수 있다.

하나의 도자기가 만들어지려면 도자기는 자기 몸을 1,250도의 열로 불태워야 한다. 그 온도에 이르러야만 흙 속에 있던 유리질이 모두 녹아서 밖으로 흘러나오고 아름다운 빛을 내뿜을 수 있기 때문이다.

우리 역시 마찬가지다. 실패에도 굴하지 않고 계속해서 자신을 업그레이드하고, 앞을 향해 나아가는 사람만이 원하는 자리에 설 수 있다.

우리가 목표를 달성하기 어려운 이유는 장애물이 가로막고 있어서가 절대 아니다. 우리 스스로가 그것을 포기하기 때문이다. 성공하느냐, 실패하느냐는 전적으로 마음먹기에 달려 있다. 그것은 타고난 능력이 절대 아니다. 또한, 그것은 아무리 큰돈이 있어도 절대 살 수 없다. 파는 것이 아니기 때문이다. 마음은 우리가 꿈을 이루는 문을 여는 열쇠가 될 수도 있으며, 그 문을 잠그는 자물쇠가 될 수도 있다.

실패하지 않는다는 것은 어떤 위험도 무릅쓰지 않는다는 것이다. 그것은 어떤 목표도 이루지 못하게 할 뿐만 아니라 자신감을 잃게 한다.

성공의 핵심은 빨리 성공하는 데만 있지는 않다. 실패를 통해 중요한 교훈을 얻고 그것을 디딤돌 삼아 얻은 성공이라야만 링컨의 말처럼 우리를 더욱 성장하게 하기 때문이다.

3. 내 안의 기적 깨우기

자신감과 신념 없이는 어떤 일도 할 수 없다는 사실을 아는가? 하지만 아무리 신념이 강하고, 자신감이 넘쳐도 실행하지 않으면 아무런 의미가 없다. 즉, 삶이라는 드라마에서 극적인 역전의 발판을 마련하려면 신념을 갖고 목표를 향해서 끊임없이 노력해야 한다.

성공과 실패를 결정하는 핵심 가치

성공을 꿈꾸지 않는 사람은 없다. 하지만 세상은 누구에게나 성공을 안겨줄 만큼 너그럽지 않다. 그만큼 세상의 벽은 높고 단단하다.

한 아이가 귀가 없이 태어났다. 의사는 아이 아버지에게 귀라고 할 만한 어떤 것도 없다면서 평생을 귀머거리로 살아야 한다고 했다. 그런데도 아기 아버지는 절망하지 않았고, 아이를 귀머거리로 살게 하지 않겠다고 다짐했다. 부질없는 희망은 고문일 뿐이라는 의사의 말에도 그는 전혀 신경 쓰지 않았다. 오히려 이렇게 말했다.

"어떤 역경도 극복할 수 있는 최고의 비결이 뭔지 아십니까? 어떤 경우에도 포기하지 않는 것입니다. 우리 힘으로는 도저히 할 수 없다고 포기하면 어떤 기적도 일어나지 않기 때문입니다."

그로부터 25년 후, 한 청년의 엑스레이 필름을 본 그 의사는 깜짝 놀랐다. 그 청년은 귀 없이 태어난 아이였기 때문이다.

"이건 정말 기적입니다. 모든 각도에서 머리를 촬영해보았지만, 청각 기관의 징후를 어디서도 찾아볼 수 없습니다. 그런데도 정상인의 청력 65%를 갖고 있다니, 그저 놀라운 뿐입니다."

귀 없는 아이는 바로 성공학의 창시자 나폴레온 힐의 아들이었다. 그는 아들의 청력을 회복시키기 위해 9년이라는 엄청난 시간과 수많은 노력을 기울였다. 이에 이비인후과 전문의는 "아기의 잠재의식에 심어준 심리적인 자신감이 두개골의 내벽과 두뇌를 연결하는 신경계의 어떤 부분에 영향을 미쳐 청력이 개발된 것 같습니다"라고 말하기도 했다.

이렇듯 긍정적인 의지와 신념을 갖고 노력하면 어떤 일도 이룰 수 있다. 내 안의 두려움과 가난, 실패, 고통을 역동적인 삶의 에너지로 바꾸는 힘은 '어떤 일도 할 수 있다'라는 긍정적인 마음가짐에 달려 있기 때문이다. 즉, 성공과 실패를 가르는 가장 근본적인 요인은 마음가짐에 있다. 독일의 대문호 괴테(Johann Wolfgang Von Goethe)는 그에 대해 이렇게 말했다.

"당신이 하는 것, 당신이 꿈꾸는 것은 모두 이룰 수 있다. 그러니, 일단 시작하라."

'할 수 있다'라는 생각과 마음을 가질 때 성공은 이미 시작된다. 문제는 어떻게 그 마음을 계속 유지하느냐이다. 이에 대해 나폴레온 힐은 다음 10가지를 강조한다.

- 신념을 갖고 자기 마음의 주인이 되라
- 오직 자신이 원하는 일만 생각하고 나머지는 과감히 버려라
- 자신이 받고 싶은 만큼 남에게 줘라
- 자기 점검을 통해 부정적인 생각을 제거하라
- 스스로 행복하고, 다른 사람들을 행복하게 하라
- 다른 사람의 실수와 잘못을 너그럽게 용서하라
- 긍정적인 자기암시를 반복하라
- 기도의 힘을 이용하라
- 뚜렷한 목표를 가져라
- 공부하라, 생각하라, 그리고 매일 계획하라

어제보다 나은 오늘을 살아가고 있는가? 오늘보다 더 행복한 내일을 살아가고 싶은가? 그렇다면 방법은 하나뿐이다. 모든 것은 내일을 바라보는 지혜와 오늘을 사는 태도에 달려 있다.

성공의 가장 큰 적, 두려움 극복하기

고난과 시련을 이기는 가장 좋은 방법은 끊임없는 '자기암시'다. 그런 점에서 볼 때 긍정적인 마음가짐과 두려움 없는 도전정신은 고통을 축복으로 만든다. 자기 안에 감춰진 능력을 믿고 긍정적인 정신으로 무장하면 어떤 고통도 극복할 수 있기 때문이다. 하지만 많은 사람이 그 사실을 알면서도 행동하기를 주저하곤 한다. 자기 안의 두려움에 대해 가진 부정적인 습관에 길든 탓이다. 그래서는 한 발짝도 앞으로 나아갈 수 없다.

우리가 진정으로 두려워해야 할 것은 두려움 자체뿐이다. 두려움은 성공의 가장 큰 적이다. 두려움에 사로잡혀 있는 한 우유부단할 수밖에 없고, 우유부단하면 의심이 더욱더 짙어져서 두려움이 점점 커지기 때문이다. 또한, 두려움은 방치할수록 점점 커져서 결국 두려움의 포로가 되고 만다. 따라서 두려움은 즉시 떨쳐내야 한다. 이와 관련해서 나폴레온 힐은 이렇게 말했다.

"당신이 진정으로 균형 잡힌 삶을 원하고, 마음의 평화를 얻고 싶다면 반드시 떨쳐 내야 할 잘못된 습관이 있다. 바로 7가지 원초적인 두려움이다. 첫째는 가난에 대한 두려움이고, 둘째는 비판에 대한 두려움이며, 셋째는 허약한 건강과 육체적 고통에 대한 두려움이다. 그리고 넷째는 사랑의 상실에 대한 두려움이고, 다섯째는 자유의 상실에 대한 두려움이고, 여섯째는 나이에 대한 두려움이며, 마지막은 죽음에 대한 두려움이다."

결국, 모든 일은 우리가 생각하는 대로 이루어진다. 우리가 무슨 생각을 하건 그것이 오늘의 우리를 만들고, 그것이 다시 모여서 미래가 된다.

삶 역시 마찬가지다. 어제의 우리 생각이 오늘의 우리를 만들었듯이, 오늘의 우리 생각이 내일의 우리를 만든다. 자신을 믿고 행동하지 않으면 누구도 원하는 것을 얻을 수 없다. 신념과 자신감을 바탕으로 자신의 잠재력을 믿고 행동할 때라야만 성공의 문은 비로소 열린다.

세계 여기저기에 3,750여 개의 호텔을 소유한 세계적인 호텔 체인 힐튼 호텔의 창업자 콘래드 힐튼(Conrad Hilton)에게는 매우 독특한 습관이 있었다. 자신이 언젠가는 갖게 될 호텔을 머릿속으로 그려보는 것이었다. 당연히 많은 사람이 그를 비웃었지만, 결국 그는 머릿속에 그리던 호텔의 주인이 되었다.

지금 어떤 생각을 품고 있는가? 어떤 말을 즐겨 사용하며, 어떻게 살고 있는가? 그것이 무엇이건 간에 당신의 삶을 바꾸고 미래를 밝히는 가장 강력한 에너지는 바로 머릿속에서부터 시작된다는 사실을 절대 잊어서는 안 된다.

보이지 않는 '마음의 힘' 믿기

젊은 시절 삼류잡지 기자였던 나폴레온 힐은 철강 왕 앤드루 카네기(Andrew Carnegie)의 성공 비결을 취재하고자 그의 저택을 방문한 적 있다. 거기서 그는 사흘 동안 그와 함께하며 수많은 이야기를 나누었다. 그리고 마지막 날, 카네기는 그에게 뜻밖의 제안을 했다.

"혹시 성공한 사람들의 비결을 책으로 만들 생각 없나? 그들의 성공 비결을 취재해서 책으로 내면 어떤 책보다 훌륭한 성공 철학서가 될 걸세. 자네만 좋다면 지금부터 20년 동안 500명의 사람을 소개해주겠네. 단, 소개장만 써줄 뿐 경제적인 보조는 한 푼도 하지 않을 걸세. 어떤가? 이 자리에서 결정하게."

20년 동안 단 한 푼도 도움을 주지 않는 대신, 자기 실속은 챙기겠다는 말이었다. 과연, 나폴레온 힐은 어떤 선택을 했을까.

그는 잠시 망설이는가 싶더니, 선뜻 "해보겠습니다"라고 했다. 그러자 카네기는 스톱워치를 꺼내면서 이렇게 말했다.

"자네가 결단을 내리는 데 꼭 29초가 걸렸네. 만약 1분을 넘겼다면 이 일을 자네에게 맡기지 않을 생각이었네."

그 후 나폴레온 힐은 카네기의 소개로 20년 동안 507명의 성공한 사람을 만났다. 그렇게 해서 만들어진 책이《생각하라, 그리고 부자가 되어라》로 출간된 지 40여 년이 지난 지금까지 5천만 부 이상 팔렸다. 그리고 나중에 밝혀진 사실이지만, 그는 카네기로부터 똑같은 제의를 받은 260번째 사람이었다.

제아무리 능력이 뛰어난 사람도 간절히 원하는 사람을 이길 수는 없다. 간절함이야말로 능력을 뛰어넘는 성공 비결이기 때문이다. 간절함이 클수록 눈앞에 놓인 한계는 보이지 않는다. 나아가 그것은 자신감과 신념이 된다.

나폴레옹 힐에 의하면, 그가 만났던 성공한 사람 82명 중 63%인 53명은 하나같이 가난한 환경에서 자랐으며 수많은 고난과 시련을 극복하고 그 자리에 섰다고 한다. 그 대표적인 인물이 바로 미국의 자동차 왕 헨리 포드(Henry Ford)다.

수많은 사람이 그에게 "어떻게 해서 자동차 왕이 될 수 있었느냐?"라고 묻곤 했다. 그때마다 그는 이렇게 말했다.

"그다지 어렵지 않았습니다. 처음부터 성공할 수 있다는 확신이 있었고, 무엇보다도 나 자신을 믿었기 때문입니다."

이 단순하고 간단한 말속에 성공의 핵심 진리가 담겨 있다. 신념과 믿음 없이는 성공이 불가능하다는 것이다.

자신감은 열정을 만든다. 예컨대, 콘래드 힐튼이 자신을 믿지 못했더라면 오늘날의 힐튼 호텔은 존재하지 않을 것이다. 마찬가지로 자신의 꿈을 향한 열정과 자신감이 없었다면 에디슨의 백열등, 모스의 전신, 다니엘 벨의 전화기 발명 역시 불가능했을 것이다.

성공으로 가는 최고의 선택은 바로 마음속에서 부정적인 생각은 지우고 긍정적인 생각으로 가득 채우는 것이다. 그리고 현재의 삶이 어떻든 간에 미래를 상상하며 이렇게 외쳐야 한다.

"나는 나를 믿는다. 나는 꼭 성공할 것이다. 나는 할 수 있다."

4. 내 안의 또 다른 힘, 잠재력

혹시 지금까지 부정적이고 숙명론적인 삶의 자세를 취하지는 않았는가? 만일 그랬다면 그것이 삶에 어떤 영향을 주었다고 생각하는가?

자신의 발전 가능성과 잠재력을 믿는가? 아니면, 보통의 능력을 지닌 평범한 사람이라고 생각하는가?

누구나 태어나는 순간부터 자신이 하고자 하는 것은 그 무엇이라도 이룰 수 있는 가능성과 잠재력을 지니고 있다. 다만, 그 능력을 깨닫지 못한 채 뜻대로 되지 않는 삶을 원망하고 불평할 뿐이다. 따라서 누구나 이 능력만 발견한다면 자신이 원하는 삶을 얼마든지 살 수 있다.

내 안의 거친 원석을 보석으로 만드는 법

주위를 살펴보면 삶의 길을 제대로 찾지 못해서 방황하거나 자신의 재능을 끊임없이 의심하면서 실의에 빠진 이들이 적지 않다. 하루가 멀다고 다양한 성공 법칙이 소개되는 성공 법칙 인플레이션 시대에 왜 이런 현상이 일어나는 것일까. 손쉽게 성공하는 길을 안내하는 지도를 따라갔다가 실패했거나 막연히 '성공할 수 있다'라는 유혹에 빠진 탓은 아닐까.

미국 토크쇼 진행자로 동기부여에 관한 한 미국 최고의 전문가로 꼽히는 배리 파버(Barry Farber)는 "누구나 자신에게 '주어진 것'으로 무엇을 해야 할지 결정해야 한다. 우리는 모두 무한한 잠재력이 있는 '다듬어지지 않은 다이아몬드'다"라고 말한다.

다이아몬드는 어떻게 갈고 닦느냐에 따라서 빛나는 보석이 될 수도 있고, 거친 원석으로 영원히 남을 수도 있다.

누구나 다이아몬드 원석처럼 성공과 실패의 열쇠를 자기 안에 함께 갖고 있다. 어떻게 하면 원석을 보석으로 만들 수 있을까. 배리 파버는 그에 대해 이렇게 말한다.

"종이에 1년 동안 이루고 싶은 목표를 10가지 써라. 그리고 그중 가장 중요한 목표를 선택해서 다시 작은 종이에 쓴 후 그것을 지갑에 넣고, 눈에 보이는 곳에 붙여 두어라. 다른 사람들에게도 그것을 말한 후 적극적인 조언을 부탁해라."

성공학 관련 책을 9권 이상 쓴 베스트셀러 작가이기도 한 배리 파버의 성공 기준은 부와 명예가 아닌 삶의 고난과 시련을 극복하는 것이다. 즉, 자신의 잠재력을 발휘하는 것을 진정한 성공으로 생각한다. 마치 정교하고 어려운 연마과정을 거친 후에야 빛을 발하는 다이아몬드처럼 말이다.

누구나 '최고'가 되기를 원한다. 하지만 어떤 사람은 그 꿈을 비교적 쉽게 이루지만, 평생을 가도 그 꿈을 이루지 못하는 사람도 있다. 과연, 무엇이 그 차이를 결정할까.

누구나 자신도 모르는 힘, 즉 잠재력을 지니고 있다. 주의 깊게 들여다보지 않았기에 미처 모르고 있을 뿐이다. 전문가들에 의하면, 아무리 능력이 뛰어난 사람도 자신이 지닌 잠재력의 1% 내지 2%밖에 사용하지 못한다고 한다. 그만큼 잠재력을 발견하고 발휘하기란 매우 어렵다는 뜻이다.

내 안에 숨은 잠재력을 깨워야 한다. 자신이 미처 모르고 있던 숨은 능력과 가치를 끄집어내어 진정한 힘을 발휘해야만 최고가 될 수 있기 때문이다.

우리는 지금 빛나는 가치와 무한한 가능성을 지닌 다듬어지지 않은 원석에 불과하다. 이 사실을 절대 잊지 말아야 한다. 그것을 보석으로 만들지 거친 원석으로 남을지는 각자의 몫이다.

틀에 박힌 삶을 거부해야 하는 이유

대부분의 사람이 어디로 가겠다는 구체적인 목적지도 없이 삶이라는 길을 무조건 걷곤 한다. 그러다 보니 더 큰 길에 들어서는 분기점에 이르면 어디로 가야 할지 망설이기 일쑤다. 그러다가 물살이 요동치는 협곡이나 낭떠러지를 만나기도 하고 큰 강을 만나기도 하지만, 배를 강변으로 저어갈 노조차 갖고 있지 않은 경우가 많다. 그제야 후회하지만, 그때는 이미 늦다. 후회해봐야 아무런 소용없기 때문이다.

낭떠러지로 떨어지기 전에, 더 큰 강을 만나기 전에 거기서 벗어나는 노를 준비해야 한다. 그렇지 않으면 그대로 떨어질 수밖에 없다.

성공과 변화의 당위성에 대해서 공감하지 않는 사람은 없다. 하지만 '어떻게 변해야 할까?'에 대해서는 누구도 구체적인 답을 제시하지 못한다.

삶은 자기 능력을 실천하는 일련의 과정이다. 그 때문에 자신의 내면에 숨겨진 비범한 능력을 발견한 이들은 역사에 큰 발자취를 남긴다. 그런 사람일수록 자신의 강점과 약점을 정확히 파악하고, 삶의 경험을 날카롭게 분석하며, 일상에서 불가피하게 부딪히는 장애물을 미래의 성공으로 바꾸는 능력을 갖추고 있기 때문이다.

물론 그들 역시 때때로 실패를 경험하기도 한다. 하지만 그들은 포기하기보다 실패와 실수를 통해서 뭔가를 끊임없이 배우려고 하며, 패배를 기회로 바꾸기 위해 애쓴다. 그것이 보통 사람과 다른 점이다.

특정 분야에서 어느 정도 수준에 이르렀다고 해서 비범한 능력이 저절로 생기는 것은 아니다. 자신에게 일어난 일, 그것이 의미하는바, 자신이 성취하려고 하는 것, 나아가 그것을 끊임없이 이해하고 알기 위해서 노력하는 사람만이 비범한 능력을 지닐 수 있다.

중요한 것은 그렇게 해서 비범한 능력, 즉 자신의 잠재력을 발견했다고 해도 모두가 성공하는 것은 아니라는 점이다. 그 이유는 틀에 박힌 삶을 살기 때문이다. 하버드 대학 교육심리학과 교수이자, 보스턴 의과대학의 신경학 교수인 하워드 가드너(Howard Gardner) 박사는 그에 대해 이렇게 말한다.

"지도자가 되려는 사람에게 중요한 경험은 아마 전체적으로 거부당하지 않으면서 권위에 도전하는 기회를 얻는 것이다. 도전을 경험할 때 그 경험의 장점들이 토대가 되고 거기에 적절한 자신감과 겸손함이 어우러진다면 성공할 가능성이 커지기 때문이다."

평범한 삶에 새로운 활력을 불어넣으려면 꾸준한 자기혁신이 필요하다. 자기혁신은 삶의 기준을 높이는 데서부터 시작된다. 그저 그런 기준으로는 자신을 만족하게 할 수 없는 것은 물론 혁신 역시 이룰 수 없다.

자신의 가치를 깨닫지 못하는 사람들의 특징

인터넷은 물론 1,000만 화소가 넘는 뛰어난 품질의 카메라와 영화감상은 물론 테이블 PC 못지않은 멀티미디어 기능을 갖춘 스마트폰을 단순히 전화하는 용도로만 사용한다면 얼마나 억울할까. 생각건대, 그런 생각을 하지 않는 사람은 거의 없을 것이다. 그런데 만일 그것이 자기 두뇌라면 어떨까.

인지과학자들에 의하면, 대부분 사람은 평생 자신이 가진 뇌 기능의 5~10% 정도만 사용하다가 죽는다고 한다. 즉, 대부분 사람이 두뇌의 90~95%는 단 한 번도 쓰지 못한 채 죽는 셈이다. 그런데도 불편함을 느끼지 않는 이유는 그것만으로 충분하기 때문이다. 실례로, 두뇌를 가장 많이 사용했다는 아인슈타인(Albert Einstein) 역시 13%밖에 활용하지 못했다고 하니, 천재와 보통 사람의 두뇌 활용의 차이는 고작 3%밖에 나지 않는 셈이다. 그러니 만일 1%라도 더 자기 능력을 사용할 수만 있다면, 그 결과는 엄청나다고 할 수 있다.

폭풍우가 몰아치던 어느 날, 어미 독수리가 새끼 독수리를 잃어버렸다. 어미를 잃은 새끼독수리는 마을 농가에서 키우는 어미 닭에게 발견되어 병아리들과 함께 자랐다. 당연히 하늘을 나는 법을 배우지 못했을 뿐만 아니라 자기가 독수리라는 사실조차 알지 못했다. 그러던 어느 날, 누군가가 병아리 틈에 있는 새끼 독수리를 알아보고 이렇게 말했다.

"너는 병아리가 아니다. 너는 새의 제왕인 독수리로 하늘 높이 날아야 한다."

하지만 새끼 독수리는 그 말을 믿을 수 없었다. 결국, 참다못한 그는 새끼 독수리를 산꼭대기로 데려가 높이 치켜든 후 이렇게 말했다.

"저 높은 하늘이 네가 있을 곳이다. 어서 날개를 펴고 날아라."

그런데도 새끼 독수리는 꿈쩍도 하지 않았다. 하지만 곧 몸을 떨기 시작하더니, 서서히 날개를 펼치고 마침내 하늘로 날아올랐다.

이 이야기에서 새끼 독수리는 곧 자기 능력을 발견하려고 노력조차 하지 않는 사람과도 같다. 만일 자신이 하늘을 나는 독수리라는 사실을 가르쳐준 사람을 만나지 않았다면 평생 닭처럼 모이만 쪼았을 것이다.

스스로 비범한 능력을 지니고 있다는 사실을 알면서도 하루하루 최선을 다하며, 심지어 다른 사람들에게까지 관심을 쏟는 사람이 있는 반면,

허송세월하면서 행운만 기다리는 사람도 있다. 그 차이는 자신의 내면의 힘을 믿느냐, 그렇지 않으냐에 있다.

누구나 있지만, 누구나 사용하지는 않는 '내면의 힘'을 제대로 사용하면 무한한 능력을 발휘할 수 있다. 하지만 대부분 만족스럽지 않은 환경과 기대에 미치지 못하는 결과에 절망하며 '내 능력은 이게 끝이야. 그냥 이렇게 살지 뭐'라며 무기력함에 빠지곤 한다. 그래서는 절대 하늘을 나는 독수리가 될 수 없다. 땅바닥에 떨어진 모이를 좇는 병아리로 평생 살아야 산다.

잠재력을 깨우는 6가지 방법

신경과학자들에 의하면, 뇌 신경은 외부자극을 통해 얼마든지 성장하고 재생된다고 한다. 이는 뇌의 상태가 환경과 훈련 정도에 따라서 얼마든지 달라질 수 있다는 말이기도 하다.

누구나 잠재력을 지니고 있다. 다만, 그것을 찾아내서 계발하려고 하지 않을 뿐이다. 잠재력을 계발하려면 자기 능력에 한계를 긋지 말고 가능성에 대한 확신과 의지를 갖춰야 한다. 확신과 의지만으로도 뇌의 숨은 감각은 충분히 깨어날 수 있기 때문이다. 여기에 적절한 훈련과 연습만 더하면 숨은 감각이 되살아나서 뇌의 정보처리능력을 얼마든지 업그레이드할 수 있다.

내 안에 잠든 잠재력을 깨우려면 다음 6가지를 명심해야 한다.

첫째, 자기 자신에 대해 자긍심을 가져야 한다.

사람은 누구나 무한한 잠재력을 지니고 있으며, 그것을 계발할 의무와 책임 역시 있다. 그러자면 자신을 귀하게 여길 줄 알아야 한다. 자신에 대한 생각이 바뀌어야만 새로운 세상을 경험할 수 있기 때문이다.

둘째, 미래에 대해 확신하고 불가능에 도전해야 한다.

믿음이 클수록 불가능한 것에 도전하는 힘이 생긴다. 내일의 성취는 오늘의 비전과 꿈으로 결정되기 때문이다. 예컨대, 가난과 실패의 연속이었던 링컨의 삶은 과거가 아닌 미래를 향해 있었기에 변호사에 이어 대통령에 당선되어 노예해방이라는 평등의 가치를 실현할 수 있었다. 따라서 누구나 과거의 자신이 아닌 삶의 목표를 향해 앞으로 나아가야 한다.

셋째, 세상을 긍정적으로 바라봐야 한다.

똑같은 상황도 어떻게 보느냐에 따라서 매우 큰 차이를 만든다. 그런 점에서 볼 때 자기 긍정이야말로 우리가 가질 수 있는 최고의 에너지다. 생각이 달라지면 행동이 달라지고, 행동이 달라지면 삶이 달라지기 때문이다.

넷째, 마음이 시키는 일을 해야 한다.

사람마다 타고난 얼굴과 성격이 다르듯 타고난 능력 제각각 다르기 마련이다. 또한, 아무리 많은 능력을 지니고 있는 사람도 그중에서 특히 잘하는 것이 있다. 이것을 선택해서 집중적으로 계발해야 한다. 그것이 마음이 시키는 일이라면 더욱 좋다. 하면 할수록 행복해지기 때문이다. 단, 다른 사람과의 비교는 절대 금물이다. 그보다는 어제의 나와 오늘의 나를 비교해야 한다. 그래야만 행복할 수 있다.

다섯째, 약점과 실수를 성공의 디딤돌로 삼아야 한다.

이 세상에 완벽한 사람은 없다. 누구나 약점이 있고 몇 번쯤은 넘어지기 마련이다. 약점이 많다고 해서, 한두 번 실패했다고 해서 삶 역시 실패하는 것은 아니다. 하지만 그것을 극복해서 성공 반열에 오르는 사람이 있는 반면, 그것에 사로잡혀서 평생 후회하는 삶을 사는 이들도 있다. 약점과 실수는 자신을 쓰러뜨리는 것이 아닌 더욱 위대하게 만드는 원동력일 뿐이다. 실패하는 사람은 그 걸림돌에 걸려서 넘어지지만, 성공한 사람은 그것을 디딤돌 삼아 정상에 우뚝 서기 때문이다.

여섯째, 다른 사람을 보고 배워야 한다.

누구나 성공하고, 행복한 삶을 원한다. 하지만 그것을 방해하는 적이 있다. 열등감이 바로 그것이다. 정신분석학자들에 의하면 정도의 차이가 있기는 하지만, 95%의 사람이 열등감을 느끼고 있다고 한다. 그런 점에서 볼 때 열등감은 우리가 세상에 태어나는 순간부터 지니는 '필연적인 감정'이라고 할 수 있다. 사실 열등감 자체는 그리 큰 문제가 아니다. 진짜 문제는 그로 인해 자신을 학대하는 것이기 때문이다.

열등감을 이기려면 자신의 부족한 점을 인정하고, 다른 사람을 배움의 대상으로 삼아야 한다. 그것을 인정하지 않고 거부할 때 열등감은 더욱 깊어지고, 삶은 구렁텅이에 빠지게 된다.

5. 우리가 정말 원하는 것은 '두려움' 너머에 있다

자신의 가장 큰 적은 과연 누구라고 생각하는가? 사사건건 트집 잡고 비열한 행동을 일삼는 사람일까, 큰 손해를 끼친 사람일까, 아니면 보는 것조차 싫은 사람일까.

그들 모두가 적일 수도 있다. 하지만 그들보다 더 무서운 적이 있다. 그 것은 바로 우리 안에 있는 '두려움'이다. 두려움은 삶의 전진을 가로막고 무너뜨린다.

두려움에 사로잡혀 있는 한 한 발자국도 앞으로 나아갈 수 없다. 그런 점에서 볼 때 우리가 정말 원하는 것은 두려움 너머에 있다고 할 수 있다.

많은 사람이 오늘에 충실하지 못한 이유
많은 사람이 뭔가가 두려우면 이렇게 말하곤 한다.

"나는 나 자신이 매우 약하다는 사실을 잘 알고 있다. 그래서 그것과 부딪칠 용기가 없다."

두려움을 느낀다는 것은 겉으로 드러나는 자신과 자아 사이에 균형이 잡혀 있지 않다는 뜻이다. 즉, 외부 경험에 대한 적응이 제대로 이루어지고 있지 않은 것이다.

아닌 게 아니라, 우리는 우리 안에서 완전히 극복하지 못한 것에 대해서만 두려움을 느낀다. 그렇다고 해서 모든 사람이 과거의 경험에 대해서 똑같은 반응을 일으키는 것은 아니다. 어떤 사람은 강하게 맞서지만, 어떤 사람은 철저히 무너진다. 그 때문에 다른 사람에게는 아무렇지도 않은 일이 어떤 사람에게는 매우 큰 두려움을 일으키기도 한다. 2차 세계대전 당시 전쟁터에서 죽은 사람보다 전쟁에 대한 두려움으로 인한 심장병 때문에 죽은 사람이 훨씬 더 많았다는 것이 그 방증이다.

많은 사람이 오늘에 충실하지 못한 이유는 미래에 대한 막연한 두려움 때문이다. 하지만 지금, 이 순간에 충실하지 않으면 그 누구도 자신이 원하는 미래를 살 수 없다. 미래는 지금, 이 순간을 어떻게 살았느냐에 달려 있기 때문이다. 따라서 어제를 거울삼아 오늘을 살고, 오늘을 기초로 내일을 살아야 한다. 미래의 일은 미래에 맡겨야 한다. 미래가 두려워서 지금, 이 순간에 충실하지 못하면 미래는 정말로 두려운 것이 되고 만다.

초원에서 소를 돌보던 카우보이가 있었다. 매섭고 추운 겨울, 먹이를 찾아 이동할 때면 소들이 압사하는 사고가 종종 일어났다. 매서운 바람을 피해 뒷걸음질 치다가 서로 뒤엉키는 것이 그 이유였다. 하지만 '혜리

퍼드'만은 예외였다. 헤리퍼드는 단 한 마리도 죽지 않았다. 매서운 바람을 피하지 않고 정면으로 맞섰기 때문이다. 이 사실을 안 카우보이는 다음과 같은 말을 남겼다.

"삶의 폭풍우에 정면으로 맞서라! 두려움을 절대 피하지 마라."

우리가 정말 두려워해야 할 것

넬슨 만델라(Nelson Mandela) 남아프리카공화국 전 대통령은 긴 수감 생활을 마치고 풀려나던 날 사람들을 향해 이렇게 말했다.

"삶이 영광스러운 이유는 넘어지지 않는 데 있는 것이 아니라 넘어져도 다시 일어나는 데 있습니다."

알다시피, 그는 남아프리카공화국 최초의 흑인 대통령으로 인종차별 정책인 아파르트헤이트(Apartheid)에 반대하다 체포되어 종신형을 선고받았다. 보통 사람 같으면 평생을 교도소에 갇혀 살아야 한다는 현실에 좌절했겠지만, 그는 달랐다. 교도소 안에 채소밭을 만들어 채소를 직접 길렀을 뿐만 아니라 묘목을 구해 나무를 심기도 했다. 매일 2시간 이상 권투 연습과 제자리 달리기, 팔굽혀 펴기, 윗몸 일으키기 등을 하며 체력을 관리하기도 했다. 그리고 신념이 흔들릴 때마다 '운명에 굴복하는 것은 패배와 죽음에 이르는 길이다. 반드시 살아서 걸어 나가겠다'라며 굳게 다짐했다. 그 기간이 무려 27년 6개월이었다.

삶을 승리로 이끌고 싶다면 암담한 운명 앞에서도 끝까지 희망을 잃지 않았던 만델라를 기억하라. 정말 용감한 사람은 두려움을 느끼지 않는 사람이 아니라 두려움을 정복하는 사람이다.

"우리가 정말 두려워해야 할 것은 두려움 그 자체다."

프랭클린 루스벨트(Franklin Roosevelt) 전 미국 대통령이 취임사에서 한 말이다. 당시 사상 초유의 경제 대공황은 미국 국민을 두려움에 떨게 했다. 하지만 더 큰 두려움은 따로 있었다. 두려움에 사로잡혀서 어떤 희망도 꿈꾸지 않는 것이야말로 그들이 가장 두려워하는 것이었기 때문이다. 루스벨트 역시 그것을 매우 걱정했다.

두려움은 삶을 가로막고 무너뜨린다. 두려움에 사로잡혀 있는 한 한 발자국도 앞으로 나아갈 수 없기 때문이다. 따라서 걱정하고 두려워하기보다는 부딪치는 것이 훨씬 낫다. 회피하거나 도망만 가서는 문제를 절대 해결할 수 없기 때문이다.

두려움과 적극적으로 맞서서 이겨내야 한다. 그것이 두려움에서 벗어나는 가장 현명한 방법이다. 무엇보다도 우리가 원하는 것은 두려움 너머에 있다는 사실을 깨달아야만 한다.

두려움에서 벗어나는 가장 좋은 방법

두려움은 마치 씨앗과도 같아서 마음속에 깊은 뿌리를 내린다. 만일 다음과 말을 자주 한다면 크건 적건 간에 두려움에 사로잡혀 있다고 할 수 있다.

● 나는 뭔가를 하는 것이 두렵다.

- 나는 자신감을 완전히 잃었다.
- 나는 사는 것이 전혀 재미없다. 죽고 싶을 뿐이다.

이런 말을 자신도 모르게 자주 한다면 심각한 위기에 처해있다고 할 수 있다. 그런 말 하나하나가 삶을 철저히 무너뜨리기 때문이다.

두려움은 최악의 상황을 끌어당긴다. 거기서 벗어나려면 용기가 필요하다. 즉, 두려움을 없애려면 가장 먼저 그 문제의 실체가 무엇인지 파악하고 그것과 정면으로 마주해야 한다. 단, 한 번에 하나의 문제에만 집중해야 한다. 그렇지 않으면 그 실체를 제대로 파악할 수 없기 때문이다.

생각하기에 따라서는 그토록 두려워했던 상황이 한낱 부질없는 것이었음을 알게 될 수도 있다. 아울러 그런 두려움을 느끼지 않았다면 어떻게 대처했을 것이라는 생각 역시 떠오를 것이다. 그래도 만일 두렵다면 그것이 만든 마음의 그림을 지우고, 자기 자신을 향해 "두려움 따위는 관심도 두지 마라"라고 명령하며 자기감정을 통제해야 한다. 아울러 조금도 두려움 없이 완벽하게 대처하는 자기 모습을 그리는 것 역시 도움이 된다. 잠재의식을 활용하는 것이다.

이런 법칙에 가장 익숙한 사람들이 바로 비행기 조종사다. 그들은 누구보다도 더 잠재의식의 힘에 대해서 잘 알고 있다. 그러다 보니 비행 연습 도중 작은 불상사라도 생기면 곧 다른 비행기로 바꾸어 타고, 사고의 순간은 즉시 잊어버린다.

두려움과 공포가 개인의 삶 속까지 깊숙이 파고들면서 걱정을 달고 사는 이들이 점점 늘고 있다. 실례로, 국민 10명 중 6명은 우리 사회의 안전망이 미약하다고 느끼고 있으며, 청소년들은 우리 사회의 미래 불안 정도를 총 10점 만점에 6.6점이라고 평가했다. 또한, 직장인 10명 중 7명은 고용 불안 속에서 하루하루를 보내며, 10명 중 6명은 주거 불안에 대한 걱정으로 하루하루를 보내고 있다. 각종 사건 사고와 장기적인 경기 침체까지 더해지면서 무엇 하나 안심할 수 없는 일상이 되었다. 그러나 그것은 과잉 공포이자 과잉 두려움에 지나지 않는다.

성경을 제외한 책 중 가장 많이 읽힌 책으로 꼽히는 《천로역정》의 작가 존 버니언(John Bunyan)은 그와 관련해서 이렇게 말했다.

"내가 절대로 고민하지 않는 날이 한 주에 이틀 있다. 그날은 두려움이나 걱정에서 완전히 해방된 아주 신성한 날이다. 그날은 바로 어제와 내일이다."

지금, 이 순간이 우리에게 근심 없는 날의 시작이 되어야 한다. 지금, 이 순간이야말로 우리가 현실에서 직면하지 않으면 안 될 유일한 순간이기 때문이다. 또한, 지금, 이 순간은 오늘과 내일, 어제와 오늘 사이에 존재하는 매우 중요한 시간으로 삶의 중요한 결정을 해야만 하는 시간이다.

많은 사람이 우리가 직면한 상황보다 훨씬 더 좋지 상황에서도 그것을 극복해서 뛰어난 업적을 이루었다. 우리 역시 당연히 그럴 수 있다. 어떤 두려운 상황에서도 자신을 움직여서 상황을 장악해야 한다. 용기와 신념을 가지고 적극적으로 대처하면 누구나 두려움의 노예가 아닌 주인이 될 수 있다.

● ● ●

우리를 성공으로 이끄는 가장 강력한 무기는
풍부한 지식이나 노력이 아닌 '습관'이다.
우리는 습관의 노예다.
누구도 이 '강력한 폭군'의 명령을 거스를 수 없다.
따라서 성공하려면 가장 먼저 좋은 습관을 만들고,
스스로 그 습관의 노예가 되어야 한다.

__ 오그 만디노(Og Mandino)

THE SEVEN LAWS OF WINNERS
이기는 사람들의 7가지 법칙

세 번째 법칙 : 습관

삶의 방향을 바꾸는 '습관'의 힘

우리를 성공으로 이끄는 가장 강력한 무기는 풍부한 지식이나 노력이 아닌 '습관'이다. 습관은 '행동의 반복'이다. 처음에는 우리가 습관을 만들지만, 그다음에는 습관이 우리를 만든다. 따라서 삶을 바꾸려면 가장 먼저 나쁜 습관을 버려야 한다.

1. 삶의 방향을 바꾸는 '습관'의 힘

고대 그리스의 철학자 아리스토텔레스(Aristoteles)는 "우리가 반복해서 하는 행동이 곧 우리다. 성공은 행동이 아닌 습관의 결과다"라고 했다. 그만큼 습관은 우리 운명을 결정하는 힘이 있다.

미국 듀크대학 연구진이 2006년 발표한 논문에 의하면, 우리가 일상생활에서 보이는 행동의 40~45%는 무의식적으로 나오는 습관이라고 한다. 잠자는 시간을 제외한 활동 시간 중 절반은 습관적인 행동으로 채워지는 셈이다.

습관은 '행동의 반복'이다. 처음에는 우리가 습관을 만들지만, 그다음에는 습관이 우리를 만든다. 따라서 삶을 바꾸려면 가정 먼저 나쁜 습관을 버리고 좋은 습관을 지녀야 한다. 우리를 성공으로 이끄는 가장 강력한 무기는 풍부한 지식이나 노력이 아닌 '습관'이기 때문이다.

"세상에 공짜는 없다"

어느 현명한 왕이 현자들에게 "후세에 남길 '세기의 지혜'를 책으로 만들라"라고 명했다. 현자들은 오랜 시간 동안 연구를 거듭해 열두 권의 책을 완성했지만, 왕은 누구나 쉽게 이해할 수 있게 간략하게 줄이라고 했다. 현자들은 다시 열심히 노력한 끝에 한 권의 책으로 줄였다. 하지만 왕은 그 역시 너무 방대하다며 더 줄이라고 했다. 그렇게 해서 한 권의 책을 하나의 장으로, 그리고 다시 한 페이지로, 또다시 하나의 문장으로 줄였다. 그제야 왕은 기뻐하며 이렇게 말했다.

"이제 모든 사람이 문제를 해결할 수 있을 것이오."

왕이 후세에게 물려주기 위해서 만든 이 '세기의 지혜'는 과연 무엇이었을까. 그것은 바로 "세상에 공짜는 없다"라는 것이었다.

모든 선택에는 반드시 대가가 따른다. 뭔가를 선택했으면 다른 무엇을 포기하거나 그에 상응하는 대가를 치러야 한다. 그것은 돈일 수도 있고, 시간이나 노력일 수도 있다. 경제학에서는 이를 '기회비용'이라고 한다.

경제학자들은 "세상에 공짜 점심은 없다"라는 말을 자주 쓴다. '공짜 점심'이란 말은 미국 서부 개척시대 술집에서 술을 일정량 이상 마시는 단골에게 점심을 공짜로 주던 데서 유래했다. 하지만 바보가 아닌 다음에야 공짜로 먹은 점심값까지 술값에 포함되어 있음을 모르는 사람은 없었을 것이다. 공짜 점심의 대가는 상대적으로 비싸게 치러야 하는 술값인 셈이다.

성공은 운이 아닌 '노력'의 결과

열심히 일하고 노력하면 누구나 성공할 수 있다고 생각하는가? 아니면, 적당히 노력하고 기회를 잘 잡아야 성공할 수 있다고 생각하는가?

성공한 사람들은 대부분 열심히 일한다는 공통점이 있다. 그들은 일하는 것을 최고의 즐거움이자 행복으로 삼으며, 언제나 게으름을 경계한다. 성공은 그런 끊임없는 노력의 대가라고 생각하기 때문이다.

"천재는 노력하는 사람을 이길 수 없고, 노력하는 사람은 즐기는 사람을 이길 수 없다"라는 말이 있다. '성공하는 데 있어 노력보다 좋은 무기는 없다'라는 뜻이다.

성공하려면 끊임없이 공부하고 능력을 계발하며 자신을 업그레이드해야 한다. 이 세상에 노력 앞에서 버틸 수 있는 사람은 없다.

아무리 실용적이고 뛰어난 철학이라도 그것을 활용하지 않으면 무용지물에 불과하다. 일 역시 마찬가지다. 그런데 적지 않은 사람이 직장을 얻는 순간, 일의 중요성을 간과하곤 한다.

누군가가 한 CEO에게 다음과 같이 물었다.

"당신 회사 직원 중 몇 명이나 당신을 위해서 일한다고 생각합니까?"

그러자 그는 매우 곤란한 표정으로 이렇게 말했다.

"글쎄요, 절반 정도 되지 않을까요?"

이 말은 직원의 절반은 일이 전혀 즐겁지 않을뿐더러 열심히 일하지도 않는다는 사실을 그 역시 잘 알고 있다는 뜻이다. 과연, 그들에게 있어 일은 어떤 의미일까.

말했다시피, 성공한 사람에게 있어 성공은 운이 아닌 노력의 대가다. 그 때문에 그들은 열심히 일하면 성공이 그만큼 더 가까워진다고 믿는다. 물론 성공에 이르기까지 수많은 위기가 존재하지만, 그런 것쯤은 전혀 신경 쓰지 않는다. 일하는 데 있어 위기는 당연한 것이기 때문이다.

성공하려면 자신이 하는 일을 즐겨야 한다. 하지만 많은 사람이 일에서 즐거움을 찾기보다는 퇴근 시간만을 기다리며 소극적으로 일한다. 미국의 사회학자 그린버그(H. M. Greenberg)가 18만 명의 미국 노동자를 대상으로 한 조사를 보면, 80%가 자기 일에 전혀 흥미를 느끼지 못한다고 했다. 이는 당연히 생산력 저하로 이어졌고, 불량품 역시 급증했다.

CEO는 자선사업가가 아니다. 그들 역시 사업을 운영하는 비즈니스맨일 뿐이다. 따라서 높은 연봉과 안정적인 일자리를 보장받고 싶다면 CEO의 이익을 위해서 노력해야 한다. 더 많은 책임감과 열정을 가지고 일해야 한다. 월급만큼만 일해서는 원하는 목표를 절대 달성할 수 없다.

치열한 경쟁 시대다. 다른 사람에게 이익을 제공하지 않으면 자신 역시 어떤 이익도 얻을 수 없을 뿐만 아니라 결국은 도태할 수밖에 없다. 그런데도 여전히 많은 사람이 가능한 한 일은 적게 하면서 빨리 승진하고 높은 연봉을 받고 싶어라 한다. 대가는 지불하지 않고 오로지 이득만 챙기려고 하는 것이다. 그런 사람들이 명심해야 할 말이 있다.

"일하지 않는 사람에게는 누구도 기회를 주지 않는다."

자존심은 버리고, 자존감은 높여야 한다

세상에서 가장 어려운 일이 세 가지 있다고 한다. 자신을 향해 뻗어 있는 날카로운 가시 울타리를 기어오르는 일과 싫어하는 이성에게 키스하는 일, 끝까지 도움을 거절하는 사람을 돕는 일이 바로 그것이다. 여기에 한 가지를 더하자면 아무런 노력도 하지 않으면서 많은 것을 욕심내는 것만큼 어려운 일은 없다. 그것은 자기 분수를 넘는 욕심에 지나지 않기 때문이다. 복권 당첨 같은 일확천금을 꿈꾸는 이들이 그 대표적인 예다. 그들은 땀 흘려 일하기보다는 뜻밖의 행운을 기대하며 게으름 피우기 일쑤다. 그러면서도 높은 연봉과 안정적인 일자리를 보장받기를 원한다. 하지만 그런 일은 쉽사리 일어나지도 않지만, 설령 생기더라도 끝까지 안전을 보장할 수 없다. 안정은 다른 사람이 아닌 자기 노력으로 이룬 것이라야 믿을 수 있기 때문이다.

자신과 자기 일에 대한 긍지와 자신감을 가져야 한다. 자기 능력을 믿고 당당하게 맞서야만 일에 최선을 다 할 수 있을 뿐만 아니라 제대로 된 실력을 발휘할 수 있다. 또한, 그것은 '자존감'으로 이어진다.

자존감은 미국의 실용주의 철학자이자 심리학자인 윌리엄 제임스(William James)가 처음 사용한 말로, '스스로 품위를 지키고 자기를 존중하는 마음'을 말한다.

자존감이 높은 사람일수록 위기와 고난을 잘 극복하며, 무슨 일이건 쉽게 포기하지 않는다. 또한, 다른 사람들의 성공을 시기하거나 질투하지 않고 진심으로 축하해주며, 거기에 자극받아 더욱 각오를 다지며 성공에 대한 열정을 키운다. 반면, 자존감이 낮은 사람들은 자존심에 유난히 집착한다. 그 결과, 사소한 말에도 쉽게 상처받고 화를 잘 낼뿐만 아니라 다른 사람과 자신을 자주 비교한다. 그것이 잘못되었다는 것은 아니다. 만일 그렇게 해서 자신이 원하는 삶을 살고 행복하다면 다행이지만, 그렇지 못할 가능성이 크기에 문제다. 더욱이 자존심에 집착할수록 독불장군이 될 가능성이 크다. 따라서 헛된 자존심은 가능한 한 빨리 버리는 것이 좋다.

삶은 우리가 어떻게 행동하느냐에 따라서 크게 달라진다. 그 때문에 이왕이면 자신을 힘들게 하보다는 믿고 존중해야 한다. 즉, 자존심을 앞세우기보다 자존감을 키워야 한다. 그래야만 올바른 선택을 할 수 있고, 원하는 삶에 한 걸음 더 가까이 다가설 수 있다.

'골프의 전설' 리 트레비노의 우승 비결

'골프의 전설'로 알려진 리 트레비노(Lee Trevino)는 어린 시절 집이 매우 가난해서 초등학교만 졸업한 채 직업 전선에 뛰어들어야 했다. 그러던 중 우연히 골프장에서 일하게 되었는데, 그가 맡은 일은 잔디를 관리하는 것이었다. 하지만 일 년 내내 잔디를 푸르게 관리한다는 건 매우 힘든 일이었다. 태양에 그을려 얼굴이 까맣게 타기 일쑤였고, 온종일 잔디를 정리하다 보면 여기저기 아프지 않은 곳이 없었다. 그래도 그 일을 포기하지 않았던 이유는 꿈이 있었기 때문이었다.

'나도 언젠가는 유명한 골프 선수가 될 거야!'

그는 마음속 꿈을 현실로 바꾸는 힘은 실천에 달려있다고 생각했다. 그래서 일이 끝나면 밤새도록 골프 연습을 했다. 온종일 일하느라 피곤해서 곧 쓰러질 것만 같았지만, 더 나은 내일을 위해서 쉼 없이 골프채를 휘둘렀다. 그리고 마침내 스물여덟 살에 미국 오픈 골프 선수권 대회에서 쟁쟁한 선수들을 이기고 예상 밖의 좋은 성적을 거두더니, 곧 미국과 영국 오픈에서 우승하는 영광을 차지했다. 보잘것없던 골프장 잡역부에서 골프의 왕으로 등극하는 순간이었다. 그때부터 사람들은 그의 동작 하나하나와 말 한마디 한마디에 귀를 기울이기 시작했다. 방송 출연과 신문 인터뷰도 끊이지 않았다.

어느 날, 토크쇼에 출연했을 때 사회자가 그를 향해 물었다.

"당신처럼 수많은 사람을 몰고 다니는 선수도 드물 겁니다. 그렇게 많은 사람을 몰고 다닐 수 있는 이유는 아마 대회마다 우승을 놓치지 않기 때문이겠죠. 어떻게 하면 그렇게 많이 우승할 수 있습니까?"

그러자 그가 호쾌하게 웃으며 말했다.

"하하하, 그렇습니다. 분명 저만의 우승 비결이 있습니다. 이제 그 비결을 공개할 때가 되었군요. 승리한 다음 날 아침, 저는 곧장 연습장으로 달려가서 350번쯤 스윙을 합니다. 제겐 우승을 축하하는 여유 따위는 전혀 없습니다."

누구나 포기하고 싶을 때가 있다. 하지만 그럴수록 더 참고 노력해야 한다. 포기하는 순간, 모든 것을 처음부터 다시 시작해야 하기 때문이다.

2. 성공은 시간이 아닌 '집중력'의 차이

지금 하고 싶은 일을 하고 있는가? 그런데도 원하는 것을 얻지 못하고 있다면 그 이유는 무엇이라고 생각하는가? 혹시 일에 집중하지 못하고 있기 때문은 아닌가?

많은 시간 일한다고 해서 원하는 것을 반드시 얻을 수 있는 것은 아니다. 아무리 많은 시간 일해도 집중하지 않으면 시간 낭비, 힘 낭비에 지나지 않기 때문이다. 그런 점에서 볼 때 노력한 만큼 성과가 나오지 않는 이유는 집중력에 문제가 있다는 것이다. 즉, 성공은 곧 집중력의 차이라고 할 수 있다.

노력한 만큼 성과가 나오지 않는 이유

"누구나 정해진 시간을 한 가지 방향에만 사용하고, 한 가지 목표에만 집중하면 틀림없이 성공할 수 있을 것이다. 하지만 대부분 사람이 다른 모든 것을 포기하고 매달리는 단 한 가지 목표를 갖고 있지 않다."

토머스 에디슨의 말이다. 그의 말마따나, 제대로 집중해서 일하면 1시간이면 충분한 일을 온종일 해도 끝내지 못하는 사람들이 적지 않다. 그만큼 일에 집중하지 못하는 것이다.

똑같은 시간 일해도 성과가 매우 높은 사람이 있는가 하면 성과라고 말하기에도 부끄러운 결과를 얻는 사람도 있다. 과연, 무엇이 이 둘의 차이를 만드는 것일까.

단언컨대, 노력한 만큼 성과가 나오지 않는 이유는 집중력에 문제가 있기 때문이다. 즉, 성과의 차이는 곧 집중력의 차이다.

"목표를 이루기 위해서 열심히 노력하고 있는가?"

"목표에 쏟는 시간과 에너지에 불만이 전혀 없는가?"

만일 이 질문에 '예'라고 한다면 본래 목표의 궤도에서 크게 이탈하지 않았다고 할 수 있다. 하지만 그렇지 않다면 처음부터 다시 생각할 필요가 있다. 자신의 목표가 그만큼 간절하지 않다는 방증이기 때문이다.

자신의 일이 정말 좋아서 하는 사람들은 진정한 프로의식을 지니고 있다. 또한, 그것은 경쟁력 강화로 이어진다. 하지만 일하는 시간 대부분을 동료와 잡담하면서 보내거나 허송세월하는 사람은 일에 대한 몰입도가 떨어질 뿐만 아니라 성과 역시 낮을 수밖에 없다. 나아가 이는 결국 직장생활을 더는 할 수 없게 하는 원인이 된다.

농구의 전설, 마이클 조던의 성공 비밀

어느 분야건 최고의 경지에 오른 이들에게는 공통점이 있다. 자기 일과 삶에 강한 열정을 지니고 있다는 것이다. 그래서인지 그들이 그런 경지에 오르기까지의 과정은 한편의 감동 드라마라고 해도 과언은 아니다. 예컨대, NBA 6회 우승에 6번이나 MVP에 뽑히며 농구에 관한 한 신의 경지에 올랐다는 평가를 받은 마이클 조던(Michael Jordan)은 농구에 관심 없는 사람이라도 그 이름은 알고 있을 정도다. 특히 그의 전매특허인 자유투 라인에서 점프해서 링까지 솟구쳐 내리찍는 슬램덩크는 누구도 흉내 낼 수 없는 명장면으로 꼽히며 여전히 수많은 농구팬을 열광하게 한다.

그가 한 농구 캠프에 참석했을 때의 일이다. 한 참석자가 그를 향해 이렇게 물었다.

"하루에 몇 시간 정도 연습하면 그렇게 될 수 있나요?"

그러자 조던은 미소를 지으며 이렇게 말했다.

"시간 같은 건 전혀 신경 쓰지 않았어요. 시계를 본 적도 없고요. 지칠 때까지, 아니면 어머니가 저녁 먹으라고 부를 때까지 연습했거든요."

시카고 불스 감독을 지낸 덕 콜린스(Doug Collins) 역시 조던의 지독한 연습에 혀를 내두르곤 했다.

"지금의 마이클 조던을 만든 건 연습입니다."

한마디로 조던은 이미 정상에 올라섰음에도 더 뛰어난 선수가 되기 위한 노력을 멈추지 않았다.

작은 것에 만족하지 않고 목표를 향해 전력투구하는 그의 모습이 마음에 들지 않을 수도 있다. 그렇게까지 치열하게 살아야 하나 싶기 때문이다. 또한, 만족을 모르는 그의 모습이 마치 삶의 노예로 보일 수도 있다. 하지만 그는 자신이 원하는 것을 하고, 무엇보다도 그 일을 사랑하기에 그 일에 집중한 것일 뿐이다. 즉, 그가 더 높이 오르려고 한 이유는 권력이나 돈, 명성보다는 자기 일에서 행복을 찾았기 때문이다.

성공한 사람일수록 스트레스를 즐긴다

열정이란 '어떤 일에 열렬한 애정을 갖고 열중하는 마음'을 말한다. 일에 완전히 몰입하고 집중하는 사람만이 지니는 자발적이고 적극적인 마음가짐이라고 할 수 있다.

자기 일에서 기쁨을 느끼는 사람은 누구의 지시나 명령 없이도 스스로 알아서 모든 것을 한다. 주위 역시 전혀 신경 쓰지 않고, 미래에 대한 걱정 역시 하지 않는다. 오로지 자기 일에 집중하고 몰입할 뿐이다. 그런 사람이 행복한 것은 지극히 당연한 일이다.

도전할만한 가치가 있는 일에 최선을 다해야 한다. 하지만 거기에는 한 가지 전제조건이 있다. 다름 아닌 자신이 좋아하고, 무엇보다도 집중해서 할 수 있는 일이어야 한다는 것이다. 그렇지 않으면 흥미를 느낄 수 없기에 집중할 수 없다.

위대한 업적을 남긴 사람들일수록 고집스러울 만큼 강한 집중력을 가지고 있다. 그들은 마치 레이저 불빛처럼 한 가지 목표를 향해 달려가며, 그것을 이루기 전까지는 절대 한눈팔지 않는다. 쉬다가도 뭔가 할 때가 되면 온전히 그것에만 집중한다. 반면, 온종일 일하는데도 이렇다 할 성과를 내지 못하는 사람들은 들인 시간에 비해 효율적인 삶을 살지 못한다. 괜히 시간과 힘만 낭비하는 셈이다. 그런 점에서 볼 때 성과는 책상 앞에 얼마나 오래 앉아 있었느냐가 아닌 얼마나 집중했느냐에 따라 결정된다고 할 수 있다.

집중력을 키우려면 가장 먼저 '자기진단'이 필요하다. 자신의 강점은 무엇이며, 약점은 무엇인지, 무엇에 반응하는지 잘 알아야만 집중력을 통제할 수 있기 때문이다. 체계적인 계획과 깔끔하게 정리된 주변 환경 역시 집중력을 키우는 데 도움을 준다. 또한, 동기부여를 통해 의욕을 높이는 것도 필요하다. 그러자면 확실한 보상을 제시해야 한다.

문제는 한 가지 일에 집중한다는 것이 말처럼 쉽지만은 않다는 것이다. 여간해서는 집중하기가 쉽지 않을뿐더러 항상 집중할 수만도 없기 때문이다. 더욱이 한 가지 일에 집중하다 보면 생각지도 못한 스트레스를 받기도 한다. 신경이 극도로 예민해져 있기 때문이다.

아이러니한 점은 성공한 사람일수록 오히려 스트레스를 즐긴다는 것이다. 당장에는 부담스럽고 불편하지만, 적절히 대응하면 자신을 한 단계 더 업그레이드하는 데 스트레스만 한 것이 없기 때문이다. 이에 그들은 스트레스를 받으면 골치 아파하기보다는 성공의 디딤돌로 삼는다.

불확실한 시대일수록 목표에 집중해야 이유

남다른 성공을 거둔 이들에게는 그 길을 포기할 수 없게 하는 뭔가가 반드시 있다. 그것은 '뚜렷한 목표'인 경우가 가장 많다. 목표 안에서 생각하고, 계획하며, 행동해야만 원하는 것을 얻을 수 있기 때문이다.

삼성그룹 이건희 전 회장은 매년 신년사를 통해 직원들에게 기업의 목표와 비전을 강조한 것으로 유명하다. 그만큼 목표 중심의 사고를 중요하게 생각했다.

불확실한 시대일수록 목표에 집중해야 한다. 경쟁력을 갖추는 데 그만한 것이 없기 때문이다. 기업이건, 개인이건 마찬가지다. 예컨대, 콜럼버스가 폭풍우가 두려워서 항해를 중단했다면, 그는 역사의 한 페이지를 장식할 수 없었을 것이다. 하지만 그는 폭풍우를 두려워하기보다는 목표를 포기하는 자신을 훨씬 더 두려워했고, 결국 최초의 신대륙 발견자로 역사에 이름을 남겼다.

목표 없는 삶, 목표 없는 일만큼 삶을 피곤하게 하고 고달프게 하는 것은 없다. 하지만 그보다 더 중요한 것이 있다. 목표는 그것을 설정하는 것보다 달성하는 것에 무게중심을 두어야 한다는 점이다. 그렇지 않으면 몸은 몸대로 힘들고 아무것도 이룰 수 없기 때문이다.

집중은 습관이다. 따라서 중요한 것에 몰입하여 집중하는 능력이 습관이 될 수 있도록 꾸준한 연습을 통해 충분히 훈련해야 한다. 뭔가에 몰입하고 집중하는 습관을 들이기는 쉽지 않은 일이지만, 한 번 몸에 익히면 그다음부터는 집중하는 것이 그리 어렵지 않기 때문이다.

목표에 집중하라. 성공은 곧 목표이고, 그 이외의 것은 모두 부수적인 것에 불과하다. 노력하고, 집중한 만큼 원하는 목표를 이룰 수 있다.

3. 기회를 붙잡는 사람, 기회를 놓치는 사람

    자신에게 주어진 기회를 100% 활용하고 있는가? 혹시 지금까지 놓친 기회를 아쉬워한 적은 없는가?

    성공은 기회의 결과물이다. 하지만 기회를 제대로 활용해서 성공하는 사람이 있는가 하면, 기회가 왔을 때 그것이 기회인줄 조차 모르고 그냥 지나치는 사람도 있다.

    기회를 제대로 활용하려면 그것을 이용할 만한 능력과 힘을 갖춰야 한다. 하지만 적지 않은 사람이 비행기가 이륙하고 있는데도 여전히 탑승구에 남아 있고는 한다. 그만큼 기회를 알아보지 못할 뿐만 아니라 그것을 활용하는 능력 역시 갖추고 있지 못하다는 방증이다.

"기회는 준비된 사람의 것"

"기회는 준비된 사람의 것이다."

기회에 관한 한 이보다 더 적합한 말은 없을 것이다. 그 말마따나, 기회는 항상 우리 곁에 있다. 다만, 우리가 그것을 몰라볼 뿐이다.

기회를 살리는 것도 놓치는 것도 습관 탓이다. 좋은 기회가 찾아왔는데도 기회를 놓치는 습관이 몸에 밴 사람은 아무리 좋은 기회가 찾아와도 그것을 제대로 활용하지 못한다. 무엇보다도 그것이 기회인 줄 조차 알지 못한다. 하지만 기회를 낚아채는 습관이 몸에 밴 사람은 그것을 이용해서 한 단계 더 업그레이드된 삶을 산다.

기회를 놓치고도 전혀 아쉬워하지 않는 사람은 다음 기회 역시 놓칠 수밖에 없다. 반면, 기회를 놓치지 않는 습관이 몸에 밴 사람은 성공 확률을 더욱더 높이기 위해 끊임없이 자신을 갈고닦으면서 다시 기회가 오기만을 기다린다.

중요한 것은 준비만으로는 기회를 붙잡을 수 없다는 것이다. 기회를 붙잡으려면 그에 걸맞은 준비와 실행력을 갖춰야 한다. 예컨대, 모든 것에는 타이밍, 즉 '때'가 있다. 지혜로운 사람일수록 때를 잘 안다. 뛰어난 농부일수록 씨를 뿌릴 때와 물을 줘서 가꾸고 거둘 때를 잘 알고, 뛰어난 어부일수록 바다의 밀물과 썰물의 물때를 잘 파악해서 그물을 치는 것과 같은 이치다.

누구나 인생에 세 번의 기회가 온다고 한다. 이미 두 번의 기회가 지나갔다면, 이제 단 한 번의 기회가 남아 있다. 그것을 놓치지 않아야 한다.

그러자면 지금까지와는 달라야 한다. 무엇보다도 기회는 스스로 찾고자 하는 사람만이 얻을 수 있다. 아무런 노력도 하지 않는 사람에게 기회는 절대 오지 않는다.

위기를 기회로 바꾸는 법

거듭 말하지만, 기회는 준비된 사람의 것이다. 야구 경기를 보면 9회까지 몇 번의 찬스, 즉 기회가 찾아온다. 그 기회를 잡는 팀은 승리하고, 놓치는 팀은 패한다.

현대 경영학의 창시자로 불리는 피터 드러커(Peter Drucker)는 그의 저서 《매니지먼트》에서 그와 관련해서 이렇게 말했다.

"언제 기회가 찾아올지는 누구도 예측할 수 없다. 하지만 준비되어 있지 않으면 기회는 다른 곳으로 가버린다."

스스로 기회를 만들어야 한다. 즉, 위기를 기회로, 패배를 성공으로, 좌절을 성취감으로 바꿀 수 있는 것은 오직 자신에게 달려 있다. 어떻게 하면 기회를 붙잡을 수 있을까.

스스로 좋은 이미지를 만들고 최선의 삶을 살겠다고 결심한 사람만이 주어진 기회를 제대로 활용할 수 있다. 나아가 누구나 자신에게 주어진 기회를 최대한 활용할 권리가 있다. 그러자면 끊임없이 노력해야 한다. 그것은 자신을 과소평가하지 않고 자신을 귀하게 여겨야만 가능하다. 동시에 다른 사람의 말에 신경 쓰지 않고, 혹시 닥쳐올지도 모를 미래의 위기에도 대범해야 한다. 그러자면 불행한 과거를 생각하며 고민하기보다는 어떻게 하면 기회를 잘 활용할 수 있을지에 대해서만 생각해야 한다. 때로는 좌절할 수도 있다. 하지만 누구에게나 똑같은 기회가 주어진다. 그것을 활용하느냐, 활용하지 않느냐는 오로지 자신의 몫이다. 자기 삶을 결정하는 것은 자기 자신뿐이기 때문이다.

주어진 기회를 100% 활용하고 있는가?

"다른 사람들은 모두 기회를 붙잡아서 성공했는데, 내게는 기회가 전혀 없어."

"나는 누구보다 약점이 많아서 어떤 일을 해도 실패할 수밖에 없어."

이런 말은 패배자들의 변명에 불과하다. 그들이 실패한 원인은 이런 부정적인 생각이 기회의 문을 스스로 닫아버리기 때문이다.

기회는 다른 사람을 위한 것이 아니다. 오직 자기 자신을 위한 것으로 그것을 인정하고 활용할 때만 온전히 자기 것이 된다.

어떤 식물도 물을 주지 않거나 충분한 햇빛을 받지 않으면 시들어서 곧 죽고 만다. 기회 역시 마찬가지다. 기회가 자신을 떠나지 않도록 해야 한다. 부정적인 생각에 휩싸여서 주어진 기회를 스스로 닫아서는 절대 안 된다.

캐나다 토론토대학 심리학과 교수로 하버드대학 재직 당시 최우수 교수에게 주는 '레빈슨 교수상' 후보로 선정된 바 있는 조던 피터슨(Jordan Peterson) 박사의 《12가지 인생의 법칙》이라는 책이 있다. 고된 삶에 무너지지 않고 의미 있는 삶을 사는 12가지 지혜를 담은 이 책에서 그는 이렇게 말했다.

"당신이 지금 고통 받고 있다면 그것은 당연한 것이다. 인간의 능력으로 할 수 있는 일이 별로 없을 뿐만 아니라 삶은 그 자체로 비극이기 때문이다. 하지만 그 고통이 더는 감당하기 어렵다고 느껴진다면, 그래서 비뚤어지고 있다면 진지하게 생각해봐야 할 것이 있다. 자신에게 주어진 기회를 100% 활용하고 있는가? 라는 것이다."

한 의사가 성형외과로 전업하기 위해 유명한 성형외과 전문의를 찾았다.

"박사님, 괜찮으시다면 수술하는 모습을 지켜봐도 될까요?"

그가 묻자, 성형외과 전문의는 이렇게 말했다.

"좋습니다. 내일 아침 8시까지 오십시오."

다음 날 수술을 지켜본 그는 성형외과 의사가 되고 싶다며 박사에게 도움을 요청했고, 박사는 그를 제자로 삼기로 했다. 하지만 다음 날도 그 다음 날도 또 그다음 날도 그는 나타나지 않았다. 그러기를 며칠 후, 마침내 그가 모습을 드러내자, 박사가 그를 향해 물었다.

"그동안 왜 오지 않았나?"

"그만 늦잠을 자고 말았습니다. 깨어나서 시계를 보니 너무 늦은 것 같아서 오지 않았습니다."

"그렇구먼. 나는 자네를 가르칠 수 없을 것 같네. 그만 가 보게."

박사는 단호하게 말하며 뒤돌아섰다. 자신에게 주어진 기회를 소중하게 생각하지 않는 사람과는 어떤 이야기도 하고 싶지 않았기 때문이다.

이렇듯 기회는 누구에게나 항상 열려 있지만, 그것을 소홀히 하는 사람에게는 냉정하리만큼 문을 닫아버린다.

'완벽한 기회'는 없다

많은 사람이 '완벽한 기회'를 기다리며 수수방관하곤 한다. 하지만 세상에 완벽한 기회란 없다. 그런데도 평생 그것만 기다리다가 아무것도 하지 못하는 사람이 적지 않다. 그와 관련해서 미국 최고의 재무 설계사이자 라이프 코치인 스테판 M. 폴란(Stephen M. Pollan)은 《2막》에서 이렇게 말했다.

"우리는 완벽한 기회가 오기를 기다리다가 삶을 헛되이 보내는 사람들을 잘 알고 있다. 그 사람들이란, 완벽한 여인을 기다리다가 사랑이 모두 지나갔음을 뒤늦게 깨닫는 머리 희끗희끗한 노총각일 수도 있고, 항상 창업할 시기만 찾다가 결국 아무것도 못 하는 야심 많은 직장 동료일 수도 있다."

스테판 M. 폴란이 말하는 2막이란 늘 꿈꾸어왔지만, 어떤 이유로건 이루지 못한 삶을 말한다. 예컨대, 세일즈맨에서 농부가 되건, 평범한 주부에서 자영업자가 되는 것이건, 새로운 삶을 위해 내딛는 모든 일이 2막의 시작이 될 수 있다. 그런 점에서 볼 때 2막은 가슴속에 품은 꿈을 펼치는 무대이자, 인생의 새 장이 열리는 순간이기도 하다.

성공은 배차 간격이 정해져 있지 않은 버스를 기다리는 일과도 같다. 버스가 언제 올지는 누구도 알 수 없다. 반드시 오리라는 보장도 없다. 그러므로 아무것도 하지 않은 채 버스가 오기만을 무작정 기다리는 것만큼 어리석은 일은 없다.

세계적인 소설가 J. K. 롤링(Joan K. Rowling), 전 세계 헤비급 챔피언 조지 포먼(George Foreman), 미국 전 대통령이자 노벨 평화상 수상자인 지미 카터(Jimmy Carter)에게는 한 가지 공통점이 있다. 탄탄대로만 달려왔을 것 같지만, 실패의 낭떠러지 밑으로 몇 번씩 미끄러진 뒤에야 지금의 자리에 오를 수 있었다는 것이다. 즉, 그들의 성공 이면에는 화려한 만큼이나 혹독한 위기가 있었다. 그러나 그들은 과거의 실패를 딛고 멋지게 재기에 성공했다. 위기를 통해 자신을 단련하고 스스로 기회를 만들었기 때문이다.

어떤 일을 하는 데 있어 가장 좋은 기회란 없다. 기회는 스스로 만들어야 한다. 나아가 기회가 왔을 때 그것을 이용해서 뛰어오르려면 스스로 역량을 키우지 않으면 안 된다.

기회를 붙잡는 5가지 방법

기회를 붙잡으려면 다음 5가지를 명심해야 한다.

첫째, 삶이 보내는 빨간 신호에 유의해야 한다.

빨간 신호란 정신적 신호를 말한다. 만일 자신에게 빨간 신호가 켜졌다면 일단 멈춰서 신호가 바뀌길 기다려야 한다. 그리고 자신에게 이렇게 물어야 한다.

"혹시 내가 지금 가는 길이 위험하지는 않은가?"

이때 유의할 점은 실패와 좌절의 경험을 떠올리며 불필요한 감정을 소모해서는 안 된다는 것이다. 그것은 자기 앞에 놓인 기회의 문을 스스로 닫아버리는 일과도 같기 때문이다. 그래서는 빨간 신호를 초록 신호로 절대 바꿀 수 없다.

심리학자들에 의하면, 기분이 좋지 않거나 화가 난 상태에서는 현명한 해결책을 생각해내기가 쉽지 않다고 한다. 당연히 기회 역시 제대로 살릴 수 없다. 기회를 살리려면 과거의 실패와 좌절보다는 성공 경험을 떠올려야 한다. 그것이 자극제가 되어 꿈을 현실로 만들기 때문이다.

둘째, 과거나 미래가 아닌 현재에 주목해야 한다.

기회는 현재에 있다. 과거에 사로잡혀 있는 한 절대 앞으로 나아갈 수 없으며, 미래에 사로잡혀 있으면 현재를 있는 그대로 볼 수 없다. 그런데도 많은 사람이 과거와 미래 때문에 현재를 제대로 살지 못하고 있다.

과거와 미래를 걱정하고 두려워하는 데 현재를 써서는 안 된다. 과거는 이미 지나갔고, 미래는 아직 오지 않은 시간이다. 우리가 존재하는 시간은 오직 현재뿐이다. 만일 과거에 사로잡혀서 과거의 실수와 실패에서 벗어나지 못하면 기회는 영원히 우리 것이 될 수 없다. 기회는 현재의 애매모호한 순간, 즉 다음 주나 다음 달이 아닌 바로 지금, 이 순간에 있기 때문이다.

과거를 삶의 장애물로 삼아선 안 된다. 그것은 무엇이건 내일로 미루게 할 뿐이다. 무엇이건 내일로 미루려고 할 때 삶은 조금도 앞으로 나아갈 수 없다.

미래에 대한 환상 역시 우리를 패배자로 만든다. 특히 아무런 준비와 계획도 없이 기적을 바라는 것은 망상일 뿐이다. 성공할 수 있다는 자신감과 막연히 기적을 바라는 마음은 전혀 다르다는 사실을 명심해야 한다.

셋째, 자신을 있는 그대로 받아들여야 한다.

많은 사람이 실패하는 이유 중 하나는 자신을 제대로 평가할 줄 모르기 때문이다. 아닌 게 아니라 적지 않은 사람이 자신을 과대평가하거나 과소평가하곤 한다.

자신을 과대평가하면 조금만 힘들어도 좌절하고 쉽게 포기한다. 반면, 자신을 과소평가하면 자존감과 자신감이 떨어져서 원하는 결과를 얻을 수 없다.

많은 사람이 목표를 이루지 못하고 포기하는 이유는 능력이 부족해서가 아니라 능력을 충분히 살리지 못하기 때문이다. 즉, 자기 능력을 제대로 알지 못하기에 그에 걸맞은 성과를 올리지 못하는 것이다. 따라서 삶의 방향을 바꾸려면 자신을 있는 그대로 받아들일 줄 알아야 한다. 그래야만 기회를 붙잡을 수 있다.

넷째, 담대한 목표를 지녀야 한다.

"가장 어려운 목표를 가진 사람들은 가장 쉬운 목표를 가진 사람들보다 250% 더 많은 성과를 냈다. 또한, 10년 동안 400여 건의 연구를 조사한 결과, 추상적인 목표보다는 구체적인 목표가 훨씬 좋은 성과를 끌어냈다. 구체적인 목표는 주의를 집중하게 하고 노력의 강도와 지속시간을 증가시키기 때문이다. 실제로 높은 목표를 가진 사람일수록 그렇지 않은 사람보다 더 열심히, 더 오래 집중해서 일한다."

미국 메릴랜드대학 심리학과 에드윈 로크(Edwin A. Locke) 교수의 말이다. 그는 목표가 미래 지향적이고 도전적일 때 효과 역시 가장 높게 나타난다며 농구 골대를 그 예로 들었다. 자신을 위해 목표를 설정하되 중요한 것부터 순서대로 잡고 단번에 목표를 달성하는 것이 아닌 자신을 위해 여러 개의 농구 골대를 만들어 그것을 극복하고, 결국은 달성하기 위한 목표를 세우라는 것이다. 그렇게 되면 어느 정도 시간이 흐른 후 자신도 모르는 사이에 제법 높은 수준에 올라와 있음을 알 수 있기 때문이다.

목표는 크고 담대할수록 좋다. '상대성의 법칙'에 따르면, 충분히 성취 가능한 목표의 경우 그것의 최대치를 설정하는 것이 성공 확률을 훨씬 높여주기 때문이다. 또한, 목표가 클수록 문제가 더 작아 보일 뿐만 아니라 성과 역시 크다. 무엇보다도 목표가 클수록 우리 삶 역시 커진다.

다섯째, 어떤 일이 있어도 위기에 굴복해서는 안 된다.

불확실한 시대일수록 지금 자신이 하는 일이 잘 될 것이라고 믿어야 한다. 그것이 성공을 이루는 가장 강력한 해답이다. 또한, 성공에 대한 확고한 믿음 속에서 실패할 경우, 실의에 빠지기보다는 개선책을 찾지만, 그렇지 않으면 다시 일어설 수 있는 용기마저 잃기에 십상이다. 따라서 실패하더라도 성공을 생각하면서 실패해야 한다. 아울러 불확실한 시대, 성공의 출발점은 참고 버티는 데 있다. 그러니 이기려고 애쓰기보다는 일단은 버티는 데 집중해야 한다. 버티는 만큼 힘이 붙고, 힘이 붙으면 언젠가는 이길 수 있기 때문이다. 단, 이미 포기한 일은 어떤 미련도 두지 말고 깨끗이 단념해야 한다. 절대 그것을 미화해서는 안 된다. 그래야만 포기를 냉정하게 받아들일 수 있기 때문이다.

성공과 실패는 멘탈이 만들어내는 '현상'일 뿐이다. 포기를 머릿속에서 완전하게 지워내는 순간 우리 삶은 도약한다. 생각이 행동을 만들면 안 된다. 언제나 행동이 생각을 만들어야 한다. '한 번 부딪쳐보자'라는 결단이 필요하다는 말이다. 아무것도 하지 않으면 아무 일도 일어나지 않는다. 즉, 삶은 우리가 생각하고 말하는 대로 이루어진다.

걱정과 두려움을 다루는 법

걱정과 두려움에서 벗어나는 최고의 방법은 그것을 두려워하지 않는 것이다. 이것이 가능하려면 걱정만 해서는 안 된다. 문제를 직시해야 한다. 또한, '걱정과 두려움을 다루는 법'이라는 리스트를 만들어서 기존의 걱정이 그렇게 치명적인 것이 아니었음을 스스로 깨달아야 한다.

"두려움은 '용'과 같다"라는 말이 있다. 무시무시해 보이지만, 실존하지 않기 때문이다.

모든 씨앗이 전부 열매를 맺는 것은 아니듯, 우리가 시도하는 일 역시 모두 성공으로 이어지는 것은 아니다. 그럼에도 불구하고, 더욱 많은 씨앗을 뿌려야 한다. 최선을 다해 씨앗을 뿌려야만 더 많은 열매를 얻을 수 있기 때문이다. 하지만 그것은 최후의 전리품일 뿐, 중요한 것은 걱정과 두려움에 맞서 끝까지 포기하지 않는 것이다. 포기하지 않는 한 기회는 반드시 온다.

4. 미루는 습관 버리기

혹시 오늘 할 일을 내일로 미루지는 않는가? 성공하는 데 있어 가장 방해되는 것은 무엇이라고 생각하며, 그것에 어떻게 대처하는가? 혹시 귀찮고 번거롭다는 이유로 해야 할 일을 미루고 있지는 않은가?

미루는 습관은 일상 속에 교묘하게 숨어 있어서 그 정체를 파악하기란 여간 힘든 게 아니다. 생각 같아서는 그 원인을 단번에 찾아서 해결할 수 있을 것 같지만, 가장 떨쳐내기 힘든 습관 중 하나가 바로 미루기 습관이기 때문이다. 중요한 것은 많은 사람이 미루는 습관 자체에 초점을 맞추기보다는, 자신에게 문제가 있다며 단순하게 생각한다는 것이다. 그렇게 되면 정작 문제의 본질을 파악하기가 더 어려워진다. 어떻게 하면 이 문제를 해결할 수 있을까.

일을 자꾸만 미루는 이유

태국에 가면 1,000Kg이 넘는 육중한 코끼리가 쇠사슬에 묶여 꼼짝달싹 못 하는 모습을 자주 볼 수 있다. 새끼였을 때부터 그런 환경에 길든 탓이다. 실제로 코끼리 사육사들은 코끼리가 아주 어린 새끼였을 때부터 쇠사슬로 묶어 아무리 힘을 써도 벗어날 수 없게 한다. 그 결과, 코끼리는 쇠사슬을 영원히 벗어날 수 없는 족쇄로 인식하게 되고, 어른이 되어서도 쇠사슬에서 벗어날 생각조차 하지 않는다. 조금만 힘을 써도 금방 쇠사슬을 끊을 수 있는 데도 말이다.

많은 사람이 새해가 되면 '담배를 끊겠다', '다이어트를 하겠다'라며 다짐하지만, 일주일을 채 넘기지 못하곤 한다. 마찬가지로 더는 일을 미루지 않겠다고 결심하지만, 며칠을 넘기지 못하고 제때 처리하지 못한 일이 책상에 쌓이기 일쑤다. 이에 나름대로 극약 처방을 하는 이들도 있다. 예컨대, 프랑스를 대표하는 대문호 빅토르 위고(Victor Hugo)는 알몸으로 글을 썼다고 한다. 그는 하인에게 옷을 맡긴 후 정해 놓은 양만큼 글을 쓰지 못하면 절대 옷을 돌려주지 말라고 했다. 소설 《레 미제라블》, 《노트르담의 꼽추》 등 세월을 뛰어넘어 전 세계 사람들의 사랑을 받는 명작을 남긴 그에게도 일을 미루는 습관은 큰 고민거리였던 셈이다.

일을 번번이 미루는 행동을 심리학자들은 '미루는 습관'이라고 한다. 주목할 점은 자기절제가 부족한 이들에게 미루는 습관은 심각한 사회적 장애를 초래한다는 점이다. 영국 셰필드대학 심리학과 푸시아 시로이스(Fuschia Sirois) 교수에 따르면, 40%의 사람들이 미루는 습관으로 인해 큰 재정적 손실을 봤을 뿐만 아니라 건강 역시 좋지 않았다. 또한, 제때 일을 처리하는 사람보다 훨씬 많은 스트레스를 받았다. 그렇다면 사람들이 일을 자꾸만 미루는 이유는 과연 뭘까.

미국의 저명한 심리학자로 최고의 자기계발 트레이너 중 한 명으로 꼽히는 닐 피오레(Neil Fiore) 박사는 그 이유를 이렇게 말했다.

"사람들이 일을 자꾸만 미루는 이유는 성격이 나빠서도 아니며 비합리적이어서도 아니다. 일을 미루는 것은 비난과 실패에 대한 두려움, 그리고 완벽주의 때문이다."

즉, 일을 잘해야 한다는 중압감과 그에 대한 두려움 때문에 일을 자꾸 미루는 것이다. 그러면서 다음과 같은 핑계를 댄다.

- 시간이 너무 부족해서….
- 내 능력 밖이라서….
- 주변 상황이 너무 좋지 않아서….

말했다시피, 일을 미루는 이유는 상황이 아닌 심리적인 이유 때문이다. 마음의 고통에 사로잡혀서 이러지도 저러지도 못한 채 시간만 보내다 보니 해결하지 못한 일들이 산더미처럼 쌓이는 것이다.

미루는 습관을 바로잡는 6가지 방법

미국의 심리학 전문지《사이콜로지 투데이》에 따르면, 5명 중 1명꼴로 자신을 만성적인 미루기 환자라고 생각한다고 한다. 문제는 많은 사람이 미루는 습관 자체에 초점을 맞추기보다는, 자신에게 문제가 있다며 단순하게 생각한다는 것이다. 그렇게 되면 정작 문제의 본질을 파악하기가 어렵다. 어떻게 하면 이 문제를 해결할 수 있을까.

미루는 습관을 40여 년 이상 연구한 미국의 저명한 임상심리학자 윌리엄 너스(William Knuas)는 어떤 행위를 미루는 것은 무의식적인 회피 본능 때문이라고 진단한다. 하기 싫은 일, 귀찮은 일을 피하는 것은 그 행위에 대한 불안감 또는 불편함으로부터 회피하려는 본능적인 반응이라는 것이다. 그는 그것을 바로잡으려면 '미루지 않겠다'라는 결심을 계속 반복하라고 강조한다. 예컨대, 5분 기법을 활용하는 것도 좋은 방법이다. 어떤 일이건 딱 5분만 우선 해본 후 계속할지 결정하는 것이다. 그렇게 되면 단 5분이라도 일단 하게 되기에 미루지 않는 습관을 몸에 익히는 데 적지 않은 도움이 된다. 하지만 그것은 제대로 된 해결법은 아니다.

미루는 습관을 해결하려면 자신을 짓누르는 실체가 무엇인지 정확히 알고, 그것을 바로잡아야 한다. 그러자면 그것을 속속들이 분석하고 탐구해야 한다. 그 방법은 다음과 같다.

첫째, 자긍심과 자신감을 높여야 한다. 이는 앞서 말한 닐 피오레 박사의 주장이기도 하다. 그는 자신 역시 일을 미루는 습관 때문에 정신없이 바쁜 삶을 살았다며 '일단 시작해라', '더 열심히 해라', '계획성 있게 행동해라' 등과 같은 막연한 조언만으로는 절대 미루는 습관을 고칠 수 없다고 말한다. 조금도 현실성이 없을 뿐만 아니라 가슴에 와 닿지도 않기 때문이다. 이에 미루는 습관을 바로 잡으려면 자신을 비난하는 대신 용서하며, 쉬운 일부터 하나씩 실천하면서 자신감을 회복해야 한다고 강조한다.

둘째, 왜 일을 미루느냐보다 어떻게 일을 미루는지를 알아야 한다. 이에 대해 피오레 박사는 3일 동안 자신을 객관적으로 관찰해보라고 권유한다. 어떻게 시간을 활용하는지 알면 각각의 행동에 대해 할애하는 시간과 실제로 거기에 사용하는 시간이 얼마나 차이 나는지 알 수 있고, 그렇게 되면 미루는 습관 역시 바로잡을 수 있기 때문이다.

셋째, 말하는 방법을 바꿔야 한다. 일을 습관적으로 미루는 사람들은 '꼭 해야 한다', '반드시 끝내야 한다', '이 일은 너무 크고 중요하다', '나는 반드시 완벽해야 한다', '나는 쉴 시간이 없다' 등과 같은 부정적인 화법을 주로 구사하지만, 제때 일을 하는 사람들은 '내가 선택할게', '언제 시작할까?', '하나씩 차근차근 하면 돼', '나는 평범한 사람이다' '나는 반드시 쉴 것이다' 등과 같이 자신을 위로하고 격려하는 말을 즐겨 쓴다. 그 때문에 말하는 방법만 바꿔도 미루는 습관을 얼마든지 바로잡을 수 있다.

넷째, '데드라인(마감 시간)'을 정하고 이를 가까운 사람들에게 공개적으로 밝혀야 한다.

미루는 습관은 마감 증후군으로도 설명할 수 있다. 사람들은 마감이 임박해서 시간에 쫓기며 일할 때 효율적으로 시간을 쓰고 창의적인 아이디어를 내기도 한다. 하지만 이것이 장기적 습관으로 굳어지면 제때 일을 처리하지 않고 일을 점점 미루게 된다. 그에 반해, 성공한 사람들의 스케줄러에는 해야 할 일의 목록과 함께 그 옆에 반드시 '마감 시간'이 적혀 있다. 시간을 할당해서 두려움과 걱정을 한 곳으로 몰면 미루는 습관을 얼마든지 통제할 수 있기 때문이다. 이와 관련해서 미루는 습관을 오랫동안 연구해온 캐나다 캘거리대학 심리학과 피어스 스틸(Piers Steel) 교수는 이렇게 말한 바 있다.

"미루는 습관을 고치려면 가족이나 직장 상사에게 자신의 계획을 말하고 정해진 시간 내에 일을 처리하겠다고 약속해야 한다. 단, 이때 계획은 실현 가능하고 현실적이어야 하며, 시간 역시 세분화해서 계획을 세워야 한다."

다섯째, 가치 있는 목표를 설정하고, 그것을 이루었을 때 자신에게 적절한 보상을 해야 한다. 자기가 하는 일이 가치 없다고 생각할수록 사람들은 일을 미루는 경향이 있기 때문이다. 행동심리학에서는 이를 조작적 조건형성(Operant Conditioning)이라고 한다.

끝으로, 생각을 바꾸는 것 역시 중요하다. 미루는 습관을 일종의 도덕적 실패로 생각하는 것은 옳지 않기 때문이다. 따라서 뭔가 제때 하지 못했다고 해서 자신에게 화내기보다 마음을 편안하게 함으로써 자신을 스스로 되돌아볼 수 있게 해야 한다.

"오늘 할 일을 내일로 미루지 마라."

그런데 막상 일상생활에서 일을 제때 처리하기란 절대 쉽지 않다. 하지만 한 번 일을 미루면 일에 압도당할 뿐만 아니라 압박감에 시달려서 더 오래 일하게 되고, 그로 인해 화가 난 나머지 의욕을 잃고, 결국 또 일을 미루는 악순환을 되풀이한다. 따라서 완벽주의에 대한 환상과 한꺼번에 많은 일을 하려는 욕심을 버리고 매일 조금씩 천천히 실천하면서 잃어버린 자신감을 되찾아야 한다.

5. 젊고, 스마트하게 일하기

일이란 무엇이라고 생각하는가? 일하기 위해서 사는가, 살기 위해서 일하는가? 즐겁게 일하는 것과 그렇지 않은 것의 차이는 무엇이며, 그 원인은 어디에 있다고 생각하는가?

평균 수명이 많이 늘어나면서 '정년'이라는 개념이 사라진 지 이미 오래다. 그만큼 경쟁 대상이 갈수록 늘고 있다. 그런 점에서 볼 때 시대에 적응하지 못하면 언제든지 뒤처지게 마련이다. 빠르게 변하는 세상에 대응하려면 젊고 스마트하게 일해야 한다. 즉, 시대에 맞는 빠른 판단력과 대응력, 진취적인 자세, 창의력과 실행력을 갖춰야 한다.

젊고, 스마트한 인재의 조건

급변하는 세상을 따라잡는 데 있어 가장 중요한 요소는 뭘까. 빠르게 변하는 세상에 맞는 판단력과 대응력을 키우는 것이 아닐까 싶다.

대부분 기업이 젊은 조직을 선호하는 이유 역시 이와 비슷하다. 조직이 젊다는 건 그만큼 탄력적이고 진취적이기 때문이다. 하지만 젊은 조직이 나이가 젊은 것만을 의미하지는 않는다. 시대에 맞는 빠른 판단력과 대응력, 진취적인 자세, 창의력과 실행력을 갖췄을 때 비로소 젊은 조직이라고 할 수 있기 때문이다. 어떻게 하면 시대에 뒤떨어지지 않는 젊은 인재가 될 수 있을까.

일의 우선순위 정하기

일의 프로세스를 스마트하게 바꾸려면 우선순위를 정하는 것이 중요하다. 일의 우선순위를 정하는 것은 업무 효율을 높이기 위한 것이기도 하지만 노후화된 조직에 새로운 변화를 낳기 때문이다. 의사결정을 신속히 할 수 있다는 장점 역시 있다.

다른 사람 눈치 따위는 전혀 볼 필요 없다. 그것이야말로 비효율적일 뿐만 아니라 가장 먼저 버려야 할 나쁜 습관이기 때문이다.

정보 공유를 통해 비전 제시하기

다른 사람과 정보를 공유하는 것을 유독 꺼리는 이들이 더러 있다. 자기 혼자만 정보를 독차지하기 위해서다. 만일 그런 사람이 조직의 책임자라면 어떻게 될까.

생각건대, 그런 사람과 함께 일하고 싶은 사람이 거의 없을 것이다. 리더라면 정보 공유를 통해 비전을 보여줄 수 있어야 한다. 예컨대, 진행 중인 프로젝트가 우리 팀에 어떤 의미가 있는지, 얼마나 큰 비중을 차지하는지 자세히 알려주어 팀원 모두가 책임감과 자긍심, 주인의식을 갖게 해야 한다. 그런 점에서 볼 때 비전을 보여주는 리더야말로 모두가 함께 일하고 싶어 하는 진짜 리더라고 할 수 있다.

군림하지 않기

사무실에서 마주쳐도 제대로 인사조차 하지 않는 사람이 있는가 하면, 항상 자리를 비운 채 이리저리 돌아다니며 수다만 떠는 사람도 있다. 그런 사람을 보면 순간적으로 '관료주의적 적대심'을 갖게 된다. 하지만 그럴수록 적대심을 드러내거나 시스템적으로 해결하려고 해서는 안 된다. 특히 크리에이티브(Creative)한 일일수록 관료적인 시각에 집착해서 다른 사람의 말과 행동을 판단하면 역효과만 일으킬 수 있기에 주의해야 한다. 인사를 잘하거나 자기 자리에 오래 앉아있다고 해서 반드시 성과가 높은 것은 아니기 때문이다. 성과를 우선시하되, 업무 효율을 높이는 것을 목표로 삼아야 한다. 즉, 영업이나 마케팅이라면 실적으로, 기획이나 창의적인 일이라면 결과로 판단하면 된다.

멀티플레이어 되기

의외로 많은 사람이 새로운 일이나 프로젝트를 맡는 것을 두려워한다. 하지만 새로운 일은 대부분 꼭 필요한 일이며, 누군가는 반드시 해야만 한다. 중요한 것은 그 일이 개인은 물론 팀의 운명을 바꿀 수도 있다는 것이다. 그러니 새로운 일을 두려워해선 절대 안 된다. 예컨대, 그 일이 조직의 운명을 바꿀만한 일이라면 자발적으로 나서는 것은 물론 테스크포스 (Task Force)에 들어가는 것이 좋다. 팀으로 일하면 책임감에서 어느 정도 자유로워질 뿐만 아니라 업무 태도 역시 주목받을 수 있기 때문이다. 또한, 테스크포스는 분야를 막론하고 결성되는 경우가 많기에 다른 분야의 정보를 얻는 것은 물론 기술을 습득해서 멀티플레이어가 되는 좋은 경험이 될 수도 있다.

빨리 결정하기

결정을 빠르게 내리지 못하는 이유는 크게 두 가지다. 책임지기 싫어서와 자신 없기 때문이다. 하지만 어느 쪽도 일의 결과를 다르게 만들지는 못한다.

상황에 대한 정보수집이 이미 끝났다면 결정은 가능한 한 빨리 내릴수록 좋다. 결정을 내리지 못하고 우유부단한 모습을 보이는 것은 무능력하고 눈치만 살핀다는 인상을 심어주기 때문이다. 특히 경험 많은 팀장이나 간부일수록 빠른 결정을 해야만 스마트해 보인다.

모르는 것을 묻는 일을 부끄러워하지 않기

경험이 많을수록 일 처리 역시 매끄럽기 마련이다. 경험 많은 사람이 존경받는 이유이기도 하다. 하지만 사회가 급변하면서 사회를 움직이는 트렌드와 시스템 역시 빠르게 바뀌고 있다.

많은 사람이 경력이 조금만 쌓여도 아랫사람에게 묻는 것을 피하려고 한다. 자신을 우습게 생각하고, 무시할 것만 같기 때문이다. 하지만 이는 착각에 지나지 않는다. 20대 신입사원이 50대 부장에게 일을 잘하는 노하우를 묻는 일이 자연스럽듯이, 50대 관리자가 20대 신입사원에게 SNS 및 최근 유행하는 트렌드에 관해 묻는 일 역시 매우 당연하기 때문이다. 오히려 그런 것에 무관심할수록 '꼰대'라는 비난을 면치 못할 수 있다.

《논어》에 '불치하문(不恥下問)'이라는 말이 있다. '자신보다 못한 사람에게 묻는 것을 부끄럽게 여기지 말라'라는 뜻이다. 아랫사람에게 묻는 것을 절대 부끄럽게 생각해선 안 된다. 질문이야말로 다양한 정보를 습득하게 하는 것은 물론 전문가가 되는 지름길이기 때문이다.

꾸준한 정보 습득과 트렌드 예측하기

미래를 읽는다는 것, 즉 트렌드를 예측한다는 것은 쉽지 않은 일이다. 하지만 급변하는 환경 속에서 미래를 예측하고 대비하는 일은 생존을 위한 필수 덕목이 되었다. 시시각각으로 올라오는 SNS와 인터넷 뉴스만 봐도 그 사실을 알 수 있다.

트렌드를 잘 읽으려면 사람들이 무엇을 필요로 하는지 잘 알아야 한다. 트렌드를 이끄는 유행은 사람들이 원하는 것을 채워주는 데서 시작하기 때문이다. 그러자면 끊임없이 '왜?'라고 물어야 한다. 그래야만 해답을 찾을 수 있다. 또한, 트렌드를 잘 읽으려면 10~20년 전 언론 기사를 살펴보고 시계 초침과 분침이 아닌 시침을 따라가야 한다. 사회가 어떻게 변하는지 알아야만 미래 역시 보이기 때문이다. 특히 경제 기사와 광고를 유심히 살펴야 한다. 거기에는 수많은 세상사와 트렌드, 이슈가 한꺼번에 들어있기에 그것을 읽는 것만으로도 시대 흐름을 알 수 있을 뿐만 아니라 다양한 상식 역시 지닐 수 있다.

당연하다고 생각한 것 의심하기

한 기자가 빌 게이츠(Bill Gates)를 향해 물었다.

"세계적인 부자가 된 특별한 비결이라도 있습니까?"

하지만 기자의 바람과는 달리, 그의 대답은 너무도 실망스러웠다.

"저는 날마다 저 자신에게 두 가지 최면을 겁니다. 하나는 '오늘은 왠지 큰 행운이 있을 것 같다'라는 것이고, 다른 하나는 '나는 무엇이든 잘할 수 있다'라는 것입니다. 그 외에 특별한 비결은 없습니다."

"생각이 바뀌면 행동이 바뀌고, 행동이 바뀌면 인생이 바뀐다"라는 말이 있다. 그런 점에서 볼 때 빌 게이츠의 말은 생각이 모든 것을 좌우한다는 것을 보여주는 대표적인 예라고 할 수 있다. 창의와 자율이 중요한 이유 역시 바로 그 때문이다. 창의와 자율이 보장된 조직일수록 생산성이 높고, 그렇지 않은 조직보다 새로운 아이디어가 수없이 쏟아져 나온다. 그런 점에서 볼 때 고정관념이야말로 아이디어의 적이라고 할 수 있다. 고정관념에서 벗어나야만 비로소 창의력을 발휘할 수 있기 때문이다.

많은 사람이 아이디어를 우연히 발견한 것처럼 생각한다. 하지만 아이디어는 전략과 창의력의 합작품이다. 즉, 전략과 지식 없이는 좋은 아이디어를 절대 만들 수 없다. 예컨대, 많은 사람이 뉴턴(Isaac Newton)이 만유인력의 법칙을 발견한 것은 사과가 우연히 떨어지는 것을 봤기 때문이라고 생각하지만, 사실은 그렇지 않다. 뉴턴이 '물체의 변화에는 반드시 에너지가 작용한다'라는 연금술의 핵심이론을 알고 있었기에 사과가 떨어지는 것을 보고 어떤 에너지가 작용했는지 파헤칠 수 있었기 때문이다.

창의적인 생각은 우주에서 떨어진 별똥별처럼 생뚱맞은 것이 절대 아니다. 우리 일상생활에서 편리하게 쓰이는 수많은 발명품은 기존의 사물을 '새롭게 바라본' 누군가에 의해 만들어졌다.

제주도에 가면 세계적으로 아름답기로 유명한 '분재예술원'이 있다. 중국의 장쩌민 전 주석이 30분을 머물려고 이곳에 왔다가 1시간 30분 동안 머문 곳으로도 유명하다.

분재한 나무는 보통 나무보다 3~4배 더 오래 산다고 한다. 그 비결은 분갈이에 있다. 하지만 그 역시 그리 특별한 것은 아니다. 2년에 한 번씩 분갈이하면서 뿌리를 잘라주는 것이 전부다. 뿌리를 잘라주면 나무는 자기 몸의 진액을 짜내어 또 뿌리를 내리고, 그 뿌리가 분 안에 가득 채워지는데 꼬박 2년이 걸린다. 그러면 또 인정사정 보지 않고 뿌리를 잘라준다. 이 뿌리를 '고정관념'으로 설명할 수 있다. 누구나 똑같은 패턴을 2년 정도 반복하면 고정관념의 틀 속에 갇히고 만다. 고정관념에 빠지면 새로운 것을 보거나 듣기가 힘들어진다.

고정관념은 반드시 깨뜨려야 할 우리 안의 적과도 같다. 끊임없이 고정관념의 틀을 깨는 사람만이 성공의 열매를 맛볼 수 있기 때문이다. 나아가 사소한 일상에서 행복을 찾기 위해서도 고정관념은 반드시 깨야 한다. 무엇보다도 사물을 새롭게 바라볼 줄 알아야 한다. 평범한 돌에서 보석을 발견하려면 남들이 보지 않는 부분을 찾아내야 하는데, 기존의 시각만으로는 절대 불가능하기 때문이다.

기록은 기억보다 강하다

항상 시간에 쫓겨 살다 보면 긴급한 일만 처리하고, 중요한 일은 깜박 잊고 하지 않는 경우가 많다. 중요한 일을 가장 먼저 해야만 삶이 바뀌는데도 말이다. 왜 그런 일을 반복하는 것일까. 자꾸 잊기 때문이다.

이때 필요한 것이 바로 '메모'다. 적어야 산다. 적어야만 기억할 수 있기 때문이다. 그런 점에서 볼 때 메모야말로 성공의 '적자생존 법칙'이라는 말이 가장 적합한 성공 요소라고 할 수 있다. 적으면 긴급한 일에 휘둘려서 잊고 있던 중요한 일을 잊지 않고 처리할 수 있기 때문이다. 실례로, 삼성그룹 창업주 이병철 전 회장은 소문난 '메모광'이었다. 그는 새벽 일찍 목욕한 후 그날 할 일을 수첩에 메모했다. 그 때문에 그의 수첩에는 항상 그날 챙겨야 할 일, 확인할 일, 만날 사람, 점심 약속, 전화하거나 방문할 곳, 구매할 물건, 상 주거나 벌 줄 사람, 구매할 책, 신문에서 본 내용 등이 빼곡히 적혀 있었다.

미국의 석유왕 록펠러(Rockefeller), 르네상스 시대 불멸의 화가 레오나르도 다빈치(Leonardo da Vinci) 역시 소문난 메모광이었다. 만유인력의 법칙을 발견한 아이작 뉴턴, 가곡의 왕 슈베르트(Franz Schubert), 발명왕 에디슨 역시 마찬가지다.

이렇듯 최고의 자리에 오른 사람들은 늘 메모하는 것이 습관화되어 있다. 기업인은 비즈니스 아이디어를, 예술가는 번쩍 떠오르는 영감을, 개그맨은 기가 막힌 웃음 소재가 떠오를 때마다 그것을 기록으로 남긴다.

요즘이 어떤 시대인데, 아직도 메모 타령이냐고 하는 사람도 당연히 있을 것이다. 안다. 디지털 시대다. 그럼 메모 역시 디지털화 도구를 사용하면 된다. 수첩 대신 스마트 폰이나 모바일 기계 및 컴퓨터를 활용하는 것이다. 그런데도 메모에 대해 부정적으로 생각한다면 그 사람은 애초에 메모에 관심이 없다고 할 수 있다. 당연히 자기 삶 역시 기록할 수 없다.

우리는 하루에도 수많은 생각을 한다. 어제 했던 고민의 연장선에 있는 쓸데없는 것이 대부분이지만, 가끔 매우 기발한 아이디어가 떠오를 때도 있다. 그러나 인간의 기억력은 그리 믿을 것이 못 된다. 어떤 것은 채 하루도 넘기지 못할 뿐만 아니라 몇 분, 아니 채 몇십 초도 넘기지 못하는 것도 부지기수이기 때문이다. 특히 기발하고 번쩍이는 아이디어일수록 그 유통기한이 짧다. 이것이 우리가 더욱더 메모해야 하는 이유다.

메모하는 것은 삶을 정리하는 것과도 같다. 크고 작은, 바쁘고 덜 바쁜 일과 계획들이 뒤죽박죽된 일상을 정리하는 데 있어 메모만큼 효과적인 수단은 없다. 또한, 다양한 정보와 톡톡 튀는 창의성이 주목받는 시대, 메모야말로 이 둘의 효율성을 최대한 발휘할 수 있는 최고의 수단이다.

'생각하는 시간' 갖기

우리는 끊임없는 질문을 통해 좀 더 인간답게 사는 법을 배운다. 하지만 날마다 숨 가쁘게 살다 보면 삶을 돌아볼 여유조차 없을 때가 많다. 그러니 자신과 마주할 시간을 갖는다는 것은 언감생심 생각지도 못할 일이다. 그러니 갈수록 삶이 피폐해지고 빈곤해지기 일쑤다.

철학자들은 이런 우리를 향해 일생에 한 번은 자신을 향해 근원적인 질문을 던지라고 조언한다. 생각하는 시간을 통해 자신을 알아가라는 것이다.

"자기 자신에 대해서 누구보다 잘 알고 있다고 자신할 수 있는가?"

이 질문에 자신 있게 '예'라고 답할 수 있는 사람은 과연 얼마나 될까. 생각건대, 대부분 사람이 "아니요"라고 할 것이 틀림없다. 그만큼 자신을 정확히 알고 그것에 맞게 행동하는 사람은 극소수에 지나지 않는다.

많은 사람이 자신을 제대로 알지 못하는 이유는 생각하는 시간이 절대적으로 부족하기 때문이다. 아닌 게 아니라 우리 삶에서 가장 부족한 것이 바로 생각하는 시간이다. 그만큼 대부분 사람이 자기 삶을 돌아보는 데 익숙하지 않다. 당연히 삶의 중요한 문제 역시 간과하거나 망각한 채 살기 일쑤다. 가장 대표적인 것이 바로 '행복'이다.

행복을 성취한 사람들에 의하면, 행복이란 육체적, 정신적 쾌락이 아닌 신념에 따라 살면서 얻는 삶의 참된 가치라고 한다. 그런데 대부분 사람은 돈이 많으면 무조건 행복하리라 생각하며, 일에 자신의 모든 것을 쏟아 붓는다. 그것이 진정한 행복을 가져다주는 것이 아니라는 걸 알면서도 말이다. 그러면서도 하루에 단 1분도 자신을 되돌아보려고 하지 않는다. 정신적인 행복을 원하면서도 행복에 필요한 아주 작은 행동조차도 실행에 옮기지 않는 것이다.

어떤 일에 대해 우리가 후회하고 고통스러워하는 이유는 행동 때문이 절대 아니다. 그 행동이 신념에 어긋나기에 후회하고 고통스러워한다. 그 행동이 신념과 일치한다면 그것을 후회하고 고통스러워할 이유가 전혀 없기 때문이다.

행복하려면 행동과 신념이 일치해야 한다. 그 방법은 매우 간단하다. 매일 1분이라도 자신을 돌아보고 생각하는 시간을 갖는 것이다. 그렇게 해서 자신을 알아가야 한다.

"누구나 도망치는 하루가 필요하다"

"누구나 도망치는 하루가 필요하다. 과거와 미래를 의식적으로 분리하고 가족, 친구, 직장과 떨어져서 사는, 그 어떤 문제도 일어나지 않는 하루가 우리에게는 필요하다. 우리 자신에게서 절대 떨어지지 않는 고민으로부터 우리는 한 번쯤 떨어질 필요가 있다."

미국 시인 마야 안젤라(Maya Angelou)의 말이다.

신경과학자들에 의하면, 창의적인 발견의 16%만 일하는 도중에 나왔을 뿐, 나머지는 휴식할 때나 그 직후에 나왔다고 한다. 이는 일에 몰입하는 것이 최선은 아님을 말하고 있다.

100명이면 100명 모두 삶의 구체적인 목표는 제각각이지만, 삶의 목표는 한 가지로 연결되기 마련이다. 바로 '행복'이다. 그런데 행복하기 위해서 눈코 뜰 새 없이 뛸 때마다 질문 하나가 우리를 괴롭힌다.

"정말 이렇게 살면 행복할 수 있을까?"

그러다가 어느 날 한계에 부딪혀 속앓이하는 경우가 많다. 가족과 이야기하고 싶지만, 괜히 걱정만 끼치는 것 같아서 망설이기 일쑤고, 상사나 동료와도 상의하기가 쉽지 않다. 능력 없는 사람으로 보이지 않을까 걱정되기 때문이다.

어린 시절 배운 토끼와 거북이의 경주 이야기를 모르는 사람은 없을 것이다. 그렇다면 여기서 질문 하나. 정말 토끼가 거북이에게 질 것으로 생각하는가?

알다시피, 그 이야기는 빠르기는 하지만, 꾸준하지 않은 습관을 지닌 토끼를 통해 성공의 딜레마를 보여주기 위한 것으로, 누가 더 빠른지는 중요하지 않다. 중요한 것은 '거북이처럼 느릿느릿 가도 괜찮다'라는 조언 역시 요즘은 전혀 먹히지 않는다는 점이다. 그랬다가는 딱 잡아먹히기에 좋은 것이 요즘 세상이기 때문이다.

지금은 거북이를 벤치마킹한 토끼가 되어야 한다. 빠르게 뛰면서도 지치지 않는 지구력을 겸비한 다재다능한 사람이 되어야 한다. 그렇다면 딜레마에 빠지지 않고 거북이의 근면함을 벤치마킹하는 토끼가 되려면 어떻게 해야 할까.

토끼가 지칠 수밖에 없는 이유를 알면 의외로 쉽게 해답을 찾을 수 있다. 토끼는 너무 빨리 뛰어서 지치는 것이 아니다. 토끼는 빨리 뛰는 것이 당연한 동물이다. 그런데 문제는 토끼가 빨리 뛰기에만 몰두한다는 것이다. 만일 뛰면서 잠시 휴식을 했더라면 절대 거북이에게 지지 않았을 것이다.

일이 힘들고 지치는 것은 누구나 마찬가지다. 하지만 어떤 사람은 그것을 충분히 이겨내지만, 그것을 이기지 못해 '토끼와 거북이 경주'의 토끼 같은 삶을 사는 사람도 적지 않다. 능력치는 70밖에 안 되는데 100을 해내야 한다는 압박감과 스트레스 때문이다.

빨리 달리면 달릴수록 그만큼 쉽게 지치기 마련이다. 그럴수록 휴식이 필요하다. 에너지가 모두 소진될 때까지 전력 질주해서는 안 된다. 중간중간 잠시라도 휴식을 취해야만 지치지 않고 끝까지 최선을 다할 수 있기 때문이다.

성공 경험 만들기

한 대기업 면접에서 다음과 같은 질문이 나왔다.

"지금까지 살면서 성공 경험이 있습니까?"

"지금까지의 경력 중 가장 자부심을 느끼는 일은 무엇입니까?"

만일 이 질문에 머뭇거린다면 커리어 관리에 '위험 신호'가 켜졌다고 할 수 있다.

기업은 학교와 달라서 학습보다는 경험을 훨씬 중시한다. 또한, 직급이 높아질수록 '성과'를 요구한다. 그 성과 중 가장 인정받을 수 있는 것이 바로 '성공 경험'이다. 그렇다면 성공 경험에는 어떤 것이 있을까.

우선, 각 산업군의 선두를 차지하는 기업에서 쌓은 경력을 꼽을 수 있다. 예컨대, 인재 채용과 관련해서 'S기업 출신 선호'라는 문구가 자주 보이는 것도 이런 맥락에서다. 모두가 인정하는 기업일수록 다른 기업과의 경쟁에서 우위를 차지할 만한 장점이 많다고 생각하기 때문이다. 여기에는 최고의 실력을 갖춘 이들과 끊임없는 경쟁을 통해 능력과 실력을 이미 검증받았다는 신뢰 역시 한몫한다. 하지만 이는 착각에 불과하다. 최고의 기업에서 경력을 쌓고도 의기소침해하는 사람 역시 적지 않기 때문이다.

한 정보통신 기업의 임원을 뽑는 면접에서 있었던 일이다. 수많은 후보자 중 A와 B 두 사람이 마지막까지 경쟁을 벌였다. A는 엔지니어로 사회생활을 시작해 중견기업에서 기술영업과 마케팅을 담당했던 제너럴리스트였고, B는 업계 최고기업에서 오랜 경력을 쌓은 사람이었다.

면접관은 두 사람을 향해 똑같은 질문을 했다.

"지금까지 업무에서 경험한 최고의 성과는 무엇입니까?"

이에 대해 A는 회사가 위기에 처했을 때 자신이 진행한 프로젝트가 업계 최고의 매출을 기록해 회사를 회생시킨 경험을 말했고, B는 자신이 참여했던 다양한 업무에 대해서 늘어놓았다. 과연, 회사는 두 사람 중 누구를 선택했을까.

말할 것도 없이 A다. 전직 기업의 브랜드 네임으로 따지자면 B가 훨씬 뛰어났지만, 역경 속에서도 도전 의식을 잃지 않고 최고의 성과를 올린 A에게 더 후한 점수를 줬기 때문이다.

사실 B는 최고의 성과를 묻는 말에 적잖이 당황했다고 한다. 누가 봐도 화려한 경력을 지니고 있었지만, 막상 자신이 최선을 다해 성과를 얻은 경험이 단 한 번도 없었기 때문이다.

이렇듯 아무리 최고 기업에서 일했더라도 자생력을 키우지 못한 사람은 도태될 수밖에 없는 것이 현실이다.

축구 경기에서 100번 슈팅을 날려도 골을 넣지 못하면 헛수고에 불과하듯, 성공 경험이 있는 사람은 어디를, 어떻게 노려야만 골을 넣을 수 있는지 그 방법을 잘 안다. 그것은 딱딱한 교과서나 자기 자랑만 일삼는 사람들의 말을 통해 배운 것이 아니다. 부단한 노력과 경험을 통해 배운 것이다. 그래서 그만큼 더 가치 있다.

성공 경험이 주는 가장 큰 혜택은 자기 일에 대한 자부심과 추진력이다. 직접 목표를 세우고, 그것을 이루기 위해 경쟁력 있는 요인을 만들어서 목표를 달성한 사람은 무슨 일이건 '할 수 있다'는 자신감이 가득하다. 그러니 아직 자기 일에서 자부심을 가질 만한 최고의 성과를 이룬 경험이 없다면, 더 늦기 전에 성공 경험을 만들어야 한다.

성공 경험을 인재의 핵심가치로 여기는 이유에 대해 한 CEO는 이렇게 말한 바 있다.

"자기 분야에서 최고의 성과를 이루지 못한 사람은 일이 주는 기쁨을 진정으로 알지 못한다. 그것을 모르면 새로운 일을 맡았을 때 자신감 있게 도전할 수 없다."

●●●

고민은 어떤 일을 시작했기 때문에 생기기보다는
할까 말까 망설이는 데서 훨씬 많이 생긴다.
오래 생각하는 것이 항상 좋은 것은 아니다.
지나친 우유부단함은 문제 해결에 전혀 도움이 되지 못한다.
중요한 것은 생각이 아닌 '행동'이기 때문이다.
실패를 미리 두려워할 필요는 없다.
성공할지 실패할지는 하늘에 맡기면 된다.
망설이는 것보다 불완전한 상태로라도 일을 시작하는 것이
한 걸음 앞서가는 방법이기 때문이다.

__ 서양 격언

THE SEVEN LAWS OF WINNERS
이기는 사람들의 7가지 법칙

4
WINNING LAWS

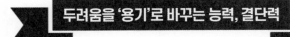
네 번째 법칙 : 결단력

두려움을 '용기'로 바꾸는 능력, 결단력

중요한 결단일수록 '타이밍(Timing)'이 중요하다. 성공은 수많은 결단과의 싸움이기 때문이다. 생각이 꿈이라면, 행동은 꿈을 향해서 오르는 사다리와도 같다. 생각은 이미 충분하다. 우리에게 부족한 것은 언제나 '생각'이 아닌 '행동'이다.

1. 두려움을 '용기'로 바꾸는 능력, 결단력

한번 마음먹은 것을 끝까지 밀고 나갈 힘이 있는가? 혹시 좋은 아이디어가 있지만, 너무 우유부단해서 어떤 결정도 하지 못한 적은 없는가? 나아가 그런 자신을 원망하고 후회한 적은 없는가?

고민은 어떠한 일을 시작했기 때문에 생긴다기보다는 할까 말까 망설이는 데서 더 많이 생긴다. 이도 저도 아니라며 오래 생각하는 것은 문제 해결에 전혀 도움이 되지 않는다. 문제 해결의 핵심은 빠른 결정과 판단에 있다. 그리고 그것을 결정하는 데 있어 지금보다 더 빠를 때는 없다.

우리는 살면서 끊임없는 선택의 갈림길에 선다. 삶을 좌우하는 중요한 결정에서부터 아주 사소한 일에 이르기까지 수많은 문제가 우리를 시시각각 괴롭힌다. 그때마다 적지 않은 사람이 뭘 선택해야 할지 몰라서 망설이곤 한다. 그만큼 자기 삶에 자신 없을 뿐만 아니라 변화를 두려

위한다.

중요한 선택을 해야 할 때 망설이면 '우유부단한 사람'이라는 소리를 듣기에 십상이다. 우유부단하다는 것은 그만큼 결단력이 없다는 뜻이기 때문이다.

빠른 결단이 승패를 좌우한다

"결단하지 못하는 것이야말로 실패의 최대 원인이다."

'근대 철학의 아버지'로 불리는 프랑스 철학자 르네 데카르트(Rene Descartes)의 말이다. '최악의 상황에서 결단을 내리지 못하고, 고민만 하면 상황은 절대로 나아지지 않는다'라는 뜻으로, 결단력의 중요성을 말하고 있다.

결단력은 '결정적인 판단을 하거나 단정을 내리는 의지나 능력'을 말한다. 그만큼 성공하는 데 있어 꼭 필요한 덕목이다. 특히 리더의 결단력은 조직의 운명 및 구성원의 미래와 직결되어 있다. 우유부단한 리더는 조직을 올바른 방향으로 이끌 수 없을 뿐만 아니라 구성원을 혼란에 빠뜨리기 때문이다.

소니는 일본에서도 글로벌화가 가장 잘 이루어진 회사로 인정받고 있다. 특히 창업자 모리타 아키오(盛田昭夫)는 '세상에 없는 물건'을 만드는데 남다른 열정을 갖고 있었다. 그가 전 세계에 소니라는 이름을 확고하게 만든 '워크맨'을 개발할 때의 일이다.

워크맨의 시장조사 결과는 그야말로 최악이었다. 회사 내부에서조차

"성공을 가늠하기 어렵다"라며 결사반대했을 정도다. 하지만 모리타 아키오의 생각은 달랐다. 세계 음악 시장의 판도를 바꿀 자신이 있었다. 결국, 그는 "만일 1년에 3만 개 이상 팔리지 않으면 책임지고 자리에서 물러나겠다"라며 워크맨 출시를 밀어붙였다. 이때 그가 했던 말이 아직도 회자하고 있다.

"고객은 무엇이 가능한지 모른다. 만일 헨리 포드(Henry Ford)가 자동차를 내놓기 전에 무엇을 원하느냐고 물었다면, 고객은 아마 자동차가 아닌 더 빠른 말이라고 했을 것이다."

알다시피, 그 후 워크맨은 크게 성공하며 소니라는 이름을 전 세계에 알리는 일등 공신이 되었다. 그의 결단력과 선견지명이 빚은 결과였다.

한 고조 유방이 항우를 이기고 천하를 얻은 이유

리더의 자질에는 여러 가지 있지만, 그중 으뜸은 결단력이라고 할 수 있다. 어떤 일에 대해서 즉각적인 결론을 내지 못하고 질질 끌거나, 잘못된 결단을 하면 조직과 구성원의 앞날은 불투명하기 때문이다.

개인 역시 마찬가지다. 결단력이 없는 사람은 어떤 결정도 쉽게 하지 못할뿐더러 우왕좌왕하기 일쑤다. 그만큼 목표가 불확실하다는 증거다. 그런 사람이 원하는 것을 얻기까지는 훨씬 먼 길을 돌아가야 할 것은 당연하다.

"아무리 사나운 짐승도 머뭇거리고 나가지 않으면 벌이나 전갈보다 못하고, 천리마도 달리지 않고 가만히 있으면 둔한 말이 천천히 가는 것만 못하다. 또한, 맹분(孟賁, 춘추전국시대 진(秦)나라의 장사. 살아있는 소의 뿔을 뽑을 정도로 무시무시한 힘을 가졌고, 크게 소리치면 그 소리가 하늘을 움직였다고 함) 같은 용맹한 사람도 주저하면 필부가 일을 결행한 것만 못하고, 순임금, 우임금과 같은 지혜가 있어도 입을 다물고 말하지 않으면 벙어리나 귀머거리가 손짓, 발짓으로 말하는 것만 못하다."

천하 제패를 꿈꾸는 영웅호걸들의 파란만장한 삶을 담은 역사소설 《초한지》에 나오는 말이다.

알다시피, 《초한지》의 주인공은 초 패왕 항우(項羽)와 한 고조 유방(劉邦)이다. 항우와 비교해서 유방은 모든 면에서 절대 열세였다. 출신에서부터 외모, 능력, 군사력은 물론 전투 능력에서도 역발산기개세(力拔山氣蓋世, 힘은 산을 뽑고, 기상은 세상을 덮을 만함)의 용장 항우와는 비교 자체가 불가능했다. 하지만 천하를 차지한 것은 항우가 아닌 유방이었다.

유방이 반전의 인물로 역사에 새롭게 등장할 수 있었던 데는 소하(蕭何), 한신(韓信), 장량(張良) 같은 인재들을 알아보고 중용했기 때문이다. 인재를 알아보는 능력과 용인술에 있어서만큼은 그가 항우를 능가했던 셈이다. 반면, 항우는 다른 이들에게 일을 맡기고도 의심하기 일쑤였다. 심지어 자신이 가장 신임했던 범증(范增)마저 의심할 정도였다. 하지만 그가 유방에게 패한 결정적인 이유는 따로 있다. 바로 '결단력'이 부족했다는 것이다. 사실 항우는 유방을 없앨 기회가 숱하게 있었지만, 번번이 놓치고 말았다. 그를 우습게 봤기 때문이다.

가진 것이 많은 사람일수록 중요한 순간에 전전긍긍하며 빠른 결단력을 발휘하기가 어렵다. 하지만 가진 게 없는 사람은 애당초 믿을 것은 자신밖에 없기에 얼마든지 쉽게 모험을 감행할 수 있다. 천하를 두고 싸운 항우와 유방의 이야기가 그것을 여실히 증명하고 있다.

많은 사람이 쉽게 결정하지 못하는 이유

컬럼비아대학은 미국 아이비리그 사립대학으로 미국에서 두 번째로 많은 노벨상 수상자를 배출했을 뿐만 아니라 3명의 대통령과 9명의 연방대법원 대법관, 29명의 해외 국가원수, 121명의 퓰리처상 수상자, 28명의 아카데미상 수상자, 20명의 억만장자를 배출했다. 실례로, 버락 오바마(Barack Obama) 미국 전 대통령과 세계 최고의 갑부 중 한 명인 워런 버핏(Warren Buffett) 역시 이 학교 출신이다. 그러므로 이 학교 졸업식에 초대되어 연설한다는 것은 그만큼 최고의 명예라고 할 수 있다.

2018년 컬럼비아대학 졸업식에 한 동양인 여자가 초대되었다. 그녀의 이름은 '주디 주(Judy Joo)'로 뉴저지로 이민 간 한국인 부모 사이에서 태어난 이민 2세였다. 한때 그녀는 모건 스탠리에서 5년간 증권분석가로 일했을 만큼 잘나가는 커리어 우먼이었다. 하지만 쳇바퀴 같은 일상에 회의감이 들기 시작하자 안정된 직장을 과감히 그만두었다. 무엇보다도 그 일은 그녀가 원하는 것이 아니었기에 더는 열정이 느껴지지 않았다.

그녀는 어렸을 때부터 먹고 자란 한식 요리사가 되고 싶었다. 하지만 그녀가 한식 요리사가 되겠다고 하자, "회사를 그만두면 죽어버리겠다"

고 협박할 만큼 부모의 반대가 심했다.

그녀 역시 자신의 선택에 두려움이 전혀 없었던 것은 아니다. 이에 대해 그녀는 컬럼비아대학 졸업 연설에서 이렇게 말했다.

"두려움을 어떻게 다루느냐에 따라서 삶은 크게 달라집니다. 문제는 그 두려움을 어떻게 에너지로 바꾸느냐는 것입니다. 만약 여러분이 결단력, 강인함 그리고 끈기를 가지고 있다면 그 모든 불안한 에너지와 걱정을 용기로 변형시킬 수 있습니다. 도전하는 용기, 위험을 무릅쓸 용기 그리고 실패에 맞설 용기 말입니다. 여러분의 젊음은 지금이 최대로 자유로운 시기이며 지금이 바로 대담한 용기를 가질 때입니다. 세상의 방해에 대하여 지금이 바로 용기를 내야 할 때입니다."

현재 그녀는 영국 런던과 홍콩에서 한식당을 직접 운영하고 있을 뿐만 아니라 NBC의 '투데이 쇼'와 '웬디 윌리엄 쇼' 등에서 한국요리를 소개하고 있으며, 음식 전문 채널인 '푸드 네트워크'에서 음식 프로그램을 진행하고 있기도 하다.

많은 사람이 쉽게 결정하지 못하는 이유는 자신감이 부족하기 때문이다. 그러다 보니 '아직 시간이 충분하니, 조금만 더 기다리자'라며 자꾸만 미루게 되고, 시간이 촉박지고 나서야 급히 결정한 후 심사숙고하지 못했음을 후회하곤 한다.

결단은 '습관'… 결단력을 기르는 5가지 방법

결단의 순간이 되면 누구나 주저한다. 중요한 것은 그렇게 망설이는 동안 기회는 점점 사라진다는 것이다. 그 기회가 성공을 담보한다는 걸 깨달았을 때는 이미 늦다.

결단은 강력한 실천과 폭발적인 아이디어를 만드는 데도 매우 중요한 역할을 한다. 어떻게 하면 결단력은 기를 수 있을까.

첫째, 부정적인 생각을 버려야 한다. 긍정적인 생각으로 자신의 결정에 책임지고 최선을 다하다 보면 어느 순간 '결단력 있는 사람'이라는 말을 들을 수 있기 때문이다. 그런 점에서 볼 때 결단력은 습관이다.

둘째, 생각을 즉시 실행에 옮겨야 한다. 결단력이 부족한 사람일수록 생각이 많다. 그 생각은 당연히 깊은 고민으로 이어진다. 문제는 고민을 거듭할수록 점점 결단하기가 힘들어진다는 것이다. 결단을 방해하는 변명과 핑계가 하나둘씩 생기기 때문이다.

현대 미술에 절대적인 영향을 미친 20세기 서양 미술 최고의 거장 파블로 피카소(Pablo Picasso)는 결정하기 어려운 문제에 부딪히면 동전을 던져서 선택하곤 했다. 다소 무모해 보이지만, 그는 자신의 선택을 단 한 번도 후회하지 않았다. 오히려 더 빠른 결정을 내리는 못하는 자신의 우유부단함을 원망했다.

셋째, 일에 우선권을 부여해야 한다. 결단력이 부족한 사람일수록 항상 바쁘다. 일과 사람, 고민에 치여서 살기 때문이다. 그래서는 어떤 일도 정해진 시간에 끝낼 수 없을 뿐만 아니라 악순환만 반복할 뿐이다. 따라서 결단력을 기르려면 일에 우선권을 둬야 한다. 그렇다고 해서 모든 일을 다 할 필요는 없다. 중요하지 않은 일은 뒤로 미루고, 가장 중요한 일을 먼저 해야 한다.

넷째, Best보다 Better를 선택해야 한다.

어떤 일이건 Best가 Better보다 나은 것은 당연하다. 하지만 항상 Best 만 쫓다 보면 시간은 시간대로 들고, 아무것도 하지 못할 때가 많다. 즉, 준비만 하다가 실행에 옮기지 못하는 셈이다. 따라서 Best보다는 Better 를 선택하는 용기가 필요하다.

다섯째, 위험을 감수해야 한다.

위험을 회피하는 사람은 결단력을 기를 수 없다. 때로는 위험을 감수해 야만 원하는 결과를 얻을 수 있기 때문이다. 예컨대, 위기에 처했을 때 아 무것도 하지 않으면 제자리걸음 하거나 뒤로 물러설 수밖에 없다.

일본의 '경영의 신'으로 불리는 마쓰시타 전기의 창립자 마쓰시타 고 노스케(松下幸之助)는 전쟁 중 뒤떨어진 기술력과 국제 경쟁력을 회복 하기 위해 필립스와의 제휴를 추진했다. 거만한 필립스와의 제휴를 위 해 그는 인내라는 결단을 내렸다. 그리고 필립스가 파견한 기술고문단 과 자신이 아끼던 부하직원이 갈등을 겪자 다음과 같이 말했다.

"자네, 내 말 잘 듣게. 앞으로 5년 동안은 눈 딱 감고, 입 꾹 다물고, 필립 스가 하자는 대로만 하게. 절대 싸워서는 안 되네. 화가 나더라도 회사를 위해서 꼭 참게."

자존심 강하기로 유명했던 그에게 그것이 얼마나 힘든 결단이었는지 는 충분히 짐작할 수 있다. 하지만 그 결단이 마쓰시타 전기를 세계적인 기업으로 성장하게 한 원동력이 되어 지금의 파나소닉을 만들었다.

2. 인생은 한 번뿐, 다음은 없다

지금 가는 길이 가려고 했던 길이 맞는가? 그것을 이루려면 어떻게 해야 할지 확실히 결정했는가? 혹시 그것을 확신하지 못해 여전히 망설이고 있지는 않은가? 만일 아직 어떤 결정도 하지 못했다면, 어떤 일도 일어나지 않을 것이다. 따라서 지금 가는 길을 계속 갈 것인지, 아니면 방향을 바꿔서 다른 길을 갈 것인지부터 당장 결정해야 한다.

일단, 시작하라… '완벽'은 그 후의 일

말했다시피, 우리는 살면서 수없이 많은 결단의 순간에 직면한다. 작게는 점심 메뉴 선택에서부터 가정 문제, 직장 문제 그리고 사회적인 문제에 이르기까지 다양한 결정을 해야 한다. 실례로, 미국의 월간잡지 《내셔널지오그래픽》이 실시한 조사에 의하면, 한 사람이 하루 동안 의사 결정을 하는 횟수는 최소한 150회에 이른다고 한다.

어떤 사람은 무엇이건 매우 쉽게 결단하고 그것을 성공의 디딤돌로 삼는다. 하지만 몇 날 며칠 혹은 몇 달 동안 고민하면서도 결단하지 못하는 것은 물론 어렵게 내린 결단이 실패로 이어지는 사람도 적지 않다. 과연, 무엇이 그 차이를 만드는 것일까. 왜 신중한 결정은 실패하고, 직감에 따른 결정은 성공하는 것일까. 과연, 두 가지 결정에는 어떤 차이가 있을까.

누구나 마음속에 뭔가를 창조하는 힘이 있다. 그 힘은 결단에 의해 자력을 부여하지 않은 한 실력을 제대로 발휘할 수 없다. 그 때문에 지금보다 더 앞으로 나가려면 고정관념에서 하루빨리 벗어나야 한다.

생각만 많고, 실행에 옮기지 못하는 이유는 뭔가 부족하다고 느끼기 때문이다. 그 결과, 차일피일 결정을 미루게 된다. 하지만 시간이 흐른다고 해서 달라지는 것은 없다. 그러니 조금은 부족하더라도 빨리 결정하는 것이 좋다. 일단, 시작해야 한다. '완벽'은 그 후의 일이다.

머뭇거리는 순간, 기회는 사라진다

"부자일수록 빠르게 결정하는 습관을 갖고 있다."

세계적인 성공학자 나폴레온 힐(Napoleon Hill)이 500명이 넘는 백만장자를 연구한 끝에 내린 결론이다. 30대에 백만장자가 되어 영국에서 가장 빠른 속도로 자수성가한 입지전적인 인물로 꼽히는 롭 무어(Rob Moore)는 그것을 '결정 근육'이라고 말한다.

"세계적인 축구선수 리오넬 메시(Lionel Messi)는 동료들에게 허락을 구하고 슛을 쏘지 않는다. 이미 자신이 경험하고 훈련한 '결정 근육'이 정확한 슛 타이밍을 그의 몸에 새겨두었기 때문이다. 월드 챔피언 7회에 빛나는 포뮬러 원 월드 챔피언 루이스 해밀턴(Lewis Hamilton)이 브레이크를 밟거나, 인권운동가 넬슨 만델라가 누군가를 용서하는 것 역시 마찬가지다. 그런 결정을 내리기까지 그들에게는 수많은 경험과 훈련을 통한 실패가 있었다. 시간이 지나 그것은 '결정 근육'이 되고, 삶의 나침반이 되었다."

누구나 살면서 삶의 방향을 결정짓는 중요한 선택의 순간과 한두 번쯤 마주한다. 그러나 의외로 많은 사람이 이런 결정적인 순간과 맞닥뜨렸을 때 현명한 결단을 내리지 못한다. '나이가 많아서', '시간이 없어서', '학력이 짧아서'라며 머뭇거리고 변명하기 일쑤다. 그러다가 결국 기회를 놓치고 만다.

사실 불확실성이 클수록 현명한 결정을 내리기란 매우 어렵다. 또한, 결단에는 원칙이나 정답 역시 없다. 사람마다 성격과 태도, 관심사, 능력, 환경이 각각 다를 뿐만 아니라 결정적인 기회를 맞는 시점 역시 다르기 때문이다.

섬마을 가난한 소작농의 아들이었던 최경주가 골프를 배우겠다고 했을 때 그의 가족조차 모두 반대했다. 그가 주변의 의구심과 걱정을 잠재우는 것은 우직하게 연습하고 또 연습하는 것뿐이었다. 세계 메이저 골프 대회인 PGA(Professional Golfers' Association Tour)에 진출하겠다고 했을 때 역시 마찬가지였다. "그게 가능하겠냐?"라는 비웃음 섞인 말을 들어야만 했다. 하지만 그는 치열한 노력과 연습이라는 정공법으로 승부를 걸었고, 결국 그 어렵다는 PGA에서 한국인 최초로 우승하며 한국 골프 역사를 새로 썼다.

빨리, 정확하게 원하는 목표를 이룬 사람들의 공통점

고민 탓에 며칠째 잠을 이루지 못하는 사람이 있었다. 고민이 얼마나 깊었는지 잇몸이 붓고 지독한 몸살마저 앓았다. 모든 것을 내팽개치고 어디론가 떠나고 싶었다. 하지만 그럴 수가 없었다. 그에게 회사와 직원들의 운명이 걸려 있었기 때문이다. 선택의 무게감이 시시각각 그를 괴롭혔지만, 그는 이를 악물고 버티었다.

며칠 후, 그는 임원들에게 새로운 사업을 시작하겠다고 선언했다. 그러자 일순간 술렁거리던 회의장 여기저기서 그의 의견에 반대하는 목소리가 나오기 시작했다.

"사장님, 절대 안 됩니다. 잘못하면 지금까지 공들여 쌓은 탑조차 무너질 수 있습니다. 몽블랑 하면 만년필입니다. 100년 넘게 이어져 온 그 공식을 깰 수는 없습니다."

하지만 그는 강한 자신감으로 임원들을 설득했다.

"물론 새로운 시장에 진출하는 건 위험한 일입니다. 그러나 언제까지 안주하고만 있을 수는 없습니다. '몽블랑=만년필'이란 공식 때문에, 우리 스스로 그 공식에 갇혀 산다면 몽블랑은 언제까지나 그 자리에만 머물러야 합니다. 그건 곧 퇴보를 의미합니다. 보세요, 이 만년필 하나를 만드는데 6주 동안 총 250단계의 공정을 거칩니다. 이런 완벽함을 추구하는 게 바로 우리 몽블랑의 정신입니다. 시계 분야에서도 그런 정신을 발휘한다면 분명 최고가 될 수 있을 것입니다."

그렇게 해서 시계를 만들게 된 몽블랑은 세계 최고의 시계 장인들을 스카우트했고, VIP 마케팅을 통해 판로를 개척했다. 몽블랑 시계를 본 고객들은 처음에는 반신반의했지만, 곧 그 정교함과 디자인에 매우 만족스러워했다. 그리고 시간이 지날수록 신이 만든 것처럼 완벽에 가까운 시계라는 찬사를 늘어놓았다. 그 결과, 몽블랑은 세계적인 시계 기업으로 탈바꿈할 수 있었다.

모두가 반대했지만, 그것을 가능하게 한 사람은 CEO 루츠 베이커(Lutz Bethge)였다. 만일 루츠 베이커의 결단이 없었다면 몽블랑은 여전히 만년필 회사로만 기억될 것이다. 무엇보다도 소비층이 늘어나기 어려운 만년필 사업의 특성상 계속 같은 자리만 맴돌았을 것이 뻔하다. 하지만 누구보다도 몽블랑을 잘 알았던 루츠 베이커로 인해 몽블랑은 시계, 보석, 가죽 제품 등으로 사업 영역을 넓히면서 세계 최고의 명품 브랜드로 자리 잡았다.

뭔가를 쉽게 결정하지 못하는 이유는 그것이 가장 좋은 결정인지 의심하고 걱정하기 때문이다. 더는 눈치 보지 말고, 망설이지도 말고, 자신을 믿고 밀고 나가야 한다. 남들보다 빨리, 정확하게 원하는 목표를 이룬 사람들은 바로 그런 사람들이다.

3. 중요한 결단일수록
'타이밍(Timing)'이 중요하다

뭔가를 결정하는 것이 힘들어서 시기를 놓친 적은 없는가? 결단에 있어서 가장 중요한 것은 시기, 즉 '타이밍(Timing)'이다. 역사를 바꾼 위대한 결단일수록 타이밍을 잘 선택했다는 공통점이 있다. 그만큼 결단에 있어서 타이밍은 매우 중요하다.

그것은 우리 삶 역시 마찬가지다. 삶을 바꿀만한 중요한 결단일수록 타이밍을 잘 맞춰야 한다. 그것이 삶을 완전히 바꿀 수도 있기 때문이다.

성공은 수많은 결단과의 싸움

지금이야 도요타가 세계적인 자동차 제조회사로 꼽히지만, 그 시작은 매우 초라했다. 실례로, 오늘의 도요타를 만든 도요타 에이지(豊田英二)가 미국의 포드자동차를 방문했던 1950년 당시 포드의 하루 자동차 생산

대수가 8,000대였던 반면, 도요타는 고작 40대에 불과했다. 하지만 50여 년 후인 2003년 상황은 완전히 역전되었다. 도요타가 전 세계적으로 678만대의 자동차를 판매해서 세계 자동차 업계 2위에 올라선 반면, 포드는 672만대 판매에 그쳤기 때문이다.

도요타 에이지는 지방의 작은 방직기 공장에 불과했던 도요타가 오늘에 이르기까지는 수많은 결단의 순간이 있었다고 말한다. 완전히 상반되는 두 가지 방향을 놓고 결단해야 할 만큼 절박하고 긴박한 순간도 적지 않았다.

"완전히 상반되는 두 가지 길을 놓고, 어느 쪽으로 가는 것이 좋을지 결단해야 하는 경우가 있다. 이럴 때는 이유와 경과가 어떻든 간에 주사위라도 던져서 방향을 정해야만 한다. … (중략) … 최후의 순간에 결단을 내리는 것은 사람이다. 이 사실은 앞으로도 변함없을 것이다."

도요타 에이지의 자서전 《도요타 에이지의 결단》에 나오는 말이다.

오늘의 도요타는 그런 수많은 결단의 순간을 거치면서 만들어졌다. 그렇다고 해서 항상 승승장구한 것만은 아니다. 어려운 시기도 수없이 겪어야만 했다.

"마른 수건이라도 지혜를 짜내면 물이 나온다"라는 도요타 에이지의 신조에서 알 수 있듯, 도요타 신화는 '무에서 유를 창조하는 지혜와 도전 정신'에서 비롯되었다.

많은 사람이 성공한 사람과 성공한 기업을 보면서 '현재'만을 부러워하는 경향이 있다. 마치 하루아침에 성공을 이뤄내기라도 한 것처럼 말이다. 하지만 그것은 착각에 불과하다. 도요타의 예에서 알 수 있다시피, 그 이면을 들여다보면 수많은 좌절과 고난이 함께하고 있기 때문이다. 그 때문에 그들에게서 우리가 정작 배워야 할 것은 '현재'가 아닌 '과거'라고 할 수 있다. 그리고 그 밑바탕에는 수많은 결단의 순간이 자리하고 있다.

망설이면 아무것도 얻을 수 없다

우리 삶에서 타이밍은 매우 중요하다. 특히 삶을 바꿀만한 중요한 결단일수록 타이밍을 잘 맞춰야 한다. 결과가 완전히 뒤바뀔 수도 있기 때문이다. 하지만 대부분 아무런 고민 없이 무의식적으로 혹은 즉흥적으로 결정하곤 한다. 그래서는 원하는 결과를 절대 얻을 수 없다.

'줄탁동시(啐啄同時)'라는 말이 있다. 새가 알에서 부화할 때 새끼가 안에서 톡톡 쪼는 행위인 '줄(啐)'과 어미가 밖에서 쪼는 행위인 '탁(啄)'이 동시에 일어나야만 비로소 두꺼운 알을 깨고 새끼가 밖으로 나올 수 있다는 뜻으로, 타이밍의 중요성을 단적으로 설명하고 있다. 새끼만 안에서 알을 쪼면 알이 깨지지 않고, 어미만 밖에서 알을 쪼면 새끼가 죽을 수도 있기 때문이다.

한번 놓치면 다시 오지 않을 기회, 줄탁동시 같은 타이밍의 순간은 우리 삶 곳곳에 숨어있다.

1876년 미국 최대 전신회사인 웨스턴 유니언 사장 윌리엄 오턴(William Orton)은 가디너 허버드(Gardiner Hubbard)의 특허권 인수 제안을 일

언지하에 거절했다. 허버드는 전화기 발명자인 알렉산더 그레이엄 벨 (Alexander Graham Bell)의 장인으로 파산 위기에 처한 사위를 대신해서 오턴에게 전화기 특허권을 10만 달러에 사라고 제안했다. 하지만 오턴은 "전화기는 통신수단이 되기에는 기술적인 단점이 너무 많다"라면서 그 제안을 묵살했다. 하지만 그것을 후회하기까지는 그리 오랜 시간이 걸리지 않았다. 벨이 직접 회사를 차려 생산한 전화기를 사용하는 소비자가 급격히 늘면서 전신시대가 빠르게 저물기 시작했기 때문이다. 그제야 오턴은 유사 제품을 시장에 내놓으며 벨을 추격하고 나섰지만, 결국 몰락하고 말았고, 벨이 만든 회사의 후신인 AT&T는 미국 통신업계의 최강자가 되었다.

미국의 경영 잡지 《포천》은 기업 CEO를 '남이 대신해줄 수 없는 결정을 내리는 사람'이라고 정의하면서 다음 세 가지 자질을 반드시 지녀야 한다고 강조했다.

- 불확실성을 무조건 회피하지 말고 이용할 것
- 완벽주의에 대한 강박관념을 버릴 것
- 직원들에게 명령하기보다 스스로 판단할 수 있도록 할 것

특히 '잘못된 결정(Wrong decision)'과 '나쁜 결정(Bad decision)'은 기업의 운명을 좌우한다며 신중한 결정을 강조했다. 잘못된 결정은 두 번째 문 뒤에 더 좋은 상이 기다리고 있는데도 첫 번째 문을 선택하는 것에 불

과하지만, 나쁜 결정은 엔지니어들의 사고 발생 경고에도 불구하고 우주 왕복선 챌린저호를 발사해서 참사를 자초했던 미국 항공우주국(NASA) 고위층의 선택처럼 치명적인 결과를 초래할 수 있기 때문이다. 이에《포천》은 '얼마든지 잘못된 결정을 피할 수 있다'라며, 타이밍을 강조했다.

나폴레옹이 불세출의 영웅으로 존경받는 이유

결단력 하면 나폴레옹(Napoleon)을 빼놓을 수 없다. 수많은 우여곡절 끝에 프랑스 황제가 되어 전 유럽을 석권한 그는 "내 사전에 불가능은 없다"라며 알프스를 넘어 러시아까지 공격했지만, 혹독한 날씨와 러시아의 끈질긴 저항으로 인해 참패한 후 지중해의 작은 섬 엘바로 쫓겨나고 말았다.

이탈리아 코르시카섬에서 태어난 그가 프랑스 황제가 될 수 있었던 이유는 냉철한 머리와 깊은 통찰력 그리고 빠른 결단력을 지니고 있었기 때문이다. 특히 그의 남다른 결단력은 지금까지도 많은 사람에게 회자하고 있다.

나폴레옹이 황제로 있던 시절, 그를 반대하는 왕당파와의 화친을 논의하던 회의에서 있었던 일이다.

왕당파는 화친을 맺기 위한 대표를 파리에 부르고 싶다며 회의를 이틀만 미루어달라고 했지만, 나폴레옹은 이를 거부하며 이렇게 말했다.

"나는 두 시간으로 충분한 일을 이틀이나 미루고 싶지 않다."

그만큼 그는 시간을 허투루 쓰지 않았다. '어떻게 하면 승리할 수 있는지', '어떻게 하면 최선을 다 할 수 있는지'에 대해서 냉정하게 생각한 후 그것을 행동으로 즉시 옮겼다. 아무리 훌륭한 재능이 있어도 결단력이 없으면 결실을 볼 수 없다고 생각했기 때문이다.

아무리 좋은 생각도 실천하지 않으면 탁상공론에 불과하다. 나폴레옹이 여전히 불세출의 영웅으로 존경받는 이유는 누구보다 실행을 강조했기 때문이다. 그만큼 결단력은 매우 중요하다.

"나는 항상 머리를 움직여서 천천히 그리고 크게 생각하려고 한다. 내가 어떠한 것에도 대응하고 온갖 것에 맞설 준비가 되어 있는 것처럼 보이는 것은, 무엇을 시작하기 전에 시간을 들여 철저하게 생각하며, 어떤 일이 일어날 것인지를 정확하게 예측하기 때문이다."

"생각이 꿈이라면, 행동은 꿈을 향해 오르는 사다리와도 같다"

세계 휴대전화 시장 점유율 41.1%. 핀란드 휴대전화 회사 노키아(Nokia)가 한때 이룬 기록이다. 휴대전화 이용자 두 명 중 한 명은 노키아 제품을 들고 다닐 만큼 압도적인 수치였다. 당시 2위였던 삼성전자의 시장 점유율은 노키아의 3분의 1에 불과했을 정도다. 하지만 누구도 넘볼 수 없을 것 같던 노키아의 위세는 스마트폰의 등장으로 인해 급격히 무너지고 말았다. 애플과 삼성전자에 추월당하더니, 급기야 휴대전화 사업부를 마이크로소프트사에 매각하기에 이르렀기 때문이다.

사실 노키아 역시 스마트폰 시대가 올 것이라는 걸 잘 알고 있었다. 그래서 가장 먼저 스마트폰을 출시했지만, 시장 환경이 제대로 갖춰져 있지 않다 보니 실패를 거듭했다. 그 결과, 회사는 패배 의식에 빠졌고, 스마트폰 사업을 포기하기에 이른다. 그리고 그 대가는 매우 혹독했다. 2012년 연간 적자가 5조 원을 넘어섰을 뿐만 아니라 주가 역시 90% 이상 폭락했고, 휴대전화 시장 점유율은 2%까지 추락했다.

한때 16만 명의 직원을 거느리고 세계 필름 시장의 3분의 2 이상을 장악했던 코닥의 몰락 역시 주목할 만하다.

코닥은 1888년 조지 이스트먼(George Eastman)이 창업한 이래 미국과 전 세계에서 친근한 브랜드로 명성을 쌓으며 폭발적인 성장을 거듭했다. 뛰어난 기술을 바탕으로 필름 시장에서 수십 년 동안 독점을 누렸다고 해도 과언이 아니다. 하지만 급속한 디지털 혁명의 물결 앞에 그 영광은 곧 빛을 잃고 말았고, 그때부터 줄곧 내리막길을 걸어야만 했다.

노키아와 코닥의 사례는 전략과 비전만 있으면 경쟁에서 얼마든지 이길 수 있다는 맹신이 얼마나 어리석은지 잘 보여준다.

불확실한 시대일수록 결단력이 승패를 결정한다. 이에 대해 일본의 젊은 CEO 도요다 게이치(豊田圭一)는 《생각과 행동 사이》라는 책에서 "생각이 꿈이라면, 행동은 꿈을 향해 오르는 사다리와도 같다"라며 수많은 핑계를 대며 머뭇거리는 사람들을 향해 "당장 행동하라"라고 강조한다. 아무리 좋은 아이디어가 있다고 해도 행동으로 옮기지 않으면 어떤 결과도 얻을 수 없기 때문이다.

"생각에 빠지면 나는 없어지고 생각이 나를 지배하게 된다. 내 몸을 움직여 산만큼이 자신의 삶이다. 생활이든 일이든 움직여서 행하지 않고 무엇을 남길 수 있는가? 과학자나 작가 등 머리를 많이 쓰는 사람도 실험하고 손을 자주 움직여야 하며, 생각과 행동의 간극을 없애는 삶을 살아야 한다."

인생의 비극은 목표를 이루지 못한 것이 아니라 아무런 목표 없이 사는 데 있다. 바다 위를 표류하는 배처럼 아무런 목표 없이 살아서는 원하는 삶을 살 수 없다. 따라서 그런 사람들은 자신이 무엇을 위해서 사는지, 어디로 가고 있는지부터 확실히 알아야 한다.

"내가 존경하는 사람은 자신이 무엇을 하고 싶은지를 정확히 아는 사람이다. 사람들이 불행한 원인은 자신이 하고 싶은 일을 하지 못하기 때문이다. 즉, 탑을 쌓으려고 하지만, 막상 작은 오두막을 세울 정도의 기초 공사밖에 하지 않는데 어떻게 행복할 수 있겠는가."

독일의 대문호 요한 볼프강 폰 괴테(Johann Wolfgang Von Goethe)의 말이다.

자신을 믿어라. 그러면 어떻게 살아야 하는지 저절로 알게 된다.

4. 새로운 기회의 문 열기

원하는 삶을 향해 나아갈 준비가 되었는가? 어떤 일이 있어도 그것을 끝까지 할 자신이 있는가? 혹시 여전히 망설이고 있지는 않은가?

현재의 삶에 만족한다면 삶 역시 거기서 끝나고 만다. 하지만 지금보다 더 나은 삶을 원한다면 현재의 삶을 과감히 박차고 나가야 한다. 그래야만 새로운 기회의 문이 열린다.

기회는 기회의 모습으로 오지 않는다

이탈리아 시칠리아섬 동쪽에 있는 작은 도시인 시라쿠사(Siracusa)에는 괴상한 모습을 한 동상이 하나 있다. 앞머리는 무성하고, 뒷머리는 대머리에, 발에는 날개가 달린 동상을 처음 본 사람들은 대부분 웃음을 터트린다. 하지만 동상 밑에 쓰인 글을 보면 곧 웃음은 사라지고 진지한 표정을 짓는다. 동상 아래에는 이런 글귀가 새겨져 있다.

"앞머리가 무성한 이유는 사람들이 나를 봤을 때 쉽게 붙잡을 수 있게 하기 위해서이고, 뒷머리가 대머리인 이유는 내가 지나가면 사람들이 다시 붙잡지 못하게 하기 위해서이며, 발에 날개가 달린 이유는 최대한 빨리 사라지기 위해서다. 나의 이름은 기회다."

기회는 기회의 모습으로 오지 않는다. 기회는 그것을 찾고자 노력하는 사람에게만 온다. 따라서 어떤 일도 하지 않는 사람에게는 아무런 일도 일어나지 않는다.

막연한 기대는 버려야 한다. 그것은 우리를 행동으로 이끌기보다는 공허한 망상에 사로잡혀서 움직일 수 없게 하기 때문이다.

믿을 수 없을 정도로 비참한 삶을 살면서도 좋지 않은 습관을 버리지 못하는 이들이 적지 않다. 자신을 감추는 데 습관만큼 편한 것도 없기 때문이다. 그러다 보니 대부분 거기에 의지해서 편안한 삶을 살려고 한다. 뭔가를 이루기 위해서 노력하는 모습은 절대 찾아볼 수 없다. 살아있지만, 죽은 것이나 다름없는 삶을 사는 셈이다. 그런 이들에게 기회란 무의미하다. 구슬이 서 말이라도 꿰어야만 보배가 되는데, 아무리 기회가 많아도 그것을 이용하지 않으면 무용지물에 불과하기 때문이다.

용기 있는 사람만이 삶을 바꿀 수 있다

미국 현대 문학의 개척자인 어니스트 헤밍웨이(Ernest Hemingway)는 《노인과 바다》에서 고통과도 같은 바다에 끊임없이 도전하는 노인의

삶을 통해 어떻게 살아야 하는지를 말하고 있다. 즉, 수많은 시련에도 굴복하지 않고 다시 일어서는 과정을 통해 삶의 좌표를 잃고 헤매는 이들에게 용기와 희망을 전한다. 그런 점에서 볼 때 용기 있는 사람만이 원하는 삶을 살 수 있고, 삶을 바꿀 수 있다.

살면서 힘들지 않은 사람은 없다. 크건 작건 누구나 고민을 안고 산다. 성공한 사람들 역시 마찬가지다. 그들이라고 처음부터 탄탄대로만 걸은 것은 아니다. 프랑스의 세계적인 패션 디자이너 크리스티앙 디오르(Christian Dior)는 절대로 디자이너가 될 수 없다는 말을 들었고, 스타벅스 창업자 하워드 슐츠(Howard Schultz)는 200번 넘게 거절당했다. 또한, 《해리포터》 시리즈로 전 세계인들의 마음을 사로잡은 영국의 작가 조앤 K. 롤링(Joan K. Rowling) 역시 정부 보조금으로 살면서 종잇조각이나 냅킨에 글을 써야 했을 정도로 극심한 가난을 겪어야 했다. 그녀는 2008년 하버드대학 졸업식 연설에서 이렇게 말했다.

"우리가 마음속으로 성취한 것이 바깥 현실을 바꿀 것이다."

희망이 현실이 되려면 수많은 고난과 시련을 겪어야 한다. 하지만 그것이 두려워서 발걸음조차 떼지 못한다면 제자리에 머물기는커녕 오히려 점점 뒤처지고 만다.

괴테는 "꿈을 품고 뭔가 할 수 있다면, 그것을 당장 시작하라. 새로운 일을 시작하는 용기 속에 당신의 천재성과 능력과 기적이 모두 숨어 있다"라고 했다. 시작은 어렵지만, 일단 시작하면 우리가 상상하는 것 이상의 결실을 얻을 수 있다는 얘기다.

생각은 이미 충분하다. 그러니 주저하지 말고, 일단 시작하라. 머릿속의 생각을 행동으로 옮기는 사람만이 원하는 것을 이룰 수 있다.

새로운 것에는 항상 두려움이 따른다

누구도 미래를 정확히 예측할 수는 없다. 내일, 아니 당장 한 시간 후에 어떤 일이 일어날지는 누구도 알 수 없기 때문이다. 그만큼 세상은 끊임없이 변화한다. 당연히 그 안에서 사는 우리 삶 역시 변화의 연속이다. 그런 점에서 볼 때 불확실한 미래를 대비하는 가장 좋은 방법은 변화를 적극적으로 받아들이는 것이다.

삶은 우리에게 항상 도전과 변화를 강요한다. 우리가 완벽하다면야 어떤 두려움도 느끼지 않겠지만, 우리는 신처럼 완벽하지 않다. 오히려 단점과 오류, 실수투성이다. 그래서 뭔가를 시작해야 할 때면 항상 두려움과 고통이 뒤따른다. 과거의 경험과 지식을 부정해야 하고, 새로운 것을 배워야 하며, 실패할지도 모른다는 불확실한 미래와 끊임없이 싸워야 하기 때문이다.

할리우드의 유명 영화배우와 제작자들을 비롯한 수많은 셀레브리티(Celebrity)의 정신적 멘토로 활동하는 정신과 의사 필 스투츠(Phil Stutz)와 변호사 사무소를 그만두고 전문 심리치료사로 활동하는 배리 미셸(Barry Michels)은 두려움에 대해서 이렇게 말한다.

"두려움은 아직 오지 않은 미래를 끔찍하게 생각하는 것과 연결되어 있다. 따라서 미래에 대한 환상을 버리고 현재에 집중해야 한다."

고통을 피하지 말고 정면 돌파해야 한다. 그래야만 쓸데없는 생각과 부정적인 생각에서 벗어나 내면의 불안을 떨쳐낼 수 있다. 또한, 지금의 나를 보고 미래의 나를 결정해서는 안 된다. 사람은 살면서 수십 번도 더 변하기 때문이다.

세상에는 지금의 내가 원하는 삶을 사는 이들이 분명 있다. 중요한 것은 그들 역시 우리와 똑같은 길을 걸었고, 똑같은 생각을 하면서 두려움과 고통의 시간을 보냈다는 것이다. 하지만 그들은 과거가 아닌 미래를 보았고, 절망과 좌절이 아닌 꿈을 그렸다. 그리스의 역사가로 '서양 역사학의 아버지'로 불리는 헤로도토스(Herodotos)는 그와 관련해서 이렇게 말했다.

"위대한 업적은 대부분 큰 위험을 감수한 결과이다. 원하는 것을 얻으려면 그만큼의 고된 시간과 고통이 뒤따른다. 두려움을 이기는 법을 아는 사람만이 그 고통을 받아들이며 앞으로 나아갈 수 있다."

우리 역시 과거가 아닌 미래를 향해 나가야 한다. 더는 불확실한 일에 집착해서 미래마저 불안하게 해서는 안 된다.

과거가 아닌 미래를 향해 나가야 한다

많은 사람이 오늘에 충실하지 못하는 이유는 미래에 대한 막연한 두려움 때문이다. 하지만 지금, 이 순간에 충실하지 않으면 그 누구도 원하는 미래를 살 수 없다. 미래는 지금, 이 순간을 어떻게 살았느냐에 달려 있기 때문이다. 따라서 어제를 거울삼아 오늘을 살고, 오늘을 기초로 내

일을 살아야 한다. 미래의 일은 미래에 맡겨야 한다. 미래가 두려워서 지금, 이 순간에 충실하지 못하면 미래는 정말로 두려운 것이 되고 말기 때문이다.

하버드대학 비즈니스 스쿨에서 '인간관계론 강의'로 큰 명성을 얻은 앤디 몰린스키(Andy Molinsky) 박사는 《하버드 비즈니스 스쿨 인간관계론 강의》에서 이렇게 말했다.

"당신의 삶은 벽을 뛰어넘으려는 노력이 모여서 만들어진 것이다. 유아기에는 바닥을 기는 편안함을 포기하고 혼자서 두 발로 서는 도전에 나섰다. 유치원에 가기 위해, 그다음에는 초등학교에 가기 위해, 그리고 중·고등학교와 대학교에 가기 위해 집을 떠났다. 대학을 떠나 첫 번째 직장에 입사했을 때도 당신은 한 걸음 도약했다. 직장에서 보직을 변경하거나 이직을 경험하기도 했다. 그 모든 게 도전이고 변화였으며, 오늘의 당신은 그런 경험의 결과물이다. 당신의 삶은 항상 도전으로 가득했고, 그때마다 극복했으며, 앞으로도 얼마든지 해낼 수 있다."

대부분 사람은 두려움을 느끼면 일단 도망부터 친다. 그것이 문제를 해결하지 못한다는 사실 역시 잘 알지만, 그보다 쉽고 편한 방법은 없기 때문이다. 하지만 도망칠수록 악순환만 반복할 뿐이다. 또한, 언제까지나 도망칠 수도 없다. 똑같은 두려움이 수시로 찾아오기 때문이다. 그럴 바에야 차라리 처음부터 두려움과 마주하는 것이 좋다. 그래야만 그것과 싸워서 이기는 법을 터득하기 때문이다.

우리가 걱정하는 이유는 어려움에 대비하기 위해서다. 마음이 쓰이는 일을 미리 준비함으로써 지혜롭게 해결하기 위함인 것이다. 그렇게 만 된다면 걱정도 충분히 해봄 직하다. 하지만 우리가 하는 걱정 대부분 은 쓸데없는 것에 불과하다.

캐나다의 심리학자 어니 젤린스키(Ernie J. Zelinski)는 《모르고 사는 즐거움》에서 이렇게 말한 바 있다.

"우리가 하는 걱정의 40%는 절대 현실에서 일어나지 않는다. 걱정의 30%는 이미 일어난 것이며, 22%는 사소한 것이다. 또한, 걱정의 4%는 우리 힘으로 어쩔 수 없는 것이며, 겨우 4%만이 우리가 바꿀 수 있다."

삶의 에너지를 쓸데없는 고민으로 낭비해서는 안 된다. 걱정만 한다 고 해서 나아지는 건 전혀 없기 때문이다. 쓸데없는 걱정은 또 다른 걱정 을 낳을 뿐이다. 따라서 걱정하는 일일수록 몸으로 직접 부딪쳐서 돌파 하거나 경험 많은 사람의 지혜를 빌려야 한다. 그래야만 걱정에서 벗어 날 수 있다.

보이지 않는 내일보다 지금 우리 앞에 있는 것과 맞서 싸워야 한다. 그 래야만 원하는 미래를 살 수 있다.

● ● ●

누구나 원하는 것을 이루려면

가장 먼저 그것을 방해하는 약점을 찾아서 없애야 한다.

성급하게 결말을 보려는 사람, 한 번의 실패에 주저앉는 사람은

가장 먼저 끈기를 길러야 한다.

__ 노만 빈센트 필(Norman V. Peale)

THE SEVEN LAWS OF WINNERS
이기는 사람들의 7가지 법칙

다섯 번째 법칙 : 끈기

느리지만, 결국 '해내는 힘'

모든 사물은 '임계점' 즉, 티핑 포인트(Tipping Point)에 이르면 폭발적으로 성장한다. 다만, 거기에 이르기까지가 매우 어렵고 힘들 뿐이다. 그 핵심은 바로 '끈기'와 '인내'다. 시작은 누구나 할 수 있지만, 누구나 성공하지 못하는 이유는 바로 그 때문이다.

1. 느리지만, 결국 '해내는 힘'

어떤 일을 중도에 포기한 적 없는가? 만일 그랬다면 그 일이 더는 중요하지 않았기 때문인가, 아니면 끈기가 부족해서인가?

성공한 사람들은 대부분 뚜렷한 목표를 세운 후 수많은 고난과 좌절에도 굴복하지 않고 인내와 끈기를 가지고 분투했다는 공통점을 갖고 있다. 즉, 그들은 일단 시작한 일은 어떤 일이 있어도 포기하지 않는다. 성공과 실패의 갈림길은 인내와 끈기에서 비롯된다는 사실을 잘 알고 있기 때문이다.

시작은 누구나 할 수 있지만, 누구나 성공할 수는 없다

성공한 사람들의 공통점을 말할 때 빠지지 않는 것이 바로 '인내'와 '끈기'다. 미국 펜실베이니아대학 심리학과 앤절라 리 더크워스(Angela Lee

Duckworth) 교수는 이를 '그릿(Grit)'이라고 했다. '그릿'은 자신이 성취하고자 하는 목표를 끝까지 해내는 힘이자, 고난과 역경, 슬럼프를 극복하고 목표를 향해 꾸준히 나아가는 능력을 말한다. 이를 위해 그녀는 악명 높기로 이름 높은 웨스트포인트(미국 육군사관학교)에서 어떤 생도가 살아남고, 누가 중도 탈락하는지, 문제아들만 있는 학교에 배정된 초임 교사 중 누가 끝까지 포기하지 않고 아이들을 가르치고 성과를 끌어내는지 오랫동안 연구했다. 그리고 그 성공 뒤에는 끝까지 포기하지 않고 최선을 다하는 열정과 끈기가 있음을 밝혀냈다.

미국에서 매년 약 1만4,000여 명의 학생이 웨스트포인트에 지원한다. 그중 4,000명이 지역 하원 또는 상원의원, 부통령의 추천을 받는데, 30%(1,200명)만이 입학 통지서를 받고, 졸업 때까지 다시 20%가 중도 탈락한다. 결국, 지원자의 7%만 졸업하는 셈이다.

앤절라 교수는 웨스트포인트 지원자와 졸업생의 차이를 지속적인 노력과 열정, 두 가지의 존재 여부로 설명했다. 재능은 있지만, 성공에 이르지 못하는 것과 반대로 재능은 부족하지만, 성공하는 이유가 바로 여기에 있다는 것이다. 이는 오래전에 그녀가 뉴욕시 공립학교에서 중학생에게 수학을 가르치면서 확인한 사실이기도 하다. 학생들의 성적은 지능(IQ)보다는 끈기 여부에 따라서 결정되었기 때문이다.

모죽(毛竹)의 교훈

한국과 중국, 일본에서 자라는 '모죽(毛竹)'이라는 대나무가 있다. 대나무 중에서 최고로 치는 '모죽'은 땅이 척박하건 기름지건 간에 씨를 뿌린 후 5년 동안은 성장에 필요한 좋은 영양분을 아무리 공급해도 눈에 띄는 변화를 보이지 않는다. 하지만 5년이 지나면 하루에 70~80cm씩 쑥쑥 자라기 시작해서 6주 후면 30m까지 자라고, 비바람 속에서도 100년을 견디며 산다. 그렇다면 처음 5년 동안은 왜 자라지 않는 것일까.

모죽에게 5년은 아래로, 아래로 뿌리를 내리며 내실을 다지는 인내의 시간이다. 땅속 깊은 곳에서 자신을 드러내지 않고 조용히 참고 기다리며 철저히 준비하는 시간인 셈이다. 그리고 그 인내와 끈기는 다른 어떤 식물보다도 빠르고 높이 자라날 힘이 된다.

어느 날 갑자기 혜성처럼 나타나서 큰 인기를 누리다가 어느 순간 사라지는 스타들이 적지 않다. 뜻밖의 행운으로 스타가 되었지만, 많은 부분에서 허점이 드러나서 더는 그 자리에 머물 수 없기 때문이다. 반면, 모죽처럼 오랜 준비와 기다림 끝에 빛을 보는 이들도 있다. 일명, '명품 조연'이라고 불리는 이들이 바로 그들이다. 시작은 힘들었지만, 갈수록 빛을 발하고 승승장구하는 그들의 모습에서 우리는 오랜 세월 동안 묵묵히 준비한 깊은 내공을 느낄 수 있다.

김난도 교수의 《천 번을 흔들려야 어른이 된다》를 보면 다음과 같은 말이 나온다.

"견디십시오. 그대는 모죽입니다. 비등점을 코앞에 둔 펄펄 끓는 물입니다. 곧 그 기다림의 값어치를 다할 순간이 올 것입니다. 세상에서 가장 높은 대나무로 쑥쑥 커 갈 시간이 올 것입니다. 자유로운 기체가 되어 세상을 내려다볼 시기가 올 것입니다."

시작은 누구나 할 수 있다. 하지만 누구나 성공할 수는 없다. 성공의 비결은 끝까지 참고 버티는 데 있기 때문이다.

'현대 경영학의 아버지' 피터 드러커의 열정의 원천

'현대 경영학의 아버지'로 불리는 피터 드러커(Peter Drucker)는 고등학교 졸업 후 독일 함부르크에 있는 면제품 회사에서 견습생으로 일했다. 이때 그는 일주일에 한 번씩 고학생을 위한 무료 좌석권을 얻어 오페라를 보고는 했는데, 어느 날 이탈리아 작곡가 주세페 베르디(Giuseppe Verdi)의 오페라 〈폴스타프〉를 본 후 거기에 완전히 매료되고 말았다. 그후 집으로 돌아와 자료를 찾아본 그는 깜짝 놀랐다. 엄청난 열기를 뿜어내는 오페라를 작곡한 사람이 여든 살의 노인이었기 때문이다. 베르디가 잡지에 기고한 글 역시 그를 감동하게 했다.

"그 나이에 왜 굳이 힘든 오페라 작곡을 계속하는가?"라고 누군가 묻자, 베르디는 이렇게 말했다.

"음악가로서 나는 항상 완벽을 추구해왔다. 하지만 작품이 완성될 때마다 늘 아쉬움이 남았다. 그때마다 한 번 더 도전해야 할 의무가 있다고 생각했다."

자신은 성숙하지 못한 나약한 풋내기에 불과하다고 생각했던 피터 드러커는 베르디의 이 말을 가슴속에 평생 간직했다. 그리고 자신 역시 베르디처럼 아무리 늙어도 포기하지 않고, 언제나 완벽을 추구하리라고 다짐하며 생을 마치는 순간까지 그것을 실천했다.

"저술한 책 중에서 어느 책이 최고입니까?"라는 질문을 받을 때면 그는 이렇게 말하곤 했다.

"바로 다음에 나올 책이지요."

아무리 큰 꿈이 있고 목표가 있다고 해도 쉽게 포기하면 어떤 꿈도 이룰 수 없다. 그것을 이루려면 포기하지 않는 끈기와 인내를 지녀야 한다. "좋은 일은 우연히 일어나지 않는다"라고 했던 피터 드러커의 말마따나 뼈를 깎는 노력과 진통, 끊임없는 고민과 인내의 신간을 겪어야만 원하는 것을 얻을 수 있기 때문이다.

2. NO Surprise! 우연한 기적은 없다

누구나 꿈이 있다. 하지만 꿈을 이룬 사람이 있는가 하면, 꿈을 평생 꿈으로만 끝내는 사람도 있다. 그 차이는 과연 무엇이라고 생각하는가? 바로 그 꿈을 이루기 위한 부단한 노력, 즉 열정의 차이라고 할 수 있다.

마음속에 담아둔 말은 본인이 아니면 그 누구도 알아낼 수 없다. 꿈 역시 마찬가지다. 마음속에 품었던 그 꿈을 밖으로 꺼내지 않으면 아무런 소용이 없다. 꿈은 품고 간직하는 게 아니라 적극적으로 실천하고 성취하는 것이란 걸 명심해야 한다.

벼랑 끝에 나를 세워라

모든 꿈은 '욕망'으로부터 시작된다. 욕망이란 '뭔가를 갖거나 하고자 간절하게 바라는 마음'으로 열정을 갖고 끝까지 최선을 다할 때 비로소 현실이 된다. 그런 점에서 볼 때 누구나 욕망하는 만큼만 이룰 수 있다. 작은 불씨를 지피면 작은 불밖에 얻을 수 없는 것처럼 욕망이 작으면 그 결과 역시 작을 수밖에 없다.

욕망을 이루는 데 있어서 가장 중요한 것은 인내와 끈기다. 탄소가 부서지기 쉬운 쇠를 강철로 바꾸듯, 인내와 끈기 없이는 어떤 욕망도 이룰 수 없기 때문이다. 예컨대, 물은 섭씨 0도에서 99도까지는 아무리 열을 가해도 그저 물일뿐이다. 아무런 질적 변화도 일어나지 않는다. 그런데 거기에 1도를 더하는 순간, 엄청난 변화를 겪으며 액체에서 기체로 변한다. 이를 두고 많은 사람이 착각한다. 단지 99도에서 1도가 더해진 후 변화했다는 이유만으로, 그 1도를 무시하는 것이다.

모든 사물에는 '임계점'이 존재한다. 임계점이란 '경계에 다다른 지점'이라는 뜻으로 어떤 상황이 처음에는 미미하게 진행되다가 어느 순간 갑자기 모든 것이 급격하게 변하기 시작하는 극적인 순간을 의미하는 '티핑 포인트(Tipping Point)'를 말한다.

모든 사물은 티핑 포인트에 이르면 폭발적으로 성장한다. 다만, 거기에 이르기까지가 매우 어렵고 힘들 뿐이다.

열심히 해도 나아지는 것이 없고, 항상 제자리걸음일 때 대부분 사람은 그만 포기하고 싶어 한다. 하지만 그 순간에 주저앉느냐 버텨내느냐가 그다음 단계, 나아가 최종적인 성패를 결정한다면 어떻게 될까.

성공한 사람일수록 한 번 목표를 정하면 절대 흔들리지 않는다. 그들은 간절함과 절박함으로 끝까지 참고 버티면서 자신을 벼랑 끝으로 내몬다. 즉, 그들은 꿈에 미친 사람들로, 꿈 없이는 한순간도 견디지 못한다.

성공하고 싶은가? 그렇다면 자신을 벼랑 끝에 세워라. 나아가 꿈에 미쳐야 한다. 그렇지 않으면 티핑 포인트에 절대 이를 수 없다.

타라우마라(Tarahumara) 인디언들의 사냥 비결

"성공이란 열정을 잃지 않고 실패를 거듭하는 능력이다."

2차 세계대전을 승리로 이끈 영국의 전 총리 윈스턴 처칠(Winston Churchill)의 말이다. 학창 시절 그의 생활기록부에 의하면, 그는 지독한 말썽꾸러기에 공부와는 거리가 먼 낙제생이었다. 삼수 끝에 입학한 사관학교에서도 성적이 좋지 않아 보병이 아닌 기병을 지망해야 했을 정도였다. 하지만 정치인으로 변신한 후 그의 삶은 완전히 바뀌었다. 말 그대로 승승장구를 거듭하며 총리까지 오르게 되었다.

멕시코 중서부에 있는 코퍼 캐니언(Copper Canyon)은 그랜드캐니언과 비교될 만큼 험하기로 유명하다. 협곡의 벽에 자라는 이끼가 구릿빛을 띠는 데서 코퍼 캐니언이라고 불리는 그곳은 협곡의 길이만 해도 그랜드캐니언의 4배에 달할 뿐만 아니라 6개의 주요 협곡 중 4개는 그랜드캐니언보다 무려 300m나 더 깊다.

그곳에 달리기를 잘하는 부족으로 알려진 타라우마라(Tarahumara) 인디언들이 산다. 그들은 어디를 가건 달리기를 즐긴다. 그들이 달리는 이유는 그것을 좋아해서가 아니다. 그들에게 달리기는 생존 수단이다. 즉, 힘든 환경 속에서 살아남아야 하다 보니 자연스럽게 달리기를 잘하게 된 것일 뿐이다. 예컨대, 그들은 사냥할 때도 절대 쉬지 않고 달림으로써 사냥감을 지치게 해서 사냥에 성공한다. 즉, 목표를 한 번 정하면 눈앞에 다른 동물이 나타나도 목표를 절대 바꾸지 않고, 사냥감이 지칠 때까지 쫓아 반드시 잡고야 만다. 한 번 목표를 정하면, 끝까지 바꾸지 않고 최선을 다하는 것이 사냥의 최고 비결인 셈이다.

누구나 이왕이면 쉽고 빨리 꿈을 이루고 싶어 한다. 그런 이들에게 타라우마라 부족의 이야기는 의미하는 바가 매우 크다. 꿈과 목표를 이루는 가장 확실한 노하우를 가르쳐주고 있기 때문이다. 그와 관련해서 미국 제30대 대통령을 지낸 캘빈 쿨리지(Calvin Coolidge)는 이렇게 말했다.

"이 세상에서 끈기를 대신할 수 있는 것은 아무것도 없다. 재능도 끈기를 대신할 수 없다. 재능은 있는데 성공하지 못한 사람만큼 흔한 것도 없기 때문이다. 천재성도 끈기를 대신할 수 없다. 천재성이 무용지물이 된 사례는 매우 흔하다. 교육도 끈기를 대신할 수 없다. 이 세상에는 고등교육을 받은 낙오자들이 넘친다. 끈기와 굳은 의지만이 무엇이건 가능하게 한다."

꿈과 목표를 이루고 싶은가? 그렇다면 꿈과 목표에 더욱 집중하고, 끝까지 최선을 다하라. 끝까지 포기하지 않고, 최선을 다하는 것보다 확실한 성공 비결은 없다.

성공의 이면에 감춰진 수많은 그림자

메이저리그의 전설적인 홈런왕 베이브 루스(Babe Ruth)는 통산 홈런

714개를 기록하며 소속팀을 7번이나 월드시리즈 정상에 올려놓았다. 그 결과, 야구 명예의 전당에 최초로 오른 다섯 명 중 한 명에 선정되었을 뿐만 아니라 소속팀이었던 뉴욕 양키스는 그의 등 번호 3번을 영구히 결번했다. 그런데 우리가 주목해야 할 그의 대기록이 또 하나 있다. 그가 1,330번의 스트라이크 아웃을 당한 스트라이크 아웃 왕이기도 하다는 점이다. 천하의 베이브 루스도 실패 없이 홈런왕에 오른 것은 아닌 셈이다.

이렇듯 성공의 이면에는 항상 수많은 실패가 있다. 만약 에디슨이 실패에 좌절해서 더는 도전하지 않았고 주저앉았다면, 라이트 형제가 첫 번째 실패에서 좌절했다면 인류의 삶은 지금과는 크게 달라졌을 것이다.

"내가 한 일 중에서 정말로 성공한 것은 전체의 1%에 불과하다. 나머지 99%는 실패의 연속이었다."

일본 혼다의 창업자 혼다 소이치로(本田宗一郎)의 말이다. 그는 시멘트 공장을 경영하다가 두 번이나 파산했을 만큼 파란만장한 삶을 살았다. 휘발유 깡통을 모아서 재기를 꿈꾸었지만, 지진으로 또다시 무너지는 아픔을 겪기도 했다. 그러나 "세상과 다른 사람들을 위해 반드시 이바지하겠다"라는 각오로 쓰레기통에 버려진 고물 자전거를 주워서 고쳐 팔기 시작했고, 그걸 이용해서 자전거에 모터를 부착한 오토바이를 개발하더니, 곧 자동차를 만들어 10만 명의 직원을 거느린 세계적인 기업인이 되었다.

언젠가 그는 이렇게 말했다.

"많은 사람이 은퇴할 때 아무런 실수도 하지 않은 채 직장생활을 마감

하는 것에 대해 매우 자랑스럽게 생각한다. 하지만 나는 은퇴할 때 비록 많은 실수를 했지만, 언제나 더 나아지려고 노력했다고 말하고 싶다. 실수하지 않는 사람은 그저 위에서 시키는 대로만 일하는 사람이기 때문이다. 그런 사람은 혼다에 필요하지 않다."

삶은 생각보다 길다. 미국의 심리학자 윌리엄 제임스(William James)의 말마따나, 우리에게는 두 번, 세 번이 아니라 일곱 번이라도 다시 도전할 잠재력이 충분히 있다. 하지만 그 역시 활용하지 않으면 무용지물일 뿐이다.

위기를 극복하고 성공한 사람일수록 행복지수가 높은 이유

미국 캘리포니아 주립대학교 샌프란시스코 캠퍼스의 심리학과 라이언 하월(Ryan Howell) 교수는 사람들이 어려운 수학 문제를 풀거나 운전을 배울 때와 같이 스트레스를 받으면서 목표를 달성할 때 얻는 행복이 그렇지 않을 때 얻는 행복보다 훨씬 강렬하고 오래 지속한다는 사실을 밝혀냈다. 연구진은 남녀 154명에게 최근 3개월 동안 무엇을 얻었는지, 그것이 물건인지 아니면 어떤 과정을 통해 얻은 것인지를 묻고 성취에 따른 행복의 정도를 조사했는데, 그 결과 수많은 위기를 극복하고 성공한 사람일수록 행복 지수가 높았다.

지하수를 펌프질해서 끌어올리려면 먼저 물 한 바가지를 부어야 한다. 그냥 펌프질만 해서는 뻑뻑 소리만 날 뿐 절대 물이 나오지 않는다. 삶 역시 마찬가지다. 다른 사람에게 뭔가를 얻으려면 그에 걸맞은 뭔가를 주어야 하듯, 원하는 것을 얻으려면 그에 상응하는 대가를 반드시 치러야한다.

중요한 것은 포기하지 않는 것이다. 몇 번의 펌프질만으로는 물이 절대 나오지 않는다. 그런데 이때 물이 나오지 않는다고 해서 포기한다면 올라오던 물마저 다시 땅속으로 돌아가고 만다.

성공은 늘 한 발자국 앞에 있다. 그 한 발자국을 더 내딛지 못하기에 많은 사람이 그것을 경험하지 못할 뿐이다.

오랜 세월 금광을 연구했던 한 학자에 의하면, 금광이 발견되는 바로 몇 미터 지점 앞에는 항상 수많은 삽과 도구가 놓여 있었다고 한다. 즉, 금광을 불과 몇 미터 앞두고 수많은 사람이 포기했다는 뜻이다. 다시 말하면, 많은 사람이 금광을 몇 미터 앞에 두고 극심한 고통과 포기하고 싶은 욕망을 드러낸 셈이다.

이렇듯 많은 사람이 성공이 코앞에 다가왔을 때 포기하는 경향이 있다. 하지만 명심해야 한다. 정말로 포기하고 싶을 때 그때가 바로 정말로 포기해서는 안 되는 순간이라는 것을.

3. 삶의 방향 바꾸기

일을 완성하는 데 있어서 가장 중요한 것은 무엇이라고 생각하는가?

인내와 끈기 없이는 어떤 일도 완성할 수 없다. 준비된 사람만이 일을 시작할 수 있듯, 끝까지 버티는 사람만이 일을 온전히 끝낼 수 있다.

생각대로 결과가 나오지 않는다고 해서 거기서 멈추면 그때까지 들인 노력 역시 모두 헛수고가 되고 만다. 하지만 힘들어도 끝까지 포기하지 않고 최선을 다하면 성공은 자연스럽게 따라온다.

어떤 일도 중단하지 않는 한 다시 일어설 수 있다

성공한 사람들은 작은 일에 쉽게 동요하지 않는다. 그들은 항상 새로운 것에 도전하며 더 많은 경험을 하고자 한다. 실패를 통해 자신이 성장한다고 믿기 때문이다. 실례로, 토머스 에디슨(Thomas Edison)이 "만

번이나 실패했지만, 포기하지 않고 계속 실험할 수 있었던 원인은 뭡니까?"라는 질문에 "나는 만 번 실패했다고 절대 생각하지 않습니다. 단지, 만 번 잘되지 않는 방법을 발견했을 뿐입니다"라고 말한 일화는 매우 유명하다.

이렇듯 똑같은 일을 두고도 에디슨처럼 긍정적으로 생각하는 사람이 있는가 하면, 무조건 부정적으로 바라보는 사람도 있다. 만일 당신이라면 이 둘 중 누구를 택하겠는가?

사소한 생각의 차이, 작은 행동 하나가 성공과 실패를 결정한다. 실패한 사람들은 위기에 부딪히면 모든 일을 즉시 중단한다. 더 해봐야 아무런 소용없다고 생각하기 때문이다. 하지만 그것은 자신을 더 큰 위험에 빠뜨리는 일이다.

뛰어난 궁수일수록 완벽함과 숙련 사이에서 분투한다. 완벽함이 열 번 쏘면 열 번 모두 과녁을 맞히는 것을 말한다면, 숙련은 '완벽'으로 가는 과정이라고 할 수 있다. 예컨대, 수십 년 동안 세계 최정상을 지키고 있는 우리나라 여자 양궁 선수들은 문제가 생기면 그 자리에서 식사도 거르고 몇 시간이고 연습을 거듭한다고 한다. 그렇지 않으면 완벽해질 수 없기 때문이다.

삶은 끊임없는 실패와 성공, 좌절과 도전의 연속이다. 실패만 있는 삶은 없듯, 성공만 있는 삶도 없다. 마찬가지로 좌절과 도전을 끊임없이 반복하며 우리는 성장한다.

20세기 미국을 대표하는 극작가 테네시 윌리엄스(Tennessee Williams)

는 명백한 실패가 자신을 움직이는 동력이었다고 고백한 바 있다.

"작품이 사람들의 시선을 끌지 못하면 그날 밤 다시 타자기 앞에 앉을 수밖에 없었다. 리뷰가 나가기 전에 뭐라도 해야 했으니까. 다시 일을 손에 잡아야겠다는 생각이 성공했을 때보다 훨씬 절실했기 때문이다."

삶의 방향을 바꾸고 싶은가? 그렇다면 인내와 끈기라는 습관을 지녀라. 어떤 일도 중단하지 않는 한 다시 일어설 수 있다. 실패는 계획이 실패한 것일 뿐, 자기 자신이 실패한 것은 아니기 때문이다.

삶은 기다림의 연속… 참고, 기다리면 반드시 기회가 온다

세일즈 왕으로 유명한 한 세일즈맨이 고객에게 다섯 번 연속 거절당했다. 그런데도 그는 기분 나빠하기는커녕 오히려 싱글벙글했다. 그러자 옆에 있던 동료가 이해할 수 없다며 이렇게 물었다.

"그렇게 거절당했는데도 웃음이 나옵니까?"

하지만 그는 여전히 웃으면서 이렇게 말했다.

"내 경험에 의하면, 평균 9번은 거절당해야 물건이 팔렸네. 그러니 한 번이라도 더 거절당하면 물건을 팔 때가 더 가까워졌다는 뜻이니 얼마나 고마운 일인가."

삶은 기다림의 연속이다. 누구도 인내와 끈기 없이는 원하는 것을 얻을 수 없다. 예컨대, 꿀벌이 1파운드의 꿀을 얻기 위해서는 5만 6천 송이의 꽃을 방문해야 한다고 한다. 꽃 한 송이를 60번씩 빨아들인다고 할 때 자그마치 336만 번 반복해야만 1파운드의 꿀을 얻을 수 있는 셈이다.

누군가는 타고난 재능이 있지만, 그렇지 않은 사람도 있다. 그런 사람일수록 더욱 열심히 노력해야만 원하는 결과를 얻을 수 있다. 중요한 건 자신의 재능을 포기하지 않고 꾸준히 계발하는 것이다. 즉, 세상이 알아줄 때까지 묵묵히 인내하고 기다리며 재능과 능력을 한 차원 더 높게 갈고 닦아야 한다.

흔히 낚시하는 사람을 일컬어 '강태공'이라고 한다. 강태공의 본명은 '여상'으로 주나라의 재상이었다. 그는 주나라 무왕을 도와 천하를 평정하는 데 있어 결정적인 역할을 했다. 그러나 그 역시 한때 강에서 낚시로 소일하며 시간을 보냈다. 그 세월이 무려 70여 년이었다. 사실 그는 낚시를 한 게 아니었다. 그가 낚고자 했던 것은 물고기가 아닌 제 뜻을 펼칠 수 있게 해줄 사람이었기 때문이다. 이에 자신을 알아주고, 제 뜻을 이루게 해줄 사람을 묵묵히 기다렸다.

《돈키호테》를 쓴 스페인 소설가 세르반테스(M. de Cervantes)는 그의 소설 속에서 이렇게 말했다.

"로마는 하루아침에 이루어지지 않는다. 우리에게 가장 큰 문제는 바로 조급함이다."

너무 조급해하지 마라. 버티고 또 버티면서 나를 가장 잘 드러낼 시간을 묵묵히 참고 기다려라. 그리고 때가 되면 더는 뒤 돌아보지 말고 앞을 향해 질주하라.

나를 완성하는 힘, 끈기를 키우는 6가지 방법

세계적인 영화감독이자 작가인 우디 앨런(Woody Allen)이 작가를 꿈꾸는 젊은이로부터 조언을 부탁받자 다음과 같이 말했다.

"일단, 출석만 하면 8할은 성공하는 셈입니다."

작가가 되기를 원하면서도 글 한 편 제대로 쓰지 않는 이들을 꾸짖는 이 말은 끈기야말로 성공의 시작임을 말해준다.

끈기의 힘을 더욱 과학적으로 제시하는 사례가 있다. 1940년 미국 하버드대학 심리학자들은 2학년생 130명을 대상으로 5분간 러닝머신 위를 뛰는 실험을 했다. 하지만 학생들의 표준 체력보다 훨씬 높은 강도로 러닝머신의 속도를 설정한 탓에 5분을 제대로 버틴 이들은 거의 없었다.

실험은 학생들이 졸업 후 60대가 될 때까지 계속되었다. 이를 위해 연구진은 2년에 한 번씩 그들에게 정기적으로 연락해서 근황을 물었는데, 그 결과는 매우 놀라웠다. 그들이 수십 년간 겪은 직업적 성취도와 사회적 만족도, 심리적 적응 수준은 스무 살 때 러닝머신에서 버틴 시간과 놀라울 만큼 비례했기 때문이다.

1967년부터 이 연구를 총괄했던 하버드대학 의대 정신과 조지 베일런트(George Vaillant) 교수는 그에 대해 이렇게 말했다.

"우리가 행복하려면 돈과 명예, 권력이 아닌 인생의 위기를 경험하고 이겨내는 힘을 길러야 한다."

세상에 인내와 끈기를 굴복시키는 힘은 없다. 우리를 성공으로 이끄는 온갖 요인 중에서 가장 큰 힘은 인내와 끈기이기 때문이다. 그런 점에서 볼 때 인내와 끈기야말로 나를 완성하는 힘이라고 할 수 있다. 그렇다면 인내와 끈기를 키우려면 어떻게 해야 할까.

첫째, 목표가 명확해야 한다. 즉, 자신이 무엇을 원하는지 알아야 한다. 확실한 동기, 즉 목표가 있어야만, 어떤 난관도 극복할 수 있기 때문이다.

둘째, 뜨거운 열정을 지녀야 한다. 뜨거운 열정보다 자신을 불태우는 힘은 없다. 즉, 열정이 강할수록 끝까지 포기하지 않고 최선을 다해 목표에 다가갈 수 있다.

셋째, 자기 자신을 믿고 격려해야 한다. 자신을 믿지 않으면 다른 사람 역시 믿을 수 없다. 그런 사람에게 목표와 열정이 있을 리 없다. 그것이 있다고 한들 믿고 협력할 사람이 없다면 쉽게 지치기 마련이다. 따라서 끈기 있게 최선을 다하려면 자신을 믿고, '나는 할 수 있다'라며 끊임없이 자신을 격려해야 한다.

넷째, 확실한 계획이 있어야 한다. 아무런 계획 없이 무조건 일부터 시작하는 사람들이 간혹 있다. 계획이 있는 것과 없는 것의 차이는 매우 크다. 계획이 있는 사람들은 어떤 일에도 쉽게 흔들리지 않는다. 그 역시 계획에 포함되어 있기 때문이다. 하지만 아무런 계획이 없는 사람은 단 한 번의 실패에도 쉽게 흔들리고 포기하기 마련이다. 따라서 어느 정도 허점이 있거나 비현실적이라도 반드시 계획을 세워야 한다. 그래야만 지치지 않고 끝까지 최선을 다할 수 있다.

다섯째, 다른 사람과 적극적으로 협력해야 한다. 타인과 함께하면서 그 사람의 위치에 서서 이해하고 협력하는 것이야말로 원하는 것을 이루는 지름길이기 때문이다.

여섯째, 긍정적인 습관을 길러야 한다. 현재 우리가 즐겨 사용하는 말과 행동은 대부분 습관의 결과다. 긍정적인 사람은 긍정적인 생각과 행동을 반복하고, 부정적인 사람은 부정적인 생각과 행복을 반복하기 마련이다. 그만큼 습관은 중요하다.

누구나 긍정적인 습관을 지니고 싶어라 한다. 하지만 그것을 방해하는 적이 있다. 바로 공포다. 우리를 둘러싼 수많은 적 가운데 가장 나쁜 적인 셈이다. 그러나 공포 역시 용기 있는 행위를 되풀이하면 얼마든지 물리칠 수 있다.

4. 멀리 돌아가더라도 절대 멈추지는 마라

하던 일을 중간에 포기한 후 '조금만 더 참았으면 성공할 수 있었을 텐데'라며 후회한 적 없는가? 아니면, 그때 포기하기를 잘했다고 생각하는가? 모든 포기는 항상 너무 빠르다는 사실을 아는가?

포기할 때는 그것이 당연한 것처럼 보이지만, 한 번 포기하면 또다시 포기하게 되고, 곧 포기에 익숙해진다. 문제는 그것을 반복하다 보면 어떤 기회도 더는 얻을 수 없다는 것이다. 따라서 비록 먼 길을 돌아가더라도 절대 멈춰서는 안 된다.

"강한 사람이 살아남는 것이 아니라 살아남는 사람이 강한 법"

살면서 어려운 문제에 부딪혔을 때 그것을 해결하는 가장 좋은 방법은 과연 뭘까? 그것은 바로 끝까지 포기하지 않는 것이다. 포기는 완전한 패배를 뜻하기 때문이다. 주목할 점은 그것이 그 문제에만 국한되지 않을 뿐만 아니라 삶 전체에 영향을 미친다는 것이다. 즉, 포기는 삶의 패배와도 직결된다.

영국 총리를 지낸 윈스턴 처칠은 모교인 옥스퍼드 대학 졸업식 강연을 부탁받고 한동안 깊은 고민에 빠졌다고 한다. 나라 안팎이 절체절명의 위기에 빠진 상황에서 어떻게든 후배들에게 용기를 주고 싶었기 때문이다. 수많은 고민 끝에 그는 이렇게 말했다.

"포기하지 마라! 절대로 포기하지 마라! 절대, 절대 포기하지 마라!"

역사상 가장 짧으면서도 가장 강력한 이 연설은 그렇게 해서 탄생했다.

꿈을 이루기 위해 노력하다 보면 누구나 크고 작은 어려움을 겪기 마련이다. 그때 현실과 적당히 타협하면 아무리 능력이 뛰어난 사람도 그것을 쉽게 이룰 수 없다.

성공하는 사람들은 자신의 경험과 능력을 이용하여 어려움을 극복하는 이른바 '역경지수'가 다른 사람보다 훨씬 높다. 그들은 절대 남 탓을 하지 않으며, 자기 비하도 하지 않는다. 끝까지 희망을 잃지 않고, 동료들을 격려하며, 역경을 헤쳐 나갈 뿐이다.

축구선수 박지성과 프리마돈나 발레리나 강수진의 발 사진이 화제가 된 적이 있다. 두 사람의 발은 수많은 상처와 굳은살, 피멍으로 가득했다. 심지어 기형적으로 문드러지고 변해서 마치 희소병을 앓고 있는 듯했다. 그러나 사람들은 그들의 발을 보며 뭉클한 감동을 느꼈다. 그들의 삶을 단적으로 보여줬기 때문이다. 나아가 한 번 정한 꿈과 목표에 대한 그들의 바람이 얼마나 간절하고 절박했는지를 보여줬다.

절망스러운 상황에서는 더는 희망도 없고 삶의 의미도 깨달을 수 없지만, 막상 그 시간이 지나고 나면 아무 일도 아닌 것처럼 느껴진다. 고난과 시련 뒤에는 희망이 함께 존재하기 때문이다. 고난과 시련은 희망으로 가는 통로이자, 인생을 더욱더 값지고 빛나게 만들기 위한 과정에 지나지 않는다. 그러니 어떤 일이건 쉽게 포기해서는 안 된다.

어떤 일이건 돌파구는 항상 존재하며, 그 뒤에는 새로운 삶이 우리를 기다린다. 그러므로 고난과 시련은 가능한 한 빨리 잊고, 꿈과 열정으로 새로운 기회를 만들어가야 한다. 강한 사람이 살아남는 것이 아니라 살아남는 사람이 강한 법이다.

한 사람이 정상의 자리에 서려면 대략 10년 정도의 시간이 필요하다고 한다. 10년이란 시간은 단순히 흘려보내는 시간이 아니라 목표를 이루기 위해서 끊임없이 자기를 갈고닦는 시간인 셈이다.

캐나다 최고의 동기부여가로 전 세계 수많은 사람의 삶을 성공으로 이끈 마크 피셔(Mark Fisher)는 그에 대해 이렇게 말했다.

"장애물을 만나면 이렇게 생각해라. 내가 너무 일찍 포기하는 것은 아닌가. 실패하는 사람들이 현명하게 포기할 때, 성공한 사람들은 미련하게 참는다."

삶은 누구에게나 똑같이 한번 밖에 주어지지 않는다. 그 시간을 무엇으로 채울지는 오직 자기 자신에게 달려 있다.

너무 일찍 포기하는 것은 아닌가?

포기하지 않고 끝까지 최선을 다하려면 부정적인 말을 입에 절대 담지 않아야 한다. 부정적인 말을 사용할수록 포기를 받아들일 수밖에 없기 때문이다. 부정적인 생각은 삶 자체를 부정적으로 만든다. 부정적인 생각이 깊어지면 상황에 대한 해석 역시 부정적으로 해서 자신을 더욱더 고통스럽게 할 뿐만 아니라 포기하고 실패하는 삶을 살 수밖에 없다.

세계 최대 인터넷 서점이자 종합 인터넷 쇼핑몰 업체인 아마존의 창업자 제프 베저스(Jeff Bezos)는 그와 관련해서 이렇게 말한 바 있다.

"'이건 불가능해'라고 말하는 사람들의 말을 믿으면 실패할 수밖에 없다. 항상 이렇게 말해야 한다. '우린 해낼 수 있다'라고. 불가능은 사실이 아닌 하나의 의견에 불과할 뿐, 열정만이 앞으로 나아가게 할 수 있으며, 긍정적인 사고만이 문제를 해결하는 키워드이다."

주변에서 일어나는 일을 어떻게 보고, 어떻게 해석하느냐에 따라서 삶은 크게 달라진다. 이기적이고 부정적인 생각이 마음에 자리하고 있으면 현실을 제대로 판단할 수 없다. 부정적인 생각의 틀에 갇힌 나머지 삶역시 불행하게 만들기 때문이다.

고난과 시련에 부딪히면 누구나 부정적인 생각과 말을 하기 쉽다. 하지만 우리가 목표로 한 곳에 도착할 수 있느냐 없느냐는 어려움에 부딪혔을 때 어떤 결정을 하느냐에 달려있다. '아니요(NO)'를 거꾸로 하면 전진을 뜻하는 '온(ON)'이 되듯, 긍정적인 마음으로 목표를 향해 끊임없이 나아갈 때 우리는 비로소 원하는 곳에 이를 수 있기 때문이다.

"먼저 올라야 할 산을 정하고, 10년 후 나는 이렇게 될 것이다, 30년 후에는 이렇게 될 것이다, 50년 후에는 이렇게 될 것이라, 라는 명확한 기한을 정하라. 그리고 그때의 이미지를 철저하게 머릿속에서 그려야 한다."

일본 소프트뱅크 손정의 회장의 말이다. 그는 인생 계획표를 세운 후 매일 그것을 주문처럼 반복적으로 외쳤다고 한다. 그 결과, 1981년 자본금 1,000만 엔이었던 소프트뱅크를 자회사 117개, 투자회사 79개를 거느린 세계적인 기업으로 성장시켰다. 이것이 가능했던 데는 그의 탁월한 능력과 거칠 것 없는 추진력은 물론 '긍정적인 반복 암시의 힘'이 큰 역할을 했다.

포기를 포기하라. 포기하지 않는 이상 한계란 없다.

'어떻게 하지?'가 아닌 '어떻게 해야 할지'를 고민하라

〈순간 포착! 세상에 이런 일이〉라는 TV 프로그램에서 돌탑을 쌓는 사람의 사연을 소개한 적이 있다. 수년 후 그가 어떻게 지내는지 궁금했던 제작진은 그를 다시 찾았고, 믿을 수 없는 광경에 입을 다물지 못했다. 몇 년 전과는 비교도 되지 않을 만큼 돌탑이 늘어난 것은 물론 그 높이 역시 어마어마했기 때문이다. 한마디로 놀라움 그 자체였다. 하지만 우리가 주목해야 할 것은 돌탑이 아닌 그것을 쌓은 마음이다.

그가 돌탑을 쌓기까지는 수많은 시행착오를 겪었을 것이 틀림없다. 하지만 끝까지 포기하지 않았기에 자신이 원하는 결과를 얻을 수 있었다. 그는 어떤 마음으로 위기를 극복했을까.

자신이 원하는 것을 얻으려면 어떤 위기에도 흔들리지 않는 열정과 끈기가 필요하다. 또한, 스스로 한계를 만들지 않아야 한다. 하지만 수많은 사람이 스스로 한계를 만들며, 자신을 스스로 새장 속에 가두는 실수를 하곤 한다.

우리 역시 마찬가지다. 누구나 원하는 것을 이루려면 수많은 시행착오를 거치면서 쌓고, 부수고, 다시 짓기를 무수히 반복해야만 한다. 수많은 역경을 극복하며 가발공장 여직공에서 하버드대학 박사가 된 서진규 희망연구소 소장은 이에 대해 이렇게 말했다.

"절대, 절대, 절대 포기하지 마라! 최악의 순간에도 가슴에 간직한 희망과 꿈을 포기하지 않는 사람만이 결국 성공할 수 있다."

'어떻게 하지?'라며 고민하지 마라. 그 시간에 '어떻게 해야 할지'를 고민해야 한다. 고난과 시련은 자신이 원하는 것을 이루기 위한 과정에 불과하다. 그것을 기회로 바꾸는 것은 우리의 몫이다.

희망은 우리를 원하는 곳으로 이끌지만, 포기는 우리를 그 자리에서 멈추게 한다는 사실을 명심해야 한다.

뜨거운 열정만이 우리를 앞으로 나아가게 한다

"순풍에 불을 붙이면 힘이 들지 않는다(順風取下 用役不多)"라는 말이 있다. 하지만 이를 위해서는 기회를 엿보는 안목과 함께 기회가 올 때까지 기다릴 줄 아는 인내심을 지녀야만 한다. 당장 형세가 불리하다고 해서 조급해하고, 유리하다고 해서 경거망동하면 오히려 일을 그르칠 수 있기 때문이다.

성공은 기다리고 참는 사람의 몫이다. 특히 세상을 도모하는 큰일일수록 인간의 지략보다는 하늘의 기회를 기다릴 줄 알아야 한다.

위대한 제왕이 있으면 그 옆에는 제왕을 보필하는 뛰어난 참모가 반드시 있다. 주 문왕과 무왕에게는 강태공으로 알려진 태공망 여상이, 제 환공에게는 관중이, 한 고조에게는 장자방이라고 불린 장량이, 유비에게는 제갈량이, 당 태종에게는 위징 같은 뛰어난 참모가 있었기에 그 이름을 승장의 역사에 남길 수 있었다.

적벽대전 당시 제갈량의 '지천명(知天命)'이 없었다면 유비는 이미 대세를 장악한 조조를 절대 이길 수 없었을 것이다. 하지만 하늘의 운세를 읽은 제갈량의 지략으로 인해 악조건 속에서도 결국 승리할 수 있었다.

살다 보면 뜻하지 않은 위기가 찾아올 때가 있다. 극심한 모멸감과 패배감으로 인해 방황하거나 좌절할 때도 있다. 하지만 그렇다고 해서 꿈을 포기해서는 안 된다. 많이 넘어진 사람만이 쉽게 일어날 수 있듯, 위기는 우리를 굴복시키기 위한 것이 아니라 오히려 더 강하게 만들기 위한 것이기 때문이다. 그 대표적인 인물이 바로 애플의 전 CEO이자 '혁신의 대가'로 잘 알려진 스티브 잡스(Steve Jobs)다. 자신의 능력에 대한 자부심으로 가득했던 그는 누구보다 많은 위기를 겪었다. 심지어 한 회사의 인사담당자로부터 "당신 같은 사람은 절대 성공할 수 없다"라는 모욕적인 말도 들어야 했다. 그런데도 그는 끝까지 포기하지 않았고 위기를 발판삼아 모두가 인정하는 세계 최고 기업의 CEO가 되었다.

누구나 충분한 능력이 있고, 기회가 있다. 그것을 받아들이고 꿈을 이루기 위해서 노력하면 누구나 자신이 원하는 목적지에 도달할 수 있을 뿐만 아니라 성공하는 삶을 살 수 있다.

여기, 한 사람이 있다. 그는 6살에 아버지를 여의고, 12살에 어머니가 재혼해서 집을 떠나 어렸을 때부터 농장 일을 시작으로 수많은 직장을 전전했다. 한때 사업 성공으로 인해 성공 가도를 달리기도 했지만, 그것도 잠시, 곧 모든 것을 잃고 말았다. 그때 그의 나이 예순이 넘었다. 그때부터 그는 낡은 중고 자동차를 타고 전국의 식당을 무작정 찾아다녔다. 자신만의 치킨 조리법을 팔기 위해서였다. 하지만 누구도 그의 제안을 선뜻 받아들이지 않았다. 그렇게 거절당한 횟수만 무려 1,009번이었다. 그리고 마침내 1,010번의 도전 끝에 첫 번째 계약을 맺을 수 있었다. 그때 그의 나이 68세였다.

〈KFC〉 창업자 커넬 샌더스(Colonel Sanders)의 이야기다. 그는 무수한 거절의 말을 들으면서도 단 한 번도 포기해야겠다고 생각하지 않았다. 오히려 그럴수록 더 각오를 다지고, 열정을 품었다. 그리고 이 말을 하루에도 수십 번씩 주문처럼 외웠다.

"내 요리는 완벽해. 나는 절대 실패하지 않아. 나는 틀림없이 성공할 거야."

그는 단 한 번의 실패에 좌절하고, 꿈을 쉽게 포기하는 이들을 향해 이런 말을 남기기도 했다.

"훌륭한 생각, 멋진 아이디어를 가진 사람은 무수히 많습니다. 그러나 그것을 행동으로 옮기는 사람은 그리 많지 않습니다. 저는 남들이 포기할 법한 일을 포기하지 않았습니다. 포기하는 대신, 뭔가 해내려고 애썼습니다. 실패와 좌절의 경험도 인생을 살면서 겪는 공부 중 하나입니다. 현실이 슬픈 그림으로 다가올 때면, 그 현실을 보지 말고 멋진 미래를 꿈꾸세요. 그리고 그 꿈이 이루어질 때까지, 앞만 보고 달려가세요. 인생 최대의 고난과 시련 뒤에는 인생 최대의 성공이 숨어 있는 법이니까요."

사실 살면서 승패는 그리 중요하지 않다. 얼마나 치열하게 살았느냐가 훨씬 중요하기 때문이다. 모두가 물러설 때, 마지막까지 버티고 한 발 더 내디딜 수 있는 그 마음을 우리는 배워야 한다. 뉴욕 양키스의 전설적인 포수 요기 베라(Yogi Berra)의 말마따나 끝날 때까지는 절대 끝난 것이 아니기 때문이다.

5. 우리의 선택이 우리 삶을 만든다

한 번 일을 시작하면 어떤 일이 있어도 그것을 끝까지 해서 완성하는가, 아니면 쉽게 포기하는가?

실패를 반복하지 않기 위해서 무엇을 하고 있는가?

당신은 상태 지향형인가, 아니면 행동 지향형인가?

한 번 놓친 기회가 다시 올 것으로 생각하는가?

옳다고 믿는 일을 망설인 적은 없는가?

위기를 디딤돌 삼아 성공한 경험이 있는가?

인생은 얻어야 할 것과 이루어야 할 것의 체크리스트가 아니다. 우리가 가진 능력보다 우리를 훨씬 잘 보여주는 것은 우리의 선택이다. 즉, 살면서 어떤 선택을 하느냐에 따라 우리 삶은 크게 달라진다.

"세상을 바꾸는데 마법은 필요하지 않다"

"실패는 누구나 두려워하는 일입니다. 하지만 실패가 두려워서 아무것도 하지 않으면 시작하기도 전에 패배한 것이나 다름없습니다. 세상을 바꾸는 데 마법은 필요하지 않습니다. 그 힘은 우리 안에 이미 존재하고 있으니까요. … (중략) … 제가 시련에 부딪혔을 때 가지고 있던 것이라곤 아이디어와 낡은 타자기 한 대뿐이었습니다. 비록 몸은 힘들었지만, 저는 정신력으로 굳게 버텼습니다. 세상에 실패를 피해갈 사람은 아무도 없습니다. 그 귀중한 경험을 피하려고 하지 마세요."

전 세계에《해리포터》열풍을 일으킨 세계적인 베스트셀러 작가 조앤 K. 롤링(Joan K. Rowling)이 2008년 하버드대학 졸업식에서 한 말이다.

알다시피, 그녀는《해리포터와 마법사의 돌》이 출판되기 전까지만 해도 '재능만 지닌' 가난한 이혼녀에 불과했다. 포르투갈 TV 방송국 기자와 결혼 후 곧 이혼했고, 생활비마저 부족해서 정부 보조금으로 딸을 양육했을 정도였다. 하지만 더 큰 아픔은 따로 있었다. 자신이 하고 싶은 일을 하지 못한다는 것이었다. 말 그대로 처참한 실패의 연속이었다.

그녀는 어린 시절 토끼에 대한 글을 써서 동생에게 보여줬을 만큼 글쓰기에 탁월한 재능을 갖고 있었다. 하지만 먹고사는 일이 먼저였기에 스스로 글쓰기를 포기해야만 했다. 문제는 그 역시 쉽지만은 않았다는 것이다. 대학 졸업 후 여러 곳에 취직했지만, 그때마다 해고를 당했기 때문이다. 그러던 어느 날, 맨체스터에서 런던으로 가던 중 갑자기 기차가 멈추는 일이 일어났고, 여기서《소년 마법사 해리포터》의 영감을 떠올렸다. 하지만 집에 글을 쓸 공간이 없다 보니, 동네 카페에서 컴퓨터가 아닌 손으로 직접 원고를 써야만 했다.

다행히 《해리포터》 시리즈의 성공으로 인해 그녀는 현재 세계적인 명사가 되어 예전과는 180도 다른 삶을 살고 있다. 천문학적인 부를 쌓은 것은 물론 사회적인 명예 역시 얻었다. 또한, 《타임》과 《포브스》지가 선정하는 '세계에서 가장 영향력 있는 인물'으로도 계속해서 선정되는 등 여전한 인기를 자랑하고 있다.

그녀는 인생은 얻어야 할 것과 이루어야 할 것의 체크리스트가 아니라며, 우리가 가진 능력보다 우리를 훨씬 잘 보여주는 것은 우리의 선택이라고 강조했다. 살면서 어떤 선택을 하느냐에 따라 우리 삶은 크게 달라진다는 것이다. 그러면서 이렇게 말했다.

"이야기에서 중요한 것은 길이가 아니라, 그 이야기가 얼마나 좋은 이야기인가 하는 점이다. 인생도 그렇다."

실패는 끝이 아닌 새로운 시작

날개를 심하게 다친 어린 독수리 한 마리가 절벽 위에서 아래를 내려다보며 깊은 고민에 빠졌다. 몇 번이나 하늘 높이 다시 날아 보려고 했지만, 날개를 펴는 것조차 불가능했기 때문이다.

'독수리가 날 수 없다는 것은 살 가치가 없다는 거야.'

결국, 어린 독수리는 스스로 목숨을 끊기 위해 절벽 끝을 향해 다가섰다. 그때 그것을 지켜본 대장 독수리가 재빠르게 날아왔다.

"왜 어리석은 일을 하려고 하느냐?"

"우리는 하늘 높이 나는 새의 왕입니다. 그런데 날개를 다쳐서 더는 날수 없게 되었습니다. 이렇게 살 바에는 차라리 죽는 게 낫습니다."

그 말을 들은 대장 독수리가 어린 독수리를 향해 갑자기 날개를 활짝 폈다. 그러자 날개 아래 숨겨져 있던 많은 상처와 흉터가 눈에 들어왔다.

"나를 봐라. 보다시피, 내 온몸은 상처투성이다. 여기는 사람들의 총에 맞은 상처, 여기는 다른 독수리에게 공격받은 상처, 또 여기는 나뭇가지에 찢긴 상처…."

그 말에 어린 독수리는 고개를 숙일 수밖에 없었다. 상처 하나 때문에 삶을 저버리려고 했던 자신의 모습이 너무 부끄러웠기 때문이다.

그 모습을 본 대장 독수리는 이렇게 말했다.

"이것은 단지 몸에 새겨진 상처일 뿐이다. 내 마음에는 훨씬 많은 상처 자국이 새겨져 있으니까. 그런 상처에도 나는 다시 일어서지 않으면 안 되었다. 명심해라, 상처 없는 독수리란 이 세상에 태어나지 않은 독수리 뿐이란 걸."

어떤 마음과 생각을 갖느냐에 따라서 똑같은 일도 천양지차로 다른 경험이 될 수 있다. 어떤 일을 겪건 간에 그것을 어떻게 받아들이고 행동하느냐에 따라서 우리 삶은 크게 달라지기 때문이다.

새로운 도전 없이 인생은 절대 바뀌지 않는다. 무엇보다도 자신이 바뀌지 않으면 기회는 절대 찾아오지 않는다. 그러므로 다시 일어설 수만 있다면 몇 번쯤 넘어져도 괜찮다. 실패는 끝이 아니라 새로운 시작이기 때문이다.

다시 일어설 수 있다면 몇 번쯤 넘어져도 괜찮다

원하는 삶을 살려면 간절한 마음으로 자신을 일으켜 세워야 한다. 나아가 '결국, 나는 이길 것이다'라는 확신과 믿음으로 단단히 무장해야 한다. '과연, 무엇이 달라지기는 할까?'라며 의심해선 절대 안 된다. 의심은 성공을 방해하는 가장 큰 적이기 때문이다.

살면서 한 번도 쓰러지지 않는 사람은 없다. 누구나 몇 번쯤 넘어지고 다치며 사는 것이 삶이다. 하지만 이때 우리의 선택은 둘로 갈린다. 다시 일어서서 달리는 사람과 그대로 멈춰 서는 사람. 그 선택에 누구도 간여할 수 없다. 자신을 일으켜 세우는 것은 자기 자신밖에 없기 때문이다.

실패가 두려워서 그 자리에 멈춰 서면 두 번 다시 일어설 수 없다. 하지만 실패를 뛰어넘어 다시 시도하면 그것은 끝이 아니라 새로운 시작이 된다.

많이 넘어진 사람일수록 쉽게 일어선다. 그러나 넘어지지 않는 방법만을 배운 사람은 일어서는 법을 모르게 된다. 팔, 다리 없이 전 세계를 누비며 희망을 전하는 닉 부이치치(Nick Vujicic)는 그에 대해 이렇게 말했다.

"나는 10살 때 삶을 포기하려고 했지만, 절대 포기하지 않았다. 절망 속에서 기쁨을 찾고 싶었기 때문이다. 살면서 실패하고 좌절해도 절대 포기하지 마라. 넘어지면 다시 일어나면 된다. 실패는 교훈을 준다. 실패할 때마다 뭔가 배우고 더욱 강해지기 때문이다. 그러니 어떤 일이 있어도 절대 포기해선 안 된다."

　실수와 실패가 내 삶을 망가뜨리는 것 같다는 생각은 삶의 큰 그림을 그리지 못하게 할뿐더러 완성되지 않은 일부 그림에만 치우치게 한다. 하지만 실패는 도약을 위한 잠깐의 휴식과도 같다. 걸음마를 배웠을 때를 생각해보면 알 수 있다. 만일 그때 넘어지면서 걸음마를 배우지 않았다면 우리는 지금처럼 절대 걷지 못할 것이다. 자전거를 배웠을 때 역시 마찬가지다. 무릎이 까지도록 넘어진 후에야 비로소 균형을 잡을 수 있었고, 앞을 향해 자유롭게 나아갈 수 있었다. 그러니 실패를 막연히 두려워해서는 안 된다. 그보다는 실패가 두려워서 시작조차 하지 않고 포기하는 마음을 더욱 두려워해야 한다.

● ● ●

시간은 누구에게나 공평하다.

모든 사람에게 매일 똑같은 시간이 주어진다.

부자라고 해서 더 많은 시간을 가질 수 없고,

과학자라고 해서 시간을 만들 수도 없다.

다음 날 쓰기 위해서 시간을 저축할 수도 없다.

또한, 시간은 매우 너그럽다.

아무리 시간을 잘못 써도 여전히 또 다른 내일을 가질 수 있기 때문이다.

__ 데니스 웨이틀리(Denis Waitley)

THE SEVEN LAWS OF WINNERS
이기는 사람들의 7가지 법칙

여섯 번째 법칙 : 시간 관리

시간을 지배하는 사람이 인생을 지배한다

시간 관리는 곧 '인생 관리'다. 그 때문에 시간을 지배하는 사람이 인생을 지배
한다. 시간 관리를 잘하려면 자신이 시간을 몰고 다니는지, 시간에 쫓기는지를
잘 알아야 한다. 바빠서 할 수 없는 일은 시간이 아무리 많아도 할 수 없기 때문
이다.

1. 시간을 지배하는 사람이 인생을 지배한다

누구에게나 하루 24시간이 똑같이 주어진다. 그런데 항상 시간이 부족하다는 사람이 있는가 하면, 시간이 남아돈다는 사람도 있다. 과연, 그 차이는 어디서 오는 것일까?

일할 때 우선순위를 정하는가, 생각나는 대로 하는가? 만일 우선순위를 정한다면 그 기준은 무엇인가?

시간을 효율적으로 관리하려면 중요한 일을 먼저 하고, 중요하지 않은 일은 잘 기록했다가 잊지 않고 하는 습관을 지녀야 한다. 즉, 우선순위를 정해서 일해야 한다. 우선순위가 잘못 설정되면 시간은 물론 물질적으로도 큰 손해를 볼 수밖에 없기 때문이다.

시간 관리는 곧 '인생 관리'

시간은 삶을 만드는 가장 소중한 재료의 하나다. 삶을 관리하는 것은 곧 시간을 관리하는 것이며, 시간을 관리하는 것은 삶을 관리하는 것이기 때문이다. 그러자면 '시간 관리'를 '인생 관리'로 생각해야 한다.

우리는 많은 면에서 우리 자신과 상황을 믿도록 길들어 왔다. 그러나 내면의 평화를 얻고 싶다면 그런 믿음에서 즉시 벗어나야 한다. 많은 사람이 끊임없이 누군가를 통제하려고 하지만, 그것은 불가능한 일일뿐더러 시간 낭비에 지나지 않기 때문이다. 무엇보다도 다른 사람의 일은 우리의 통제 영역 밖에 존재한다.

많은 사람이 현재보다는 미래에 더 많은 것을 성취할 수 있을 것으로 생각한다. 또한, 그렇게 되면 시간 역시 어느 정도 절약할 수 있을 것으로 믿는다. 하지만 이는 착각일 뿐이다. 지금, 이 순간만이 우리가 누릴 수 있는 시간의 전부이기 때문이다. 그 시간을 함부로 보내서는 안 된다. 우리의 현재는 곧 우리의 미래이기 때문이다.

시간에는 두 종류가 있다. '크로노스(chronos)'와 '카이로스(kairos)'가 바로 그것이다. 옥스퍼드 사전을 살펴보면, 크로노스는 '기계적이고도 단순하며, 그저 흘러가는 일상적인 시간', 즉 배고프면 밥 먹고, 졸리면 자고, 목마르면 물 마시는 일련의 시간을 말한다. 반면, 카이로스는 '전혀 예측할 수 없는, 의미 있는 시간'으로 어떤 사건을 계획하고 실천하는 역사적인 순간을 뜻한다. 또한, 크로노스가 분 초 단위로 측정 가능한 객관적인 시간이라면, 카이로스는 오직 자신만이 느끼고 알 수 있는 주관적인 시간이다. 따라서 시간을 효율적으로 사용하려면 크로노스가 아닌 카이로스의 삶을 살아야 한다.

시간은 빌릴 수도, 돈을 주고 살 수도 없다. 이에 피터 드러커는 "시간을 관리하지 못하면 어떤 것도 관리할 수 없다"라고 했다. 그만큼 시간을 어떻게 쓰느냐에 따라서 일은 물론 삶의 수준 역시 크게 달라진다.

우리에게 필요한 것은 가득 채우는 삶이 아닌 '충실한' 삶

한 조사에 의하면, 우리가 70년을 산다고 했을 때 잠자는 데 20년, 일하는 데 20년, 먹는 데 6년, 노는 데 7년, 차 타고 가는 데 6년, 누군가를 기다리고 만나는 데 3년, 화장실을 오가는 데 2년 반, 치장하는 데 5년, 전화하는 데 1년, TV 보는 데 5년, 커피 마시는데 2년을 사용한다고 한다. 이를 고려하면 자신을 위해 사용할 수 있는 시간은 거의 없다고 할 수 있다.

현재는 멈춘 듯 천천히 흐르는 것 같지만, 시간의 흐름은 생각보다 꽤 빠르다. 그만큼 우리 인생도 빠르게 흐르고 있다. 하루가 모여서 일주일이 되고, 일주일이 모여서 한 달이 되며, 한 달이 모여서 일 년을 이루고, 그 일 년이 모여서 인생이 된다. 어느 하루 소중하지 않은 날이 없는 셈이다.

"살면서 우리가 정말 행복한 시간은 얼마나 될까?"

이 물음에 독일의 대문호 괴테는 이렇게 말했다.

"내가 정말 행복했던 시간은 채 15분이 되지 않았다. 수많은 시간 중 그 짧은 시간 동안만 나는 진정으로 행복했다."

나폴레옹 역시 "진정 행복했던 시간은 1주일이 안 된다"라고 했다. 이는 무엇을 말하는 것일까. 그만큼 우리가 시간을 함부로 사용하고 있다는 뜻은 아닐까.

어떻게 하면 시간을 잘 관리하고 효율적으로 사용할 수 있을까. 독일 최고의 시간 관리 전문가이자, 라이프 리더십 코치인 로타르 자이베르트(Lothar Seiwert) 박사는 이렇게 말한다.

"시간 관리를 잘한다는 것은, 매일 매일을 예정대로 정확하게 채워나가는 것이 절대 아니다. 우리에게 필요한 것은 가득 채우는 삶이 아니라 '충실한' 삶이기 때문이다. 중요한 것은 삶의 목표를 구체적으로 정하고, 그것을 향해 노력하는 것이다. 그러자면 '지향하는 것이 무엇인가' 뿐만 아니라 '무엇을 위해 그것을 지향하느냐' 역시 매우 중요하다."

시간 관리에서 가장 중요한 것은 시간을 어디에, 어떻게 사용할 것인지 미리 파악하고 계획하는 것이다. 모두에게 공평하게 주어진 시간을 어떻게 활용하느냐에 따라서 그 결과는 천차만별이기 때문이다.

《성공하는 사람들의 7가지 습관》의 저자 스티븐 코비(Stephen Covey)의 시간 관리 매트릭스를 보면 일을 다음 4가지로 구분하고 있다.

- 중요하고 긴급한 일
- 중요하지만, 긴급하지 않은 일
- 중요하지 않지만, 긴급한 일
- 중요하지도 않고 긴급하지도 않은 일

이 중 어떤 일을 가장 먼저 해야 할까. 당연히 중요하고 긴급한 일을 가장 우선시해야 한다. 하지만 적지 않은 사람이 '중요하지 않지만, 긴급한 일'에 시간을 보내거나 '중요하지도 않고 긴급하지도 않은 일'에 집중하느라 시간을 함부로 사용하곤 한다. 그런 이들에게 스티븐 코비의 시간 관리 매트릭스는 '나의 하루는 철저히 계획되어 있는가?'라는 교훈을 준다. 계획된 하루여야만 시간을 효율적으로 사용할 수 있기 때문이다.

벤저민 프랭클린의 시간 관리법

성공을 꿈꾸는 미국인이 가장 대표적인 본보기로 꼽는 벤저민 프랭클린(Benjamin Franklin)은 지독하게 가난한 가정에서 태어났다. 집안 형편 탓에 10살에 학교를 그만둔 후 인쇄 기술을 배운 그는 남보다 열심히 일해서 어린 나이에 성공한 경영자가 되었지만, 거기서 만족하지 않고 다양한 분야에 계속 도전했다. 우체국장은 물론 과학 분야에도 도전해서 피뢰침을 만들기도 했으며, 미국 독립선언서 작성에 참여해 '미국 건국의 아버지'로 불리기도 한다. 그만큼 그는 자신의 인생을 통해 한 사람이 얼마나 많은 일을 해낼 수 있는지 직접 증명했다. 그가 이처럼 다양하고 많은 분야에 도전한 이유는 게으름을 경계하기 위해서였다.

어느 날, 성공을 꿈꾸는 청년으로부터 인생 상담을 하고 싶다는 전화가 걸려왔다. 그는 흔쾌히 수락했고, 약속 시각에 맞춰 그를 방문한 청년은 활짝 열린 문 사이로 펼쳐진 방안을 보고 깜짝 놀랐다.

'아니, 저명하신 분의 방이 어떻게 이렇게 엉망이지.'

그러자 청년의 마음을 읽기라도 한 듯 프랭클린이 이렇게 말했다.

"방이 너무 지저분하죠? 1분만 기다려주세요."

그리고 문을 닫더니 채 1분도 되지 않아 다시 밖으로 나왔다. 그때 청년의 눈에 보인 방 안의 모습은 조금 전과는 확연히 달랐다. 모든 것이 질서정연하게 정리되어 있었고, 두 개의 유리잔에는 금방 따른 향긋한 포도주가 담겨 있었다. 그제야 마음이 놓인 청년이 고민을 말하려는 순간, 프랭클린이 먼저 입을 열었다.

"자, 건배합시다. 그리고 잔을 비운 후에는 그대로 돌아가도 좋습니다."

"하지만, 전 아직 아무것도 묻지 못했는데…."

깜짝 놀란 청년이 반문하자, 프랭클린은 다시 미소를 지으며 이렇게 말했다.

"여기 들어온 지 벌써 1분이나 지났는데요."

"1분이요? 1분이라…"

청년은 뭔가 생각하는 듯하더니, 곧 의문이 풀린 듯 미소를 지었다.

"아, 그렇군요. 1분 안에도 많은 것이 바뀔 수 있다는 뜻이군요. 선생님, 정말 감사합니다."

그러고는 단숨에 포도주를 마신 후 방을 나갔다.

이 일과 관련해서 프랭클린은 이렇게 말한 바 있다.

"삶을 사랑하는가. 그렇다면 시간을 절대 낭비하지 마라. 왜냐하면, 우리 삶은 시간으로 이루어졌기 때문이다."

일의 우선순위를 정할 때 반드시 고려해야 할 두 가지

시간을 효율적으로 관리하려면 우선순위를 정해서 일해야 한다. 우선순위가 잘못 설정되면 시간은 물론 물질적으로도 큰 손해를 볼 수 있기 때문이다.

문제는 일의 우선순위는 상황에 따라서 항상 변한다는 것이다. 그렇게 되면 정해진 시간 내에 일을 다 할 수 없다. 또한, 긴급한 일과 중요한 일이 반드시 일치하지 않을 때도 있다. 긴급하지만, 중요하지 않은 일도 있을뿐더러 긴급하지는 않지만, 매우 중요한 일도 있기 때문이다. 어떻게 하면 일의 우선순위를 잘 정할 수 있을까.

가장 긴급하고 중요한 일 먼저 하기

일의 우선순위를 정할 때는 가장 먼저 자신이 필요로 하는 일이 무엇인지부터 생각해야 한다. 아울러 가장 큰 성과를 낼 수 있는 일이 무엇인지, 무엇이 가장 큰 보상을 안겨줄지도 고려해야 한다. 그래야만 시간을 효율적으로 사용할 수 있다. 이에 대해 일본의 목표관리 및 시간 관리 전문가인 마쓰모토 유키오(松本幸夫)는 이렇게 말한다.

"시간 관리를 잘하려면 자신의 업무 스타일을 점검해서 비효율적인 부분은 버리고 '효율 체질'로 변신해야 한다."

모든 일은 'Plan—Do—See—Check'의 순으로 이루어진다. 그중에서 가장 중요한 것이 바로 'Plan'이다. 순서를 정하고 계획을 잘 세워야만 시간 관리를 잘 할 수 있기 때문이다. 따라서 Plan 단계에서 시간 낭비와 작업 손실이 발생하지 않도록 철저히 계획해야 한다. 하지만 아무리 치밀한 계획을 세워도 계획대로만 진행되지는 않는 것이 바로 일이다. 이때 필요한 것이 See→Check다. 일의 진행 상황을 관리하고 점검하는 단계라고 할 수 있다. '계획을 세웠으니 그대로 진행하면 되겠지'라며 방치하면 방향을 잃고 헤맬 수 있다. 따라서 Plan→Do→See→Check를 하나의 흐름으로 생각해야 한다. 하나라도 빠지면 완성될 수 없기 때문이다. 그렇게 해서 '효율'을 항상 최우선으로 삼아 '긴급하고 중요한 일'을 가장 먼저 처리하고 그렇지 않은 일은 뒤로 미뤄야 한다.

모든 일에 데드라인 정하기

시간 관리에 있어서 또 하나 중요한 것은 모든 일에 마감 시간, 즉 '데드라인'을 정하는 것이다. 주어진 시간에 맞춰 일하는 것이야말로 시간을 가장 효율적으로 쓰는 비결이기 때문이다. 따라서 일에 마감 시간이 정해져 있지 않다면 데드라인을 먼저 정한 후 일해야 한다. 특히 데드라인은 자기 자신과의 약속이기에 그것을 지키지 않으면 그 가치는 당연히 반감될 수밖에 없다. 따라서 목표 달성을 위해서 하루에 어느 정도 일해야 하는지 소규모 데드라인을 정해야 한다. 하루하루의 성취가 없으면 큰 성취 역시 이룰 수 없다.

아무리 사소한 일이라도 데드라인을 정하고 그것을 이루었을 때만큼 성취감을 느끼게 하는 일은 없다. 자기만족, 나아가 자신감을 한껏 키워서 어떤 일을 해도 실수 없이 할 수 있게 해주기 때문이다. '현대 경영학의 창시자' 피터 드러커는 자신의 성공 요인 중 하나로 철저히 데드라인을 지킨 것을 꼽았다. 그는 "일에 쫓기면 힘이 생기지만, 데드라인이 없으면 게을러진다"라며 데드라인의 중요성에 관해 강조했다. 그만큼 일에 있어 데드라인은 매우 중요하다.

성공은 성취의 밑바탕 위에 하루하루 튼튼하게 탑을 쌓아가는 과정과도 같다. 어떤 일이건 데드라인을 정해서 일하라. 그러다 보면 인생 설계도 역시 쉽게 완성할 수 있다.

2. 성공하는 사람들의 시간 관리법

나이에 따른 인생 계획이 있는가? 만일 있다면 그것을 얼마나 잘 지키고 있으며, 없다면 그 이유는 무엇인가? 혹시 일을 준비하는 데만 너무 많은 시간을 사용하고 있지는 않은가? 그러다가 지친 나머지 정작 중요한 일에는 신경조차 쓰지 못하고 있지는 않은가?

모든 일의 성패는 계획보다는 실행에 달려 있다. 책상 앞에 앉아서 계획만 세우는 사람은 원하는 것을 절대 이룰 수 없다. 그 계획은 탁상공론에 지나지 않기 때문이다. 계획을 세웠으면 실천해야 한다. 그래야만 온전히 자기 것이 된다.

나이 들수록 시간이 빨리 흐르는 이유

물리학에서 말하는 시간은 시각(時刻)과 시각 사이의 간격 또는 그 단위를 말한다. 즉, 자연현상이 물리적으로 반복될 때 그 현상이 되풀이되는 주기가 바로 시간이다. 지구가 태양 주위를 도는 공전과 지구 자체의 자전 현상이 그 대표적인 예다. 지구가 태양 주위를 돌면서 계절이 변하고, 하루가 가는 것을 생각하면 쉽게 이해할 수 있다.

그런가 하면 심리적 시간이라는 것도 있다. 개인의 경험에 의해 좌우되는 주관적 시간을 말한다. "시간이 쏜살같이 같다"라거나 "군대 시계는 왜 이렇게 안 가지?"와 같은 말에서 알 수 있듯, 똑같은 시간이라도 개인마다 다르게 느껴지는 이유는 바로 이 때문이다. 나이 들수록 시간이 빠르게 흐르는 이유 역시 이에 해당한다.

시간은 누구도 훔칠 수 없다. 아무리 왕이라고 해도 거지의 시간을 훔칠 수는 없다. 시간이 많이 주어진 사람도, 시간이 적게 주어진 사람도 없다. 시간은 누구에게나 공평하다. 부에 따른 특권 계급도, 지적 능력에 따른 특권 계급도 존재하지 않는다. 또한, 아무리 허투루 써도 공급이 절대 중단되지 않는다.

시간을 몰고 다니는가, 시간에 쫓기는가?

시간 관리를 과학적이고 효율적으로 하는 사람과 그렇지 못한 사람 사이에는 매우 큰 차이가 있다. 항상 바쁘지만, 성과가 없는 사람은 시간 관리를 잘못하고 있을 가능성이 크다. 반면, 늘 여유 있고 많은 일에서 성과를 올리는 사람은 그만큼 시간 관리를 잘한다고 할 수 있다. 중요한 것은 시간 관리를 어떻게 하느냐에 따라서 삶이 크게 바뀐다는 것이다.

시간 관리를 잘하려면 자신이 시간을 몰고 다니는지, 시간에 쫓기는지를 잘 알아야 한다. 대부분 사람은 시간에 쫓기며 산다. 그러다 보니 항상 여유가 없고 바쁘다. 칼자루를 쥐어야 하는데 칼날을 쥐고 있는 셈이다.

시간 관리의 칼자루를 쥐려면 아침을 여유롭게 시작해야 한다. 아침에 방해받지 않는 1시간은 일상 시간의 2~3시간에 해당하기 때문이다. 그런데 대부분 사람이 시간에 떠밀리듯이 일어나서 온종일 시간에 쫓기며 산다. 그러면서 "시간이 없다"라고 늘 하소연한다.

아침을 여유롭게 시작하려면 워밍업 후 운동 경기에 나가는 선수처럼 여유롭게 하루를 시작해야 한다. 수동적인 기상 시간으로 하루를 시작하는 사람은 몸도 풀지 않고 경기를 뛰는 선수와도 같다. 그러니 컨디션은 물론 그 결과 역시 큰 차이를 보일 수밖에 없다. 그런데도 대부분 사람이 기상 시간을 수동적으로 결정한다. 예컨대, 9시 출근이면 거기서 세수하고 밥 먹고 회사까지 출근하는 데 걸리는 시간을 뺀 후 기상 시간을 정한다. 이렇게 수동적으로 기상 시간을 정하면 아침을 여유롭게 시작할 수 없다. 능동적인 기상 시간, 즉 5시면 5시, 6시면 6시로 정해서 하루를 여유롭게 시작하는 습관을 지녀야 한다.

시간 관리를 잘하려면 중요한 일과 중요하지 않은 일을 잘 구분할 줄도 알아야 한다. 항상 바쁘지만, 성과가 나지 않은 것은 바로 일의 중요도를 제대로 선별하지 않기 때문이다.

자투리 시간 역시 잘 활용해야 한다. 자투리 시간이란 일과 사이에 잠깐씩 남는 시간을 말하는 것으로, 성공하는 사람들은 이 작은 시간을 절대 허투루 보내지 않는다.

한 조사에 따르면, 누구나 하루 평균 최소한 3시간의 자투리 시간이 생긴다고 한다. 10분, 20분의 시간이 모여서 3시간이 되는 셈이다. 이 시간을 어떻게 활용하느냐가 중요하다.

똑같이 주어진 시간이라도 시간을 잘 관리하느냐 그렇지 않으냐에 따라서 하루는 24시간 이상의 가치가 있을 수도 있고 아무런 가치가 없을 수도 있다. 당연히 그것을 어떻게 쓰느냐에 따라서 삶은 크게 달라진다.

성공한 CEO의 시간 관리법

성공한 CEO의 하루는 그야말로 시간과의 싸움이다. 매일 수많은 회의에 참여하고, 업무 보고서를 처리하다 보면 하루 24시간이 모자랄 정도다. 그런데 이상한 것은 시간이 부족하다며 불평하는 사람은 전혀 없다는 것이다. 어떻게 이런 일이 가능할까.

페이스북 최고경영자 마크 저커버그(Mark Zuckerberg)는 매일 같은 디자인의 티셔츠를 입고 회사에 출근한다. 아침마다 어떤 옷을 입고 출근할지 고민하는 시간이 아까울뿐더러 그 시간에 다른 생산적인 일에 집중하기 위해서다. 그런가 하면 트위터와 스퀘어의 최고경영자인 잭 도시(Jack Dorsey)는 머릿속 생각을 정리하기 위해 매일 아침 달리기를 즐긴다. 그는 하루도 빼놓지 않고 늘 아침 5시 30분에 기상해서 10km를 뛴다.

애플의 최고경영자 팀 쿡(Tim Cook)의 하루는 그보다 훨씬 일찍 시작된다. 그는 새벽 3시 45분에 기상해서 한 시간가량 이메일을 확인한 후

체육관에 가서 운동하고, 운동이 끝나는 6시가 되면 커피 한 잔을 들고 회사에 가장 먼저 출근해서 가장 늦게 퇴근하는 것으로 유명하다.

"그렇게 사는 것이 힘들지 않냐?"라는 누군가의 물음에 그는 이렇게 말했다.

"자신이 하는 일을 즐기면 더는 그것을 일로 여기지 않게 된다."

시간을 어떻게 활용하느냐에 따라서 인생의 행복과 불행, 성공과 실패가 결정된다. 돈을 빌려주면 다시 받을 수 있지만, 한 번 흘러간 시간은 절대 되돌릴 수 없다. 시간은 오직 앞으로만 흐르기 때문이다.

누구나 지금, 이 순간은 한 번밖에 살 수 없다. 만일 인생을 두 번 살 수 있다면 지금과는 매우 다른 삶을 살 것이다. 시간의 소중함을 경험했기 때문이다. 하지만 안타깝게도 인생을 두 번 살 수 있는 사람은 없다. 그러다 보니 대부분 삶의 마지막 단계에 이르러서야 시간의 소중함을 깨닫고 후회하곤 한다. 하지만 그때는 이미 늦다.

시간을 함부로 낭비하지 않으려면 어떻게 해야 할까. 유대인 지혜의 보고이자 힘의 원천인《탈무드》는 이렇게 말하고 있다.

"오늘이 삶의 마지막 날이라고 생각해라."

수 세기 전이나 지금이나 우리 삶을 지탱하는 건 '오늘 하루'다. 평범하기 그지없는 '오늘 하루'가 우리 삶의 모든 것인 셈이다. 따라서 오늘 하루가 얼마나 소중한지 알아야 한다. 그래야만 더욱더 의미 있게 시간을 쓸 수 있다.

성공한 사람들의 시간 관리 두 가지 원칙, 능률과 효율

성공한 사람일수록 시간 관리에 매우 능숙하다. 그들은 흘러가는 시간을 요긴하게 사용하는 습관을 지니고 있을 뿐만 아니라 주어진 시간을 기회로 만들어 매우 유용하게 쓴다. 앞서 말한 '카이로스'의 삶을 사는 셈이다. 하지만 그들이라고 처음부터 시간 관리를 잘했던 것은 아니다. 그들 역시 수많은 시행착오를 겪으면서 시간 관리 비법을 터득했기 때문이다.

성공한 사람들의 시간 관리에서 가장 중요한 원칙은 '능률'과 '효율'이다. 즉, 그들은 똑같은 시간 내에 할 수 있는 일의 비율을 최대한 늘리되, 거기에 들인 시간과 노력보다 더 큰 효과를 얻는 것을 최우선시한다. 어떻게 하면 그들처럼 시간을 잘 관리하면서 원하는 것을 최대한 이룰 수 있을까.

시간 계산하기

시간을 어떻게 쓰는지 정확히 계산해 본 적 있는가? 당연히 "아니요"라고 답할 것이다. 그만큼 대부분 사람이 시간을 아무렇지 않게 쓰고 있다.

많은 사람이 돈을 어떻게 쓰는지는 잘 알지만, 시간을 어떻게 쓰는지는 잘 모른다. 또한, 돈의 수입과 지출은 철저히 기록하지만, 시간 사용을 기록하는 사람은 거의 없다. 하지만 시간 역시 계산할 줄 아는 사람만이 시간을 효율적으로 사용하고 원하는 목표를 이룰 수 있다. 그러자면 자신이 어떤 일에 얼마만큼의 시간을 쓰는지 정확히 알아야 한다.

시간 예산안 짜기

필요한 비용을 미리 계산하여 기록한 문서를 '예산안'이라고 한다. 예산안을 짜는 이유는 정해진 예산을 효율적으로 관리하고 집행하기 위해서다.

시간 역시 예산안을 짜야 한다. 그래야만 시간을 효율적으로 관리하고 사용할 수 있기 때문이다.

오늘 해야 할 일의 목록을 만들어라. 그리고 중요하고 긴급한 순서대로 일의 순서를 배치해라. 그렇게 하는 것만으로도 불필요한 시간을 절약하면서 시간을 얼마든지 효율적으로 사용할 수 있다.

'파레토 법칙' 활용하기

파레토 법칙은 19세기 말 이탈리아 경제학자 빌 프레도 파레토(Vilfredo Pareto)가 제시한 학설로 '80:20 법칙'으로도 불린다. 20%의 소수가 나머지 80%보다 더 큰 가치를 가진다는 학설이다. 이 파레토 법칙을 시간 관리에도 적용할 수 있다. 예컨대, 일할 때 업무 중 큰 수익을 창출할 수 있는 2~3가지 핵심 항목, 즉 20%에 더 많은 시간을 할당하면 시간을 훨씬 효율적으로 사용할 수 있다. 하루 중 최고의 성과를 낼 수 있는 20%의 시간에 중요한 업무를 처리하는 것 역시 마찬가지다.

방해 요소 미리 파악하기

예기치 못한 지출에 대한 예산안을 미리 세워놓지 않으면 위기에 처했을 때 우왕좌왕하게 마련이다. 시간 관리 역시 마찬가지다.

많은 사람이 시간 관리를 제대로 못 하는 이유 중 하나는 회피할 수 없는 긴급한 일에 대비할 계획을 미리 세워두지 않기 때문이다. 무슨 일이건 하다 보면 방해 요소가 항상 있기 마련이다. 특히 방해 요소가 많을수록 일하는 시간이 오래 걸릴 뿐만 아니라 스트레스 역시 많이 받는다. 그것을 대비하는 방법은 그 대책을 미리 마련하는 것이다. 그래야만 위기에 부딪혀도 흔들리지 않는다.

시간의 비중 점검하기

어느 시간, 어느 요일이 자신의 집중력이 가장 높은지 알고 있는가? 한 취업포털사이트가 직장인 463명을 대상으로 설문조사를 한 결과, 직장인이 업무에 가장 집중하는 시간은 오전 10시라고 한다. 응답자의 절반에 가까운 42.1%가 "오전 10시에 가장 업무 집중력이 높다"라고 대답한 것이다. 반면, 27.4%는 "오후 2시에 업무 집중력이 가장 낮다"라고 했다. 점심 후 오후 시간에 접어들면 집중력이 현저하게 떨어지기 때문이다. 또한, 일주일 중 업무 집중력이 가장 높은 요일로는 응답자의 35%가 화요일을 꼽았다.

집중력이 높을수록 일의 능률 역시 높아지기 마련이다. 따라서 집중이 가장 잘 되는 시간과 요일에 가장 중요한 일을 하면 생각보다 쉽게 원하는 목표를 이룰 수 있다. 그러자면 평소 자신이 사용하는 시간의 비중을 잘 알고 있어야 한다. 그에 따라 계획을 조정해야만 시간을 효율적으로 사용할수있다.

일의 데드라인 만들기

알다시피, 데드라인(Deadline)은 신문, 잡지의 원고 마감 최종 시한 혹은 은행의 준비금 한계선을 말한다. 넘어서는 절대 안 될, 반드시 지켜야만 하는 마지노선인 셈이다.

일에서도 데드라인은 매우 중요하다. 데드라인을 넘기지 않고 일을 처리하는 능력이야말로 누구나 반드시 지녀야 할 자질이기 때문이다. 하지만 대부분 사람이 자신에게 매우 관대하다. 그런 까닭에 마감 날짜가 되어서야 시간에 쫓겨 허둥지둥 일하곤 한다. 당연히 실수가 잦을 수밖에 없다.

시간을 잘 관리하려면 자신만의 데드라인을 정하고, 거기에 맞춰서 일해야 한다. 그러자면 다른 사람에게도 공표함으로써 자신을 압박하는 것이 좋다. 그렇지 않으면 자신을 제대로 컨트롤할 수 없기 때문이다.

"시간이 없다"라는 핑계 대지 않기

많은 사람이 부탁을 거절할 때 자주 하는 말이 있다. 바로 "시간이 없다"라는 것이다. 정말 시간이 없어서 그런 말을 하는 것일까. 그렇지 않다. 그것은 핑계일 뿐이다. 시간은 얼마든지 만들면 된다. 그런데도 그런 말을 하는 이유는 그 일이 싫거나 귀찮기 때문이다. 이는 부탁하는 사람과 부탁하는 일이 그만큼 소중하지 않다는 방증이기도 하다.

심리학자들에 의하면 "시간이 없다"라는 핑계를 자주 대는 사람일수록 호감과 신뢰도가 매우 낮다고 한다. 반면, 변명하지 않고 부탁을 거절할 경우 호의적인 반응을 보였다. 그러므로 "시간이 없다"라는 핑계를 대느니 차라리 부탁을 거절하는 것이 자신이나 상대를 위해서도 훨씬 낫다. 또한, 시간이 없어서 어떤 일도 하지 못하는 사람은 시간이 있어도 어떤 일도 할 수 없다.

지친 몸과 마음을 회복하는 '휴식 시간' 갖기

심리학에 '회복 탄력성(Resilience)이란 말이 있다. 회복 탄력성이란 고무줄을 당겼다 놓았을 때 처음 상태로 돌아가는 힘을 말한다. 즉, 스트레스와 불안, 역경을 이겨내고 성공하는 마음의 힘이라고 할 수 있다.

누구나 살면서 수많은 역경과 좌절을 겪는다. 이때 중요한 것은 가능한 한 이른 시일 내에 그것을 딛고 일어서는 것이다. 그러자면 마음의 근육인 회복 탄력성을 반드시 키워야 하는데, 거기에는 휴식보다 좋은 것이 없다.

시간 관리 역시 마찬가지다. 시간을 잘 관리하려면 잘 쉬어야 한다. 휴식이야말로 일에 더욱 몰입하게 하고 지친 몸과 마음을 회복하는 최고의 비결이기 때문이다.

웃는 시간을 가져라, 그것은 영혼의 음악이다. 생각할 시간을 가져라, 그것은 힘의 근원이다.

3. 가장 바쁜 사람이 가장 많은 시간을 가진다

하루 24시간을 제대로 활용하고 있는가? 혹시 미래에 대해 불안해하
거나 사소한 것에 얽매여서 중요한 것을 놓치고 있지는 않은가?

많은 사람이 자기계발이 쉽지 않은 이유로 "시간이 없다"라는 평계를
댄다. 하지만 그것은 착각이자 변명일 뿐이다. 바빠서 할 수 없는 일은 시
간이 아무리 많아도 하지 못하기 때문이다.

바빠서 할 수 없는 일은 시간이 아무리 많아도 할 수 없다

'수불석권(手不釋卷)'이라는 말이 있다. '손에서 책을 놓지 않는다'라
는 뜻으로 늘 공부하는 사람을 이르는 말이다. 평생직장이라는 말이 사
라지면서 이 말이 피부에 와닿는다는 사람이 점점 많아지고 있다.

샐러리맨(Salary man)과 스튜던트(Student)의 합성어인 '샐러던트

(Saladent)'란 말에서 알 수 있듯, 최근 직장인의 자기계발 열풍은 대단하다. 하지만 그 열기에 비해서 만족스러운 결과를 얻은 사람은 그리 많지 않다. 어떤 사람은 열심히 하는 것만이 최선이라고 하지만, 일과 자기계발을 병행해야 하는 이들에게는 절대 쉽지 않은 일이기 때문이다.

영국의 시인 찰스 램(Charles Lamb)은 열일곱 살 때인 1792년 회사에 취직한 후 33년 동안 직장생활을 하며 틈틈이 글을 써서 수많은 작품을 남겼다. 우리에게 잘 알려진 《셰익스피어 이야기》, 《율리시스의 모험》, 《엘리아 수필집》 등이 그 시기에 쓰인 작품이다. 당연히 퇴근 후에나 글쓰기가 가능했기에, 그는 늘 자유롭게 글을 쓸 수 있는 날이 오기를 기다렸다. 그래서 33년 동안 다니던 회사에 마지막 출근하던 날, 그는 매우 들떠있었다. 글쓰기에만 전념할 수 있다는 생각에 매우 행복했기 때문이다. 하지만 그로부터 3년 후, 그가 옛 동료에게 보낸 편지를 보면 그것이 착각에 지나지 않았음을 고백하고 있다.

"하는 일 없이 한가하다는 것이 바쁜 것보다 훨씬 괴롭습니다. 매일 할 일 없이 빈둥대다 보면 나도 모르는 사이에 나 자신을 학대하곤 합니다. 좋은 생각도 일이 바쁜 가운데서 떠오른다는 것을 이제야 깨달았습니다. 나의 이 말을 부디 가슴에 새겨 부디 바쁘고 보람 있는 나날을 보내기 바랍니다."

이 이야기는 우리에게 '바빠서 할 수 없는 일은 시간이 아무리 많아도 하지 못한다'라는 중요한 사실을 깨닫게 한다. 나아가 시간은 그저 핑계일 뿐, 문제의 원인은 자신의 게으름에 있음을 알게 해준다. 이에 대해 그리스 철학자 알렉산드리아 피네(Alexandria Pine)는 이렇게 말했다.

"가장 바쁜 사람이 가장 많은 시간을 가진다. 부지런히 노력하는 사람이 결국 가장 많은 대가를 얻는다."

아침 10분의 여유가 삶을 바꾼다

영화나 드라마를 보면 아침에 일어나서 밥을 챙겨 먹고 커피까지 마시면서 여유롭게 출근하는 모습을 심심찮게 볼 수 있다. 하지만 현실은 그리 만만하지 않다. 아침에 일어나면 씻고 출근하기에도 바쁘기 때문이다. 이에 대해 천천히 즐기는 삶, 여유로운 삶을 주장하는 '슬로 라이프' 운동을 주창한 쓰지 신이치(辻信一) 일본 메이지대학 교수는 "행복하려면 느리게 살아야 한다"라고 주장한다. 경쟁에 쫓기면서 바쁘게 살기보다 여유롭게 살 때 진정한 행복에 이를 수 있기 때문이다.

여유 있는 사람은 긍정적인 에너지를 만들지만, 시간에 쫓겨 사는 사람은 우울, 분노, 불안, 두려움 등의 부정적인 요소가 넘칠 뿐만 아니라 자신과의 싸움에서도 번번이 지고 만다. 또한, 항상 시간에 쫓기다 보니 일처리 역시 말끔하지 못하다. 그 결과, 시간의 주인이 아닌 노예로 살기에 십상이다.

아침 10분의 여유가 삶을 바꾼다. 이 말을 명심해야 한다. 매일 이불 속에서 뒤척거리며 허투루 버리는 시간이 아깝지 않은가. 그 시간이 대략 10분이라면 한 달에 300분을 그냥 버리는 것이나 마찬가지다. 1년이면 3,650분, 10년이면 무려 36,500분을 낭비하는 셈이다. 별 의미 없고, 매우

짧은 시간이라고만 생각했던 10분을 모으면 이렇게 어마어마한 시간이
된다.

점심시간 1시간이 10년을 좌우한다

미국 뉴욕 맨해튼 남쪽 끝에 있는 금융 밀집 구역인 월가(Wall Street)
에는 '쓰리 마티니 점심(Three Martini lunch)'이라는 용어가 있다. 비즈
니스를 위한 점심에서 식전에 마티니를 마시면서 여유롭고 느긋하게 즐
기는 것을 말한다. 하지만 우리의 현실은 그것과는 크게 다르다.

최근 조사에 따르면, 직장인 절반 이상은 점심을 먹는 데 15분밖에 쓰
지 않는다고 한다. 잽싸게 식사를 끝내고 남는 시간에는 대부분 커피나
차를 마신다. 이는 점심시간을 그저 흘려보내는 시간으로만 알고 있기
때문이다. 하지만 점심시간만큼 휴식과 사교, 자기계발의 최적 조건을
갖춘 시간도 없다. 그 때문에 점심시간만 잘 활용해도 삶을 바꾸는 데 큰
도움이 된다. 어떻게 하면 점심시간을 자기계발의 시간으로 활용할 수
있을까.

오전에 한 일 정리하기

점심시간을 활용하는 첫 번째 단추는 '오전의 것을 버리는 것'에서 출
발한다. 보통 오전 시간은 전날 일과 그날 일의 연장선에 있기에 항상 정
신없이 흘려보내기 일쑤다. 점심시간은 그와 관련해서 있었던 일을 정
리하기에 좋은 시간이다. 그렇다고 해서 많은 시간을 들일 필요는 없다.

미팅이나 전화 통화, 업무 보고와 관련해서 있었던 메모지나 우편물, 프린트 등의 불필요한 것들을 깨끗이 정리하는 것만으로도 오후 일과를 준비하는 데 큰 도움이 된다.

비즈니스 타임 갖기

대부분 사람은 같은 팀 내 사람들과 점심을 먹는다. 하지만 그런 폐쇄적인 의식은 성공에 전혀 도움이 되지 않는다. 따라서 폭넓은 인간관계를 만들기 위해 의식적으로 노력해야 한다. 가능하다면 한 달에 한두 번 정도는 다른 부서 사람들과 점심을 함께하는 비즈니스 타임을 갖는 것 역시 좋은 방법이다. 일종의 커뮤니티 활동을 만드는 것이다. 맛집 투어라든가 제철 음식 시식회, 레스토랑 런치코스 즐기기 등 관심 있는 주제로 이벤트를 계획하면 더욱더 효과적이다. 비즈니스가 목적이라도 색다르고 신선한 기분을 느낄 수 있어 업무 능력을 향상하는 데도 적지 않은 도움이 되기 때문이다.

인맥 관리하기

인맥 관리는 헤드워크(Head—work)→풋워크(Foot—work)→네트워크(Network) 순으로 이루어진다. 즉, 인맥은 생각하고 직접 발로 뛰어야만 맺을 수 있다. 하지만 직접 발품 팔아 관리하는 것은 현실적으로 한계가 있다. 다행히 요즘은 온라인으로도 얼마든지 인맥을 관리할 수 있다. 예컨대, 점심시간을 이용해서 온라인 커뮤니티에 정보 하나만 업로드 하는 것으로도 충분하다. 물론 그것이 쉬운 일은 아니다. 대부분 커뮤니티에 가입한 후 활동하지 않는 경우가 많기 때문이다. 그렇다면 다른 회원들의 글에 간단한 피드백을 하는 것은 어떨까. 긴 시간 들이지 않고도 인맥 관리에 큰 도움이 될 수 있다.

비즈니스 메일 보내기

비즈니스 메일을 보내는 가장 적절한 시간이 바로 점심시간이다. 보통 오전에 출근해서 메일을 확인하기 때문에 업무 메일은 오전에 발송하는 경우가 많다. 하지만 오전에는 업무 메일 외에도 스팸메일 역시 매우 많은 편이다. 따라서 특별한 용건이 아닌 한눈에 띄지 않을뿐더러 무성의한 단체 메일로 오해받을 수도 있다. 하지만 점심시간 후 오후 업무를 시작할 즈음 보내는 메일은 나만을 위한 메일이라는 생각을 하게 한다.

비즈니스 메일에는 점심시간과 관련된 콘텐츠나 정보를 삽입하면 더욱 좋다. 예를 들면, "오늘 점심에는 설렁탕을 먹었어요. 줄을 서는 게 좀 번거롭기는 했지만, 뜨끈한 국물이 들어가니 쌀쌀한 날씨에 몸이 확 풀리는 것 같았어요. 내일도 꽤 춥다고 하니 따뜻한 국물이나 탕 요리로 몸을 녹여보세요"라든지 "얼마 전 회사 앞에 오픈한 ○○ 식당에 가보셨어요? 우동이 아주 맛있더라고요. 시간 되시면 꼭 한번 가보세요"라는 내용을 메일로 보내는 것이다. 생각건대, 그 메일을 보고 기분 좋지 않을 사람은 없을 것이다.

쉽고 재미있는 자기계발로 기분 전환하기

20~30분 정도의 짧은 시간을 이용한 학습과 독서는 어려울수록 실패할 확률이 높다. 또한, 식후의 나른함 역시 집중을 방해한다. 따라서 점심시간을 이용한 학습과 독서는 되도록 쉽고 재미있는 것을 선택해야 한다.

출퇴근 시 읽는 책이 진도가 잘 나가지 않는다면 점심시간용 책을 별도로 준비하는 것도 좋은 방법이다. 적지 않은 기분 전환 효과를 누릴 수 있기 때문이다. 또한, 각종 모바일기기와 스마트폰 등 최신 디지털 기기를 접하고 싶지만, 막상 배우기가 부담스럽다면 점심시간을 디지털 타임으로 활용해도 좋다. 주변에 도움받을 만한 사람이 많을수록 그 효과가 크다.

재충전 시간 갖기

수다만큼 스트레스를 푸는 효과적인 방법은 없다. 누군가와 이야기하다 보면 에너지가 솟고, 피로에서 벗어날 수 있기 때문이다. 특히 남자보다는 여자들에게 그 효과가 크다.

짧은 시간 숙면을 통해 재충전하는 것 역시 좋은 방법이다. 점심시간을 이용한 짧은 숙면은 건강과 업무 집중력 향상에 큰 도움이 되기 때문이다. 또한, 걷기가 두뇌 휴식에 좋다는 사실은 이미 잘 알려진 만큼 일부러 먼 곳을 식사 장소로 정해 20분 정도 걷는 것도 추천할만하다.

퇴근 후 두 번째 하루가 시작된다

오후 6시. 대부분 직장인이 피곤한 얼굴로 사무실을 빠져나온다. 책상 위에 서류가 어지럽게 널려 있건, 할 일이 남아 있건 상관하지 않는다. 무조건 쉬고 싶다는 생각밖에 다른 생각은 전혀 들지 않는다. 하지만 막상 퇴근 후 집에 가면 소파에 누워 멍하니 텔레비전만 보기 일쑤다. 말은 "정말 피곤하다"라면서도 말이다. 퇴근 후 시간은 그렇게 꿈처럼 순식간에 지나가고 만다.

만일 퇴근 후 멋진 남자 혹은 예쁜 여자와 데이트 약속이 있다고 해도 그런 무의미한 시간을 보낼까. 그렇지 않을 것이다. 퇴근 시간에 맞춰 옷차림을 단정히 하고 부지런히 약속장소로 갈 것이 틀림없다. 그러고는 피곤한 줄도 모른 채 데이트를 즐기며, 시간이 흐르는 것을 매우 안타까워할 것이다.

생각만 바꿔도 퇴근 후 최소한 3시간은 자투리 시간을 얼마든지 만들 수 있다. 매일 저녁 3시간을 지적 에너지를 소진하는 일에 사용하라는 것은 아니다. 다만, 최소한 이틀에 한 번은 자기만의 시간을 가져야 한다. 삶을 돌아보고, 휴식하면서 자신을 회복하는 시간 말이다. 그렇게 3일을 보내도 4일이 남는다. 그 시간에는 친구를 만날 수도 있고 운동을 할 수도 있다. 아니면, 또 다른 자기계발을 하거나 좋아하는 일을 하면서 보낼 수도 있다. 그렇게 반복한다면 삶이 즐거워지는 것은 물론 피곤도 한결 덜할 것이다. 그러자면 퇴근 후 식사, 목욕, 세탁, 청소 등 의무적으로 사용하는 시간을 제외하고 자신이 자유롭게 쓸 수 있는 시간이 어느 정도인지 알아야 한다. 퇴근 후 계획은 거기에서부터 시작되기 때문이다. 그렇게 해서 자신만의 시간을 확보해야 한다.

퇴근 시간 역시 그냥 흘려보내선 안 된다. 퇴근 후 자유롭게 쓸 수 있는 시간을 확보하기가 어려운 사람도 있기 때문이다. 특히 직장과 집의 거리가 먼 이들은 꽉 막힌 도로나 복잡한 차 안에서 많은 시간을 보낸다. 하지만 대부분 사람이 이 시간을 막연히 흘려보내곤 한다. 피곤하고 답답하기 때문이다. 그러다 보니 대부분 스마트폰을 보며 스트레스를 풀거나 잠을 자곤 한다. 만일 그렇게 해서라도 스트레스를 풀 수 있다면 다행이지만, 그렇지 않다면 이 시간을 좀 더 생산적으로 사용해야 한다. 책을 읽어도 좋고, 스마트폰이나 모바일 기기를 이용한 외국어 공부 및 평소 관심 있었던 일에 투자하는 것은 어떨까. 피곤하고 답답한 퇴근 시간이 조금은 더 즐거워지지 않을까.

온종일 아무리 열심히 했더라도 퇴근 후가 엉망이면 하루를 제대로 마무리할 수 없다. 그만큼 퇴근 후가 중요하다. 퇴근과 동시에 두 번째 하루가 시작되기 때문이다. 따라서 퇴근했다고 해서 마음을 풀지 말고 이성적으로 생각하는 습관을 지녀야 한다.

●●●

다른 사람을 비난하는 일은 아무런 도움도 되지 않는다.
만일 당신에게 다른 사람을 비난하는 습관이 있다면
성공 역시 그만큼 늦어질 것이다.

__ 데일 카네기(Dale Carnegie)

THE SEVEN LAWS OF WINNERS
이기는 사람들의 7가지 법칙

--- 일곱 번째 법칙 : 인간관계 ---

성공하는 인간관계의 법칙

삶은 '관계'의 연속이다. 누구도 혼자서 살 수는 없다. 더욱이 지금은 '무엇을 아느냐'가 아닌 '누구를 아느냐'가 훨씬 중요한 시대다. 그만큼 어떤 사람과 어떤 관계를 맺느냐에 따라서 삶이 크게 달라진다.

1. 성공하는 인간관계의 법칙

"사람을 가장 행복하게 하는 것은 과연 무엇일까?"

수수께끼와도 같은 이 질문의 해답으로 성공, 재산, 멋진 외모, 권력 등을 말했다면 완전히 틀렸다. 심리학자들의 오랜 연구에 따르면, 우리를 가장 행복하게 하는 건 만족스러운 대인관계, 그것도 '아주 친밀한 대인관계'이기 때문이다. 그만큼 우리 삶은 관계의 연속으로, 누구도 혼자서 살 수는 없다. 태어나는 순간부터 맺어지는 부모 자식의 관계, 학교에서 맺는 친구 관계와 사제 관계, 직장생활에서 맺는 동료 관계에 이르기까지 수많은 사람과 다양한 관계를 맺으면서 살게 마련이다.

인간은 '인간관계'의 줄임말이라고 한다. 그래서 한자로 '인간(人間)'을 사람과 사람 사이라고 하는 것이다. 사람을 만나고 사귀는 데 있어 인간관계는 그만큼 중요하다. 그러다 보니 인간관계만큼 우리 삶을 예견하는 중요한 요소도 없다. 어떤 사람들과 어떤 관계를 맺느냐에 따라서 삶이 크게 달라지기 때문이다. 문제는 "열 길 물속은 알아도 한 길 사람 속은 모른다"라는 것이다. 어떻게 하면 좋아하는 사람들과 싸우지 않고 좋은 관계를 맺을 수 있을까. 나아가 누구에게나 호감 가는 사람이 되려면 어떻게 해야 할까.

인간은 '인간관계'의 줄임말… 누구도 혼자서 살 수는 없다

현대인의 삶은 매우 무미건조하다. 직장에서 동료와 업무 이외에는 말 한마디 없이 하루를 보내는가 하면 은행원과 단 한마디도 하지 않고 돈을 찾거나 입금할 수도 있고, 계좌이체도 할 수 있다. 다른 사람과 눈 한번 마주치지 않고 길을 걷거나 지하철 또는 버스를 타기도 한다. 인터넷으로 얼굴도 모르는 사람과 이야기하며, 스마트폰으로 낯선 사람의 정보를 얻기도 한다.

인간은 섬이 아니다. 즉, 누구도 혼자서는 도저히 살 수 없다. 싫건 좋건, 얕건 깊건 간에 다른 사람과 서로 어울리며 살아야 하는 사회적 존재이기 때문이다.

한 라디오 프로그램에 청취자의 전화가 걸려왔다. 말을 심하게 더듬는 청취자를 향해 DJ가 물었다.

"기분이 어떠세요?"

"너, 너, 너, 너무 오랫동안 말을 하지 않아서 잘 모르겠어요."

"맙소사, 누구와도 말을 않았다고요?"

"아, 아니요, 말은 했지만, 누군가와 의미 있는 대화를 해본 지는 꽤 오래됐습니다."

"그래요, 그럼 지금 기분이 어떠십니까?"

"외, 외, 외롭습니다."

이 말을 시작으로 여기저기서 외롭다는 전화가 계속 걸려왔다.

누구나 관계 속에서 자신의 의미와 존재 가치를 깨달으며 산다. 하지만 편하고 행복한 관계가 있는가 하면 불편하고 고통스러운 관계도 있다. 누구나 다른 사람이 자신을 인정해주기를 바라고, 자기 말에 관심을 두길 원한다. 내면에 다른 사람과의 관계를 통해서만 해결할 수 있는 그 무엇이 존재하기 때문이다. 자기에 대한 사랑, 가족의 따뜻한 관심과 배려, 친구에 대한 우정, 이성에 대한 사랑 등이 바로 그것이다.

미국의 심리학자이자 하버드대학 심리학과 교수인 하워드 가드너(Howard Gardner) 박사에 의하면, 인간에게는 8가지의 지능이 있다고 한다. 그중 하나가 바로 대인관계 지능이다. 대인관계 지능이란 다른 사람의 감정과 표정, 몸짓, 음성, 행동을 이해하고 교류하는 능력을 말하며, 대인관계 지능이 높을수록 바람직한 인간관계를 형성할 수 있다고 한다.

실패한 삶이건, 성공한 삶이건 거기에는 그만한 이유가 반드시 있다. 인간관계 역시 마찬가지다. 만일 인간관계로 고민한다면 자신의 인간관계를 돌아봐야 한다. 그렇게 해서 뭐가 문제이고, 과연 자신이 다른 사람에게 어떻게 보이는지 깊이 성찰할 필요가 있다.

인간관계는 '부메랑'과도 같다

심리학자들에 의하면, 인간이 가장 원하는 욕구는 '다른 사람으로부터 인정받는 것'이라고 한다. 다른 사람으로부터 인정받으려면, 먼저 다른 사람을 인정해야 한다. 그러자면 상대에 대한 이해와 존중, 배려가 필요하다. 하지만 많은 사람이 인간관계에 있어 이해와 존중, 배려보다는 일방적이고 자기중심적인 인간관계를 지향한다. 친한 사람일수록 그런 경향이 더욱더 심하다. 그 결과, 수많은 사람이 인간관계에 상처받고 괴로워한다. 중요한 것은 그런 상처는 아무리 시간이 지나도 쉽게 지워지지 않는다는 것이다.

어린 소년이 "나는 엄마가 미워"라고 소리친 후 산으로 도망갔다. 그래도 화가 풀리지 않자, 소년은 다시 한번 외쳤다.

"나는 엄마가 미워."

그러자 곧 "나는 네가 미워"라는 메아리가 들려왔다. 그 소리에 깜짝 놀란 소년은 그 즉시 엄마에게 달려가서 자기를 미워하는 소년이 산에 살고 있다고 했다. 엄마는 아들을 산으로 데려가더니 이렇게 외치라고 했다.

"나는 너를 좋아해. 나는 너를 사랑해."

그러자 곧 "나는 너를 좋아해. 나는 너를 사랑해"라는 소리가 들려왔다.

인간관계는 부메랑과도 같다. 자기가 주는 만큼 받는 '기브 앤 테이크 (Give & Take)'의 원리가 작용하기 때문이다. 즉, 심는 대로 거둔다.

다른 사람에게 한 행동은 결국 자신에게 고스란히 돌아오기 마련이다.

내가 상대에게 웃으면 상대 역시 내게 미소를 보낸다. 마찬가지로 먼저 비난하면 상대 역시 내게 화살을 겨눈다.

2002년 영국 국영방송 BBC는 '가장 위대한 영국인은 누구인가?'라는 설문 조사를 했다. 찬란한 문화를 자랑했던 대제국답게 수많은 사람이 후보에 올랐다. 인도와도 바꿀 수 없다고 했던 대문호 윌리엄 셰익스피어(William Shakespeare)를 비롯해 '만유인력의 법칙'으로 유명한 물리학 천재 아이작 뉴턴(Isaac Newton), 진화론으로 인류의 뿌리를 밝힌 찰스 다윈(Charles Darwin), 대영제국의 굳건한 토대를 마련한 엘리자베스 1세(Elizabeth I), 세계 해전의 역사를 새로 쓴 허레이쇼 넬슨(Horatio Nelson) 제독 등 그 이름만으로도 영국 역사의 몇 페이지쯤은 충분히 채우고도 남을 위인들의 이름이 쏟아져 나왔다. 그중 영국인이 꼽은 가장 위대한 영국인은 과연 누구였을까.

쟁쟁한 후보들을 제치고 1위를 차지한 인물은 바로 윈스턴 처칠이었다. 강력한 리더십과 포기를 모르는 열정으로 패배 직전의 영국을 위기에서 구하며 2차 세계대전을 승리로 이끈 데서 수많은 사람의 존경을 받았기 때문이다.

누군가가 그에게 이렇게 물은 적 있다.

"수상님처럼 존경받으려면 어떻게 해야 합니까?"

"비결 같은 것은 없습니다. 상대를 미소 짓게 하려면 먼저 미소 지으세요. 관심 끌고 싶으면 먼저 관심을 보이고, 칭찬 듣고 싶으면 먼저 칭찬하세요. 마찬가지로 상대를 긴장하게 하고 싶으면 먼저 긴장하고, 상대를

소리 지르게 하려면 먼저 목소리를 높이세요. 사람들은 당신이 그들을
대접하는 대로 당신을 대접합니다. 그러니 비결 같은 건 전혀 없습니다.
자신을 돌아보는 것이 중요할 뿐입니다."

인간관계가 어렵고 힘든 이유는 상대가 내게 보인 행동이 사실은 내가
상대에게 보인 행동에 대한 부메랑임을 모르기 때문이다. 그런 점에서
볼 때 다른 사람에게 호감을 얻는 방법은 그리 대단한 것이 아니다. 다른
사람들에게 존경받고 싶은가? 그럼, 먼저 그들을 존경하라. 그것이 인간
관계의 고민에서 벗어나는 만고불변의 진리다.

빨리 가려면 혼자 가고 멀리 가려면 함께 가라

인간관계와 관련해서 가장 효과적인 방법은 성공한 사람들의 노하우
를 배우는 것이다. 자신의 경험에 그들의 노하우를 더하면 실패 확률은
줄이고, 성공 확률은 훨씬 높일 수 있기 때문이다.

세계에서 가장 많이 팔린 책은 《성경》으로 알려져 있다. 그렇다면 그
다음으로 많이 팔린 책은 뭘까? 《성경》 다음으로 많이 팔린 책은 데일 카
네기(Dale Carnegie)의 《인간관계론(How to Win Friends and Influence
People)》이다. 1937년 출간된 후 80여 년 동안 전 세계에서 5천 만 부 이
상 팔리며 인간관계에 관한 최고의 교과서로 불리고 있다. 그뿐만 아니
라 거의 모든 나라에 '데일 카네기 연구소'가 있고, 리더십 이론에 등장하
는 인간관계에 대한 정보 역시 대부분 그 책에서 나왔다.

카네기는 "비판만큼 효과 없는 수단은 없다"라고 단언했다. 비판은 사

람을 방어적 위치에 서게 할 뿐만 아니라 자신의 행동을 정당화하기 위해 안간힘을 쓰게 만들기 때문이다. 그 증거로 그는 당시 죄질이 나쁜 살인자들 역시 자신을 '악인'으로 인정하지 않고 합리화한다는 조사 결과를 들었다. 이에 인간관계의 핵심을 '칭찬'에 두었다. 요즘 말하는 "칭찬은 고래도 춤추게 한다"라는 칭찬 이론을 가장 먼저 정립한 사람이 바로 카네기인 셈이다.

2002년 노벨 경제학상을 받은 미국의 경제학자이자 심리학자인 대니얼 카너먼(Daniel Kahneman)은 "성공을 좌우하는 것은 지능이나 학벌, 운보다 호감, 즉 끌림이다"라고 말한다. 그만큼 인간관계에서 호감은 매우 중요하다. 어떻게 하면 사람들이 나에게 등을 돌리지 않고 호감을 느끼게 할 수 있을까.

《끌리는 사람은 1%가 다르다》를 쓴 이민규 박사는 그에 대해 이렇게 말한다.

"끌리는 사람이 되려면 함께 식사하고 싶은 사람이 되어야 한다. 그러나 아무리 진수성찬이라도 듣기 싫은 잔소리를 늘어놓으면 그 사람은 '밥맛 떨어지는 사람'이 되고 만다. 남을 웃길 재주가 없는 사람도 너무 실망할 필요는 없다. 웃기지 못하면 웃는 쪽을 선택하면 된다. 사람들은 유머 있는 사람보다 자기 말에 잘 웃어 주는 사람을 더 좋아한다. 또한, 너무 완벽한 것보다는 가끔 빈틈을 보여 줘야 호감이 높아진다."

동양인 최초로 미국 자동차 명예의 전당에 오른 혼다 소이치로(本田創一)는 독특한 인간관계를 맺은 것으로 유명하다. 매년 7월, 그는 집에서 은어 낚시회를 열었다. 거기에는 정치인을 비롯해 은행원, 학자, 연예인 등 다양한 직업을 가진 사람들이 모였다.

혼다가 낚시회를 연 이유는 돈보다는 친구를 만들고 그들을 기쁘게 하는 데서 삶의 의미를 찾았기 때문이다. 그러다 보니 그의 곁에는 항상 사람이 끊이지 않았다.

혼다의 곁에는 언제나 후지사와 다케오(藤澤武夫)가 있었다. 두 사람의 인연은 꽤 오래전으로 거슬러 올라간다. 창업 후 1년이 지났을 무렵, 혼다는 GM재팬 부장으로 있던 후지사와를 찾아가서 이렇게 말한다.

"세계 최고의 자동차회사를 만들려 합니다. 그 꿈을 이룰 수 있도록 도와주십시오."

그 말에 후지사와는 직원 20명에 불과한 작은 회사로 과감하게 전직한다. 그리고 혼다는 후지사와에게 회사에 대한 모든 권한을 주고, 자신은 기술개발에만 몰두했다. 즉, 후지사와가 경영 전반을 책임지고, 자신은 기술과 생산에만 주력한 것이다.

생전에 혼다는 이렇게 말하곤 했다.

"후지사와가 없었다면 지금의 혼다는 존재하지 않는다."

혼다의 인간관계의 핵심 포인트는 다음 3가지로 요약할 수 있다.

- 다른 사람에게 항상 좋은 인상을 주기 위해서 노력한다.
- 어떤 일이 있어도 약속 시간은 반드시 지킨다.
- 내가 아닌 다른 사람에게 돈을 벌게 한다.

사람의 마음을 얻으려면 혼다처럼 온몸으로 다가가야 한다. 상대를 믿어야만 상대 역시 나를 믿기 때문이다. "빨리 가려면 혼자 가고, 멀리 가려면 함께 가라"라고 했다. 인간관계에서 그보다 정답에 가까운 말은 없다.

2. '무엇을 아느냐'가 아닌 '누구를 아느냐'가 중요한 시대

지금 옆에 누가 있는가? 나아가 어떤 사람과 관계를 맺기를 원하는가?

인맥이란 '학문, 출신, 가치관, 친소(親疎, 친함의 정도) 등의 관계로 한 갈래로 얽힌 인간관계'를 말한다. 즉, 인맥은 인간관계이며, 누구나 태어나서 죽을 때까지 계속해서 인맥을 쌓는다. 그런 점에서 볼 때 인맥 관리는 단순히 성공하기 위한 것이라기보다 행복하기 위한 것이라고 할 수 있다. 그렇다면 내가 원하는 인맥을 만들려면 무엇을 어떻게 해야 할까.

성공 확률은 높이고, 실패 확률은 낮추는 최고 경쟁력, '인맥'

'인맥' 하면 부정적인 생각을 떠올리는 사람들이 적지 않다. 정정당당해야 할 비즈니스와 인간관계에서 학연이나 지연, 혈연 등을 토대로 비즈니스와 삶을 엉망으로 만드는 것을 자주 봐 왔기 때문이다. 하지만 '네트워킹'으로 대변되는 인맥은 단순한 로비나 접대 수준을 뛰어넘는 합리적이고 공개적인 인간관계 기술이라고 할 수 있다. 인간관계를 굳이 비즈니스와 연결해야만 하냐고 못마땅해하는 사람도 당연히 있을 것이다. 하지만 누구도 비즈니스로부터 자유롭지 않다. 개인의 삶은 물론 삶의 모든 과정이 비즈니스와 연관되어 있기 때문이다. 따라서 꾸준한 인맥 관리를 통해 그 혜택을 최대화해야 한다. 이에 대해 미국의 경영 컨설턴트인 존 팀퍼리(John Timperley)는 "내 꿈을 가장 빠르고 효과적으로 이루는 길은 내게 도움을 줄 수 있는 사람과 연결기반을 마련하는 것"이라면서 "이제는 무엇을 아느냐(Know What)가 아니라 누구를 아느냐(Know Who)가 훨씬 중요한 시대"라고 강조한다. 다시 말해 적재적소의 사람들과 확실한 인간관계를 맺는 것이야말로 현대 사회가 요구하는 중요한 스펙 중 하나인 셈이다.

이를 방증하듯, 최고경영자의 상당수가 자신의 성공 비법으로 '순망치한(脣亡齒寒, 입술이 없으면 이가 시리다)'을 꼽았다. 삼성경제연구소가 CEO 413명을 대상으로 '오늘의 내가 있기까지 가장 힘이 되어준 습관'을 물은 결과, CEO 5명 중 1명이 입술과 이의 관계처럼 서로에게 꼭 필요한 존재, 즉 인맥의 중요성을 강조한 것이다.

이렇듯 인맥은 개인은 물론 기업의 성공 확률을 높이고, 실패 확률은 줄이는 최고의 무기이자 경쟁력이다. 따라서 성공하고 싶다면 당장 인맥 관리부터 시작해야 한다.

인맥 관리는 곧 '행복관리'

한 조사에 따르면, 직장인의 54.7%가 인맥을 전략적으로 관리하고 있다고 한다. 거기에 드는 시간과 비용 역시 만만치 않았다. 일주일에 평균 7시간 20분, 9만 3,000원을 투자하는 것으로 나타났기 때문이다. 인맥 관리에 얼마나 많은 투자를 하는지 보여주는 대표적인 예라고 할 수 있다. 중요한 것은 과연 그 투자가 그만한 효과가 있느냐는 것이다.

성공은 단 한 번의 승부로 얻을 수 있는 것이 절대 아니다. 원하는 것을 이루기 위한 열정과 실천, 계기가 모이고 어우러져야만 성공할 수 있다. 특히 시시각각으로 맺어지는 인간관계가 매우 큰 영향을 미친다.

미국인이 가장 존경하는 대통령인 에이브러햄 링컨(Abraham Lincoln)은 다른 사람과 갈등이 생기면 이렇게 말하곤 했다.

"그 사람은 영 맘에 들지 않아. 그에 대해 더 많이 알아야겠어."

미국에서 성공한 CEO들을 대상으로 성공과 행복의 상관관계를 조사한 적 있다. 그 결과, "성공해서 행복하다"라고 대답한 사람은 37%인 반면, "행복해서 성공했다"라고 대답한 사람은 63%였다. 이는 성공한다고 해서 반드시 행복한 것이 아니며, 오히려 하루하루를 행복하게 산 사람일수록 성공할 가능성이 크다는 것을 말해준다.

성공하고 싶은가? 그렇다면 행복을 관리하라. 마찬가지로 행복하려면 인맥을 관리해야 한다. 인맥 관리는 곧 행복관리이기 때문이다.

원하는 인맥을 만드는 법

인맥의 중요성이 부각되는 이유는 시대적인 변화의 결과다. 정보의 홍수에 따라 과거 '노하우(Know—how)'가 중요했던 시기에서 '노훼어(Know—where)'가 중요한 시기로 패러다임이 변하면서 인맥 관리가 갈수록 중요해지고 있기 때문이다.

인맥은 단순히 많은 사람을 알고 있다는 것이 아니다. 혼자만의 일방통행은 짝사랑이자 허세에 지나지 않는다. 삶의 비바람을 만났을 때 우산이 되어줄 사람, 즉 자신이 필요할 때 도움받을 수 있는 사람이라야 진정한 인맥이라고 할 수 있기 때문이다. 특히 가장 좋은 인맥은 성공을 함께 나누는 사람보다는 실패의 아픔을 함께 나눠주는 이들이다. 어려울 때 친구가 진짜 친구이기 때문이다. 그런 인맥을 만들려면 어떻게 해야 할까.

인맥은 하루아침에 만들어지는 것이 아니다. 작은 불꽃이 큰불을 만들듯 가까운 사람부터 시작해서 서서히 주변으로 확대해 나가야 한다. 공자가 말한 '근자열 원자래(近者悅 遠者來, 가까이 있는 사람에게 잘해줘야 멀리 있는 사람도 찾아온다)'야말로 모든 인간관계에 적용되는 원칙인 셈이다. 그런 점에서 볼 때 새로운 인맥을 만드는 것도 중요하지만, 주변에 있는 사람들부터 진정한 자기 인맥으로 만드는 것이 중요하다. 단순히 많은 사람을 아는 것보다는 어려울 때 내 편이 되어 줄 사람이 필요하기 때문이다. 그러자면 한번 맺은 인연을 소중하게 생각해야 한다. 자기가 필요할 때만 이용하는 관계는 오래갈 수 없다. 만일 주변에 그런 사람이 있다면 당장 그들부터 정리해야 한다. 또한, 좋은 인맥을 맺으려면 처음 만난 사람에게 '우리 만남이 서로에게 도움이 된다'라는 믿음, 즉 호감을 느끼게 해야 한다. 그러자면 미소와 여유를 갖고, 상대방의 이름을 외우는 노력과 함께 예의를 다하는 모습 등이 필요하다. 그것이 전부가 아니다. 그렇게 해서 만들어 관계를 시간적 · 물리적인 노력을 통해 꾸준히 이어가야 한다.

인맥 관리는 자기관리

누군가와 친해지려면 형식적이고 부자연스러운 만남보다는 자연스럽게 말문을 터야 한다. 운동할 때 스트레칭을 소홀히 하면 몸이 안 풀리고 부상 위험이 크듯, 인간관계에서도 서로 탐색하는 과정을 생략하면 어색한 분위기가 풀리지 않아 서로 겉돌 수 있기 때문이다. 따라서 본론에 들어가기에 앞서 누구나 꺼리지 않는 공통된 주제로 분위기를 푸는 과정이 꼭 필요하다.

자연스럽게 대화를 시작하려면 자기 생각을 솔직하게 드러내야 한다. 그것이 어렵고 장황하게 말하는 것보다 상대의 공감을 얻는 데 훨씬 유리하기 때문이다. 심리학에서는 이를 '자기 노출(Self-disclosure)'이라고 한다. 한때 공적인 대화에서는 개인적인 이야기를 하는 것을 금기시하기도 했지만, 최근에는 사소한 잡담과 수다가 대화를 훨씬 부드럽게 할 뿐만 아니라 더욱 친밀한 관계를 만드는 윤활유 역할을 한다는 점에서 적극적으로 활용하고 있다. 하지만 많은 사람이 자기표현에 미숙하다 보니 쉽게 친해지지 못한 채 껄끄러워하는 경우가 많다. 또한, 대부분의 사람은 자기표현과 상관없이 상대의 부정적인 표현에 불쾌감을 느낀다. 따라서 친밀한 관계를 맺으려면 서로 간의 긍정적인 자기표현 역시 매우 중요하다. 무조건 'Yes'만 외치라는 것이 아니다. 거절해야 할 때 역시 자기 마음을 솔직하고 확실히 표현해야 한다. 그렇지 않으면 아무리 가까운 관계라도 깨질 수 있기 때문이다.

인맥 관리는 정보관리

하루에도 수많은 정보가 쏟아져 나온다. 그러다 보니 정보 과잉시대에 살아남으려면 수많은 정보 중 옥석을 가려낼 줄 알아야 한다. 그러자면 인간관계를 소중히 여겨야 한다. 예컨대, 함께 일한 동료는 이직하더라도 동종업계에서 일하는 경우가 많기 때문에 업계 소식을 나누고 시장의 흐름을 파악하는 데 큰 도움이 된다. 업무 관련 세미나와 포럼에 자주 참석하는 것 역시 좋은 방법이다. 핵심 정보를 공유할 수 있을 뿐만 아니라 참가자들 역시 정보 교류에 관심이 많기에 업무에 대한 실질적인 정보를 꾸준히 나눌 수 있는 장점이 있기 때문이다. 중요한 것은 자신이 정보의 핵심이 되어야 한다는 것이다. 꾸준한 독서와 관련 지식의 업데이트를 통해 정보를 다른 사람들에게 적절하게 알리면 주변에 사람들이 저절로 모이게 된다.

인맥 관리는 위기관리

많은 기업이 대외협력 업무를 점점 강화하고 있다. 수시로 변화하는 기업환경에 대응하기 위해서다. 특히 예상치 않은 문제로 인해 막대한 손실을 볼 수도 있는 기업 입장에서는 위기관리 차원에서 정치·경제· 사회 등 다양한 분야의 외부 정보를 수렴할 필요가 있다.

개인 역시 마찬가지다. 어떤 문제가 발생한 후 대처하면 이미 늦는 경우가 많다. 따라서 평소에 위기관리를 잘해둘 필요가 있는데, 가장 효과적인 방법은 외부 네트워크를 관리하는 것이다. 그러자면 언제든지 연락 가능한 인맥 데이터베이스를 구축해둬야 하는데, 그 핵심은 긍정적인 마인드에 있다. 평소에 상대방을 배려하고 자신의 이미지를 관리해두면 위기상황에서 기대 이상의 도움을 받을 수 있기 때문이다.

인맥 관리는 주변 관리

많은 사람이 인맥을 먼 곳에서 찾는 경우가 많다. 그러나 인맥은 주변 사람들을 관리하는 데서부터 시작된다.

주변 사람들에게 감사 메일을 자주 발송해라. 안부 메일이나 감사 메일을 보내는 것은 예의 바른 사람이라는 호감 가는 이미지를 심어주기 때문이다. 한 달에 한 번 정도 '네트워킹 데이'를 만들어서 사람들에게 꾸준히 연락하는 것도 좋은 방법이다. 네트워킹 데이는 자신의 스케줄에 따라 자유롭게 정하되, 가능한 한 날짜를 지정해 두는 것이 좋다. 그래야만 시간에 쫓기지 않고 차분히 일할 수 있기 때문이다.

무엇보다도 사람을 소개받고 소개하는 데 익숙해져야 한다. 특히 우리나라 사람은 서너 사람만 거치면 다 알만큼 좁다는 통계가 있다. 이는 주변 사람만 잘 활용해도 얼마든지 많은 사람을 만날 수 있다는 뜻이다. 그렇다고 해서 굳이 많은 사람을 알기 위해 노력할 필요는 없다. 많은 사람을 사귀기 위해 시간을 허비하는 것보다 가족, 친구, 동료 및 선후배와 같은 주변 사람들에게 더 많은 시간 투자하고 정성을 기울이는 것이 훨씬 효율적이기 때문이다.

인맥 관리에서 저지르기 쉬운 5가지 실수

인맥 관리는 '장기전'이다. 즉, 자신이 원한다고 해서 쉽게 시작하고 끝낼 수는 것이 절대 아니다. 하지만 많은 사람이 단기간에 인맥 관리를 끝내려고 한다. 그러다 보니 생각지도 못한 실수를 하곤 한다. 이와 관련해서 세계 최고의 경력 관리 및 이직 컨설팅 회사인 커리어인게이지 보스턴(Career—Engage Boston)의 설립자이자 관리 컨설턴트인 제인 맷슨(Jayne Mattson)은 인맥 관리에 대해 잘못 이해하고 있는 사람이 많다며, 다음 5가지 실수를 특히 주의해야 한다고 말한다.

새로운 관계 맺기에만 집중해야 한다?

많은 사람이 인맥 관리에서 가장 흔히 저지르는 실수는 새로운 관계 맺기에만 급급하다는 것이다. 그 결과, 기존의 인맥에는 소홀히 하는 경향이 있다. 인맥 관리에서 가장 중요한 것은 꾸준한 관심이다. 관심이 멈추면 관계 역시 거기서 멈추기 때문이다. 따라서 꾸준히 연락하면서 정보를 공유해야 한다. 이에 대해 제인 맷슨은 이렇게 조언한다.

"사람들이 자신에게 어떤 도움이 되는지에만 집중할 것이 아니라 먼저 그들에게 관심을 가져야 한다. 그래야만 자신이 원하는 관계를 지속할 수 있다."

무소식이 희소식?

인맥 관리는 단순한 사람 관리가 아닌 인간관계를 유지하는 것이다. 따라서 상대가 무엇을 필요로 하는지 꾸준한 관심과 먼저 다가서는 용기가 필요하다. 하지만 대부분 '무소식이 희소식'이라며 연락이 오기만을 기다릴 뿐, 먼저 다가서는 것을 꺼린다. 상대가 싫어할지도 모른다고 생각하기 때문이다. 아닌 게 아니라 너무 잦은 관심은 호감을 비호감으로 바꾸기도 한다. 따라서 적당한 선을 유지하되, 주기적으로 관심을 두고 연락해야 한다. 중요한 것은 "혹시 내가 도울 수 있는 일이 있나요?", "내가 필요하면 언제든지 연락해요"라는 말을 잊지 않는 것이다. 그래야만 상대 역시 나를 그저 아는 사람 중 한 명이 아닌 소중한 사람으로 비로소 받아들이게 된다.

모든 관계는 다 의미가 있다?

관계를 유지하려면 주고받는 것이 중요하다. 대화건, 정보건 쌍방향으로 진행되어야만 의미 있는 관계를 유지할 수 있기 때문이다. 한 사람만 관심 두는 관계는 짝사랑과도 같다. 그런 관계는 절대 오래갈 수 없다.

사람들은 도움받을 때보다 도움을 요청받을 때 더 잘 기억하는 경향이 있다. 따라서 단순히 필요한 정보를 요청하기보다는 그들이 알고 싶어 하는 내용이나 그들과 공유하고 싶은 정보를 전할 때를 잘 이용해야 한 다. 단, 처음부터 무턱대고 핵심 내용부터 물으면 상대가 의심할 수 있으 니, 상대가 원하는 정보를 먼저 주면서 서서히 접근할 필요가 있다.

인맥 관리는 시간이 오래 걸린다?

인맥 관리에는 적지 않은 시간과 노력이 필요하다. 많은 사람이 인맥 관리를 힘들고 어려워하는 이유다. 하지만 이는 착각일 뿐이다.

인맥 관리가 힘들고 어려운 이유는 한 번에 관계의 큰 진전을 이루려 는 욕심 때문이다. 처음 만나는 사람에게 마음을 여는 사람은 거의 없다. 몇 차례의 만남을 통해 탐색을 거친 후, 믿음이 가는 사람에게만 비로소 마음을 연다. 그것이 바로 인간관계의 오랜 진리다.

한 달에 3명 정도 연락을 취하는 것을 목표로 하라. 그 역시 직접적으로 만날 필요는 없다. 메일을 보내거나 간단히 통화하면서 안부를 묻는 것 만으로도 충분하다. 하지만 가장 좋은 방법은 역시나 정기적인 만남을 통해 정보를 교환하는 것이다. 서로 얼굴을 마주하면서 얘기하는 것과 통화나 메일을 통해 정보를 교환하는 것은 마음의 온도부터가 다르기 때 문이다.

인맥은 넓으면 넓을수록 좋다?

"내가 아는 사람만 자그마치 천 명이 넘어"라며 폭넓은 인간관계를 자랑하는 사람이 더러 있다. 그들에게 묻고 싶다. "한밤중에 그들에게 전화해서 만나자고 하면 몇 명이나 나올 것 같으냐?"라고.

인간관계에 있어서 가장 중요한 것은 마음의 주파수다. 다시 말해 수천 명을 안다고 한들, 그들과 마음이 통하지 않으면 진정한 관계를 맺고 있다고 할 수 없다. 모든 관계는 자신이 필요할 때 도움을 줄 수 있는 사람이라야 의미가 있기 때문이다. 즉, 인간관계는 양이 아닌 질이 중요하다.

인맥 관리를 단순히 사람 관리로 착각해서는 안 된다. 인맥 관리는 사람 관리가 아닌 인간관계를 유지하는 데 초점을 맞춰야 한다. 그래야만 더욱 깊이 있는 관계로 발전할 수 있다.

3. 내게 가장 중요한 사람은 누구인가?

　자신에게 가장 중요하고, 가까운 사람은 누구라고 생각하는가? 그 사람을 위해서 최선을 다하고 있는가? 혹시 '내가 받은 만큼만 돌려주겠다'라거나, 무조건 받기만을 원하는 것은 아닌가?

　미국의 저명한 사회학자 이디엘 솔라 풀(Ithiel de Sola Pool)에 의하면, 한 사람이 평생 만나는 사람의 수는 대략 3,500명 정도라고 한다. 물론 개인마다 정도의 차이는 있지만, 대부분 그 정도 수준에서 인간관계가 정해진다고 한다.

　지금 당신은 누구를 만나고 있으며, 옆에 누가 있는가? 삶은 만남과 헤어짐의 연속이다. 하지만 사소한 만남 하나가 삶을 크게 바꿀 수도 있다.

지금 옆에 누가 있는가?

- 내게 가장 중요한 사람은 누구인가?
- 내게 가장 중요한 때는 언제인가?
- 내게 가장 중요한 일은 무엇인가?

이 세 가지 질문의 해답을 구하고자 하는 왕이 있었다. 왕은 지혜가 많기로 소문난 현인에게 그 해답을 묻기로 하고, 현인이 사는 깊은 산속을 찾았다. 자신이 먹을 만큼만 밭을 일구며 사는 현인은 늙고 병색이 완연했다. 왕은 그에게 '세 가지 질문' 즉, 인생에서 '가장 중요한 때와 가장 중요한 사람, 가장 중요한 일'을 물었다. 하지만 그는 땅 파는 일에만 집중할 뿐, 아무 말도 하지 않았다. 곧 쓰러질 것만 같은 그가 안 되어 보였던 왕은 결국 그 대신 땅을 파기 시작했다. 그런데 일이 끝날 무렵, 갑자기 산에서 한 사람이 피를 흘리며 내려오더니 두 사람 앞에 쓰러졌다. 맹수에게 습격당한 것이다. 깜짝 놀란 두 사람은 서둘러 그를 집으로 옮긴 후 정성껏 치료했다. 이튿날 아침, 정신이 돌아온 그는 왕 앞에 무릎을 꿇고 이렇게 말했다.

"사실 저는 왕을 죽이려고 이곳에 왔습니다. 그런데 그만 큰 은혜를 입고 말았습니다. 이제 그동안 제가 품은 원한은 모두 잊겠습니다."

왕은 그 즉시 밭에 있던 현인에게 달려가서 그 얘기를 전했다.

"당신 덕분에 나를 해치려고 했던 자를 친구로 만들었소. 이제, 내가 말한 세 가지 질문의 답을 알려주시오."

그러자 현인은 "왕은 이미 그 답을 얻었다"라며 이렇게 말했다.

"만일 어제 나를 동정해서 밭을 갈아주지 않고 돌아갔더라면 자객에게 목숨을 잃었을 것이니, 그때가 가장 중요한 때입니다. 또한, 맹수에 물린 사람을 도와 오랜 악연을 풀었으니 그보다 중요한 사람이 어디 있으며, 그보다 중요한 일이 또 어디 있겠습니까? 명심하십시오. 가장 중요한 때란 지금, 이 순간입니다. 누구나 지금, 이 순간만을 살 수 있기 때문입니다. 또한, 내게 가장 중요한 사람은 지금, 이 순간에 만나는 사람이며, 가장 중요한 일은 지금, 이 순간에 만나는 사람에게 선을 베푸는 일입니다."

러시아의 대문호 톨스토이(Lev Nikolayevich Tolstoy)의 단편 〈세 가지 질문〉에 나오는 이야기다. 가장 중요한 때란 바로 지금, 이 순간 가장 중요한 사람은 지금 자신과 함께 있는 사람, 가장 중요한 일은 지금 곁에 있는 사람을 위해서 하는 좋은 일이라는 것이다.

"당신에게 가장 중요한 사람은 누구인가?"

말할 것도 없이 내게 가장 중요한 사람은 바로 '나'다. 내가 있어야만 다른 모든 것이 존재하기 때문이다. 따라서 모든 일의 중심에 나를 두고, 나를 위한 삶을 살아야 한다. 하지만 대부분 눈치 보며 살기 일쑤다. 나를 위한 삶이 아닌 다른 사람을 위한 삶을 살기 때문이다. 그런 삶이 행복할 리 없다.

스티브 잡스(Steve Jobs)는 스탠퍼드대 졸업식 연설에서 자기 인생에 대해 세 가지 고백을 했다. 대학을 중퇴한 일과 자신이 창업한 회사에서 해고당한 일 그리고 자신의 병과 죽음에 관한 것이었다. 그중 대학을 중퇴한 일과 자신이 만든 회사 애플에서 쫓겨난 일을 두고는 '최고의 일'이었다고 했다. 비록 해고당한 후 수많은 좌절과 시련을 겪었지만, 결과적으로 자신이 원하는 일을 찾을 수 있었기 때문이다. 생각건대, 그는 스스로 품은 삶의 질문에 대한 해답을 찾기 위해 직접 몸으로 부딪치는 길을 택했다고 할 수 있다. 이에 그것을 가리켜 자신이 한 '가장 훌륭한 결정' 중 하나라고 말한 것이다.

스티브 잡스의 말마따나, 누구나 몸으로 직접 부딪치고 힘들게 고생하며 삶의 해답을 얻기 위해 노력해야 한다. 그렇게 해서 얻은 해답만이 삶의 정답에 가깝기 때문이다. 해답이 '질문이나 의문을 풀이하는 것'을 말한다면 정답은 말 그대로 '옳은 답'을 뜻한다. 그러니 그것을 구하는 과정이 생략된 정답은 오롯이 자신의 것이라고 할 수 없다.

누가 뭐라고 해도 내 인생의 주인공은 바로 '나'다. 자신을 믿지 못하고 사랑하지 않는데 어떻게 다른 사람에게 신뢰받고 사랑받을 수 있겠는가. 자기 자신을 믿는 사람만이, 자기 자신을 사랑하는 사람만이 인생을 아름답고 가치 있게 살 수 있다는 사실을 명심해야 한다.

인생에서 가장 중요한 세 가지 만남

지금 당신은 누구를 만나고 있으며, 옆에 누가 있는가? 공자는 인생에서 가장 중요한 만남으로 다음 세 가지를 꼽았다.

- 부모와의 만남
- 스승과의 만남
- 친구 및 배우자와의 만남

부모와의 만남

생애 첫 만남인 부모와의 만남을 일컬어 '천륜(天倫)'이라고 한다. '하늘이 맺어준 인연'이라는 뜻이다. 그만큼 부모와의 만남은 매우 중요하다. 부모와 자식 간의 '거리'는 바뀔 수 있어도 하늘이 맺어준 부모와 자식의 '관계'는 변할 수 없기 때문이다.

스승과의 만남

세계적인 운동선수나 배우, 음악가 곁에는 그들을 돕는 코치나 매니저가 반드시 있다. 그들은 대부분 같은 길을 걸었던 사람으로 자신만의 비법을 제자에게 전수하며 뛰어난 역량을 발휘하게 돕는다. 또한, 지독한 슬럼프에 빠졌을 때는 자신의 경험을 들려주며 거기서 빨리 벗어나게 돕기도 하고, 삶의 지혜를 들려주며 성숙한 인격체로 성장하게 돕기도 한다.

누구나 그런 코치나 매니저가 꼭 필요하다. 특히 자신을 스스로 제어할 수 없는 사람일수록 그들의 존재가 더욱더 절실하다. 그만큼 좋은 스승과의 만남은 중요하다. 예컨대, 알렉산더(Alexander) 대왕에게는 아리스토텔레스(Aristoteles)라는 위대한 스승이 있었고, 플라톤(Platon)에게는 소크라테스(Socrates)가, 헬렌 켈러(Helen Keller)에게는 애니 설리번 (Anne Sullivan)이 있었기에 그 이름을 역사에 남길 수 있었다.

친구 및 배우자와의 만남

친구는 우리가 부모의 품을 떠나서 스스로 만드는 맨 첫 번째 관계다. 그러다 보니 친구를 '제2의 자신'이라고 하기도 한다. 그만큼 좋은 친구와의 만남은 부모와의 만남 이상으로 중요하다. 평생을 같이할 친구가 있다는 것은 성공한 삶의 척도 중 하나이기 때문이다.

절친한 친구는 어린 시절을 함께하거나 학창 시절을 함께한 이들 중에 있는 것이 대부분이다. 하지만 그런 친구를 아직 찾지 못한 사람도 적지 않다. 그런 사람들은 이제부터라도 그런 친구를 찾아야 한다. 인생을 함께할 좋은 친구가 있는 것만큼 우리를 행복하게 하는 일은 없기 때문이다.

인생의 3분의 2 이상을 함께해야 하는 배우자와의 만남 역시 매우 중요하다. 부부란 이 세상에 존재하는 인간관계 중 가장 친밀한 관계이기 때문이다. 하지만 결혼해서 행복한 커플보다 그렇지 않다고 생각하는 사람이 훨씬 많다. 몇 해 전 조사에 의하면, 우리나라의 이혼율이 47%로 OECD 국가 중 최고 수준이라고 한다. 통계상의 오류를 고려해도 결혼 만족도가 낮은 것만은 틀림없는 사실이다. 그 이유는 과연 뭘까.

미국의 저명한 사회심리학자인 닐 클락 워렌(Neil Clark Warren) 박사에 의하면, 대부분 사람이 잘못된 결혼을 선택하기 때문에 결혼생활이 불행으로 이어진다고 한다. 따라서 행복한 결혼생활을 원한다면 결혼을 결정하기 전에 자신이 결혼하려는 이유에 대해서 잘 생각하고, 과연 그 사람과 인생관 및 가치관이 맞는지 등에 대해서도 잘 고려해봐야 한다. 사랑과 믿음이 없는 결혼은 자신은 물론 가정도 모두 불행에 빠뜨리기 때문이다.

배우자를 선택하는 7가지 기준

미국 워싱턴 대학의 토머스 홈스(Thomas Holmes) 박사는 '인생의 변화'를 수치로 측정하는 표를 개발했는데, 인생의 변화에 따라 받는 스트레스 중 가장 큰 것은 배우자의 사망이었다. 또한, 배우자 사망으로 인해 받는 스트레스를 100으로 했을 때 이혼과 별거 역시 2위와 3위를 차지할 만큼 큰 스트레스로 작용했다. 그만큼 '결혼'이 행복에 미치는 영향은 매우 크다. 이는 만족스러운 결혼생활은 행복도를 높여주지만, 그 반대의 경우 적지 않은 스트레스를 받는다는 것을 말해준다. 실제로 이혼 경험이 있는 남녀 502명(남녀 각 251명)을 대상으로 결혼 실패에 가장 큰 영향을 끼친 요인을 조사한 결과, 절반에 가까운 남성(43.0%)과 절반이 훨씬 넘는 여성(56.5%)이 배우자를 잘못 선택했기 때문이라고 했다. 사랑이 아닌 조건을 택했기 때문이다.

좋은 배우자를 선택하는 것만큼 행복한 결혼의 비결은 없다. 그렇다면 어떤 배우자가 좋은 배우자일까. 닐 클락 워렌(Neil Clark Warren) 박사는 배우자를 선택하는 데 있어서 조건보다는 가치관이나 인생관 등에 역점을 둬야 한다고 조언한다. 그러면서 다음 7가지 조건을 철저히 따져봐야 한다고 말한다.

첫째, 나를 정말로 사랑하는가?

"나는 너를 원해. 그래서 너를 사랑해."

"나는 너를 사랑해. 그래서 네가 필요해."

이중 어느 말이 진실한 사랑에 더 가깝다고 생각하는가? 당연히 후자다.

대부분 사람이 결혼하는 이유는 서로 사랑한다는 믿음 때문이다. 하지만 여기에 결혼의 비극이 있다. 만일 내가 필요하기에 나를 사랑한다면 그런 만남은 피하는 것이 좋다. 그것은 사랑이 아닌 착각일 뿐이다. 당연히 행복하기보다는 불행할 확률이 높다.

둘째, 거짓말하지 않는가?

거짓말은 서로를 불행하게 한다. 그 결과, 서로에 대한 믿음과 사랑이 하루아침에 무너지는 것은 물론 넘어서는 안 되는 선까지 넘을 수 있다. 한 마디로 인간관계의 마지노선마저 무너지는 셈이다. 따라서 거짓말을 습관적으로 하는 사람과는 애당초 인간관계 자체를 멀리하는 것이 좋다.

셋째, 서로 같은 곳을 바라보는가?

알다시피, 이혼의 가장 큰 원인은 성격 차이다. 물론 진짜 문제가 무엇인지는 본인들만 알겠지만, 부부의 성격 차이가 이혼의 핵심 사유의 하나인 점만은 확실하다.

배우자를 선택할 때 반대 성향을 지닌 사람을 선택하느냐, 비슷한 성향의 사람을 선택하느냐는 오래전부터 결혼을 앞둔 이들의 한결같은 고민이다. 어느 쪽을 택하건 장단점이 있기 때문이다.

결혼전문가들에 따르면, "배우자를 선택할 때는 가치관이 같을수록 좋다"라고 한다. 그래야만 덜 싸울 가능성이 크기 때문이다. 가치관이나 종교가 같은 사람끼리 호감을 느끼고 결혼에 이르는 경우가 많은 것도 바로 그 때문이다.

넷째, 나를 웃게 하는가?

미국인들은 하루에 적어도 15번 이상 웃는다고 한다. 반면, 우리나라 사람들은 여간해선 잘 웃지 않는다. 웃음은 단순한 마음 표현이 아니다. 긴장이 사라지고, 즐겁고 여유가 생길 때 비로소 나오는 자기표현이기 때문이다. 따라서 웃음이야말로 관계 개선의 핵심이자, 어떤 고난도 헤쳐나갈 힘을 준다는 점에서 "진정한 웃음은 어떤 혼수보다 값지다"라고 말하기도 한다. 그런 점에서 볼 때 만날 때마다 심각한 표정을 지으며 심각한 이야기만 하는 사람은 분명 문제가 있다.

다섯째, 나의 약점을 받아들일 수 있는가?

사랑에 빠지면 상대의 좋지 않은 점은 보이지 않고 좋은 점만 보인다고 한다. 그것을 가리켜서 사랑의 힘이라고 한다. 모름지기 사랑이란 바로 그래야만 한다. 사랑하는 사람의 모든 것을 있는 그대로 받아들이고 감싸줘야 한다. 그것 역시 사랑하는 사람의 일부이기 때문이다. 하지만 자아가 건강하지 못한 사람 중에는 사랑하는 사람의 약점과 단점을 참지 못하는 사람이 적지 않다. 그것은 진정한 사랑이 아니다. 따라서 배우자를 고를 때는 눈에 띄는 약점이라도 받아들일 수 있고, 그것을 소중하게 감싸주는 사람을 선택해야 한다.

여섯째, 사랑이 아닌 조건을 따지지는 않는가?

열등감에 사로잡힌 사람만큼 불쌍한 사람은 없다. 열등감은 그 사람의 모든 부분을 지배하면서 삶을 무기력하게 만들기 때문이다.

열등감은 배우자를 선택하는 순간에도 나타난다. 자신의 열등감의 원인인 콤플렉스를 보상해줄 상대를 찾는 것이다. 돈, 명예, 집안, 학력, 미모 등이 바로 그것이다. 문제는 그것이 갈등의 원인이 된다는 것이다. 사랑이 아닌 조건을 택했기 때문이다.

"열등감의 치료는 무덤 안에서나 가능하다"라는 말이 있을 만큼 치료하기가 어렵다. 그 때문에 애당초 조건을 따지는 사람은 피해야 한다.

일곱째, 나를 존중하는가?

보기만 해도 눈살을 찌푸릴 정도로 무례하거나 자기 생각과 말만 고집하는 사람들이 더러 있다. 그런 사람이 배우자라면 어떻겠는가.

상대를 존중할지 모르는 사람은 자존감이 매우 낮다. 또한, 자신을 사랑하지 못하기에 사랑 자체를 믿지 않고, 상대를 끊임없이 의심한다. 그런 사람과 결혼하면 자신은 물론 가족 모두가 상처 입을 수 있다.

까다로운 사람을 상대하는 법

생각만 해도 스트레스가 쌓이는 사람과 수시로 얼굴을 마주해야 한다면 얼마나 괴로울까. 생각만으로도 진저리칠 일임이 틀림없다. 그 때문에 많은 직장인이 회사 내 힘든 인간관계를 퇴사하고 싶은 이유 중 첫손에 꼽는다. 원만한 직장생활을 위해서는 업무능력만큼이나 좋은 인간관계가 중요하다. 그렇다면 인간관계에서 대책이 서지 않는 사람들과 만났을 때 어떻게 하면 지혜롭게 문제를 해결하고 냉정함을 유지할 수 있을까 .

끊임없이 불평하는 유형

끊임없이 불평하면서 원치 않는 조언을 일삼는 사람들이 있다. 이들은 끊임없이 잘난 척하며 남을 업신여긴다는 공통점이 있을 뿐만 아니라 완벽주의를 추구한다. 그러다 보니 괜한 트집을 잡고 물고 늘어지는 경우가 많다. 한 마디로 피곤한 유형인 셈이다. 만일 상사가 이런 유형이라면 여간해선 참기가 힘들 것이다.

이런 사람을 대할 때는 불평을 표출할 수 있는 시간을 주며, 그들의 말에 100% 동의하지 않더라도 공감한다는 표현을 자주 할 필요가 있다. 그런 사람일수록 자신이 틀리지 않으며, 다른 사람 역시 자기 생각에 동의하기를 원하기 때문이다. 그것만으로도 불평을 잠시 줄일 수 있을 뿐만 아니라 의외로 마음을 열어 보이기도 한다.

자기연민에 빠진 유형

지나친 패배 의식은 자기연민을 부른다. 자신을 불쌍하고 가엾게 여기며 희생자라고 생각하기 때문이다. 더 큰 문제는 시간과 에너지를 걱정하고 근심하는 데 낭비한 나머지 수동적이며 무기력한 삶을 산다는 것이다. 당연히 자존감 역시 매우 낮고, 남 탓하기 일쑤다.

이런 사람에게 가장 필요한 것은 자신감과 웃음이다. 따라서 이런 유형과 원만하게 지내려면 긍정적인 반응과 함께 유머가 필요하다. 아울러 자신을 잘 드러내지 않는 그들의 특성을 고려하면 먼저 다가가는 것도 좋은 방법이다.

항상 부정적이며 비관적인 유형

미국 컬럼비아대학 심리학과 연구팀이 거리에 지갑을 떨어뜨린 후 그 안에 든 신분증을 주인에게 돌려주는 사람이 얼마나 되는지 확인하는 실험을 했다. 그 결과, 약 45%의 신분증이 주인에게 되돌아왔다. 그런데 6월 6일에는 단 하나의 신분증도 주인에게 돌아오지 않았다. 그날은 바로 유력한 미국 대통령 후보였던 로버트 케네디(Robert Kennedy)가 암살당한 날이었다.

심리학자들은 여기서 중요한 사실을 하나 발견했다. 부정적인 소식은 사람들의 생각과 행동 역시 부정적으로 만든다는 것이다.

부정적이고 비관적인 소식일수록 전염성이 강하다. 사람 역시 마찬가지다. 부정적이고 비관적인 사람은 자신뿐만 아니라 다른 사람에게도 나쁜 영향을 미친다. 특히 그것이 습관적으로 반복되면 조직 전체의 분위기를 침울하게 할 뿐만 아니라 사기 역시 크게 떨어뜨린다.

이런 유형의 사람을 상대할 때는 정확한 사례와 그것이 가져온 긍정적인 효과를 전해야 한다. 또한, 그들의 주장 역시 어느 정도 타당할 수 있음으로 절대 무시하지 말고 끝까지 들어줘야 한다. 그렇게 해서 그들의 주장이 타당하면 적극적으로 반영하되, 그렇지 않으면 무시하면 된다. 유머를 적절히 활용해서 분위기를 긍정적으로 만드는 것 역시 좋은 전략이다.

자기주장만 고집하는 독불장군 유형

자기주장만 고집하며 다른 사람과의 의사소통을 소홀히 하는 이들이 있다. 이른바 '무조건 나만 옳다'라는 독불장군들이다. 이런 사람들일수록 무례하고 고집이 세며 잦은 마찰을 일으킨다. 이런 사람이 있는 조직의 분위기가 좋을 리 없다. 당연히 반기는 사람 역시 없다. 보는 것만으로도 눈에 거슬리고 신경 쓰이기 때문이다.

이런 유형과 똑같은 방법으로 맞서 싸우거나 무시하는 것은 절대 현명한 방법이 아니다. 자신의 권위가 무시당하면 더 무례한 일을 저지를 수도 있기 때문이다. 특히 상사 중에 이런 유형이 있다면 잘 듣고, 몇 번이고 확인하는 일이 필요하다. 또한, 능력을 적당히 치켜세워주되, 적당한 선에서 멈춰야 한다. 그렇지 않으면 더욱 독선적으로 변할 수 있기 때문이다. 칭찬 역시 마찬가지다. 구체적으로 하되, 강약을 적절히 조절하면서 절대 과장해서는 안 된다.

끊임없이 떠드는 수다쟁이 유형

다른 사람에 관한 소문을 퍼뜨리기를 좋아하는 사람들은 잠시도 말을 참지 못한다. 회사 안팎의 모든 소식을 알아야만 직성이 풀리기 때문이다. 그러다 보니 남들이 밥 먹을 때도 혼자 떠들기 일쑤다. 당연히 대화의 대부분은 다른 사람에 관한 이야기다.

이런 유형을 대하는 가장 좋은 방법은 처음부터 험담을 아예 차단하는 것이다. 예컨대, "이건 비밀인데 지킬 수 있지?"라고 물으면 "자신 없어"라고 말하고, "네게 할 말이 있는데 해야 할지 말아야 할지 고민이야"라고 하면 "그럼, 말하지 마"라며 여지를 두지 않아야 한다.

사실 이런 유형과는 너무 가까이하지도, 너무 멀리하지도 않는 것이 가장 좋다. 가까울수록 피곤할뿐더러 멀면 험담하고 다닐 것이 뻔하기 때문이다. 공개적으로 말실수를 지적하거나 다른 사람에 관한 얘기를 하는 것 역시 삼가야 한다. 말로는 절대 이길 수 없을 뿐만 아니라 좋지 않은 소문으로 곤란한 일을 겪을 수도 있기 때문이다.

일하지 않고 게으름만 피우는 유형

항상 무뚝뚝하고 냉소적이며, 자신의 능력을 일부러 숨기는 이들이 더러 있다. 이들은 쓸데없는 일에 고집 피우면서 눈에 띄지 않게 의도적으로 시간을 허비하곤 한다. 가장 큰 문제는 얼마든지 일을 잘할 수 있고 협조할 수 있는데도 게으름을 피운다는 것이다. 일할 마음이 없기 때문이다. 만일 이런 유형의 상사가 있다면 업무를 정확하게 인식하고 있는지 확인하고, 동료인 경우에는 일을 제대로 하고 있는지, 마감일을 상기시키며 수시로 감시해야 한다. 그래야만 책임감 있게 일할 수 있을 뿐만 아니라 조직에도 피해가 미치지 않는다.

항상 수동적인 로봇 유형

　한때는 상명하복만으로도 얼마든지 성공하던 시절이 있었다. 하지만 지금은 확실한 성과를 내지 못하면 경쟁에서 뒤처지거나 밀려나기에 십상이다. 상사의 명령과 지시에만 의존하던 시대는 끝났다는 뜻이다. 그런데도 여전히 수동적이며 다른 사람에게 의존하지 않고는 일하지 못하는 이들이 적지 않다. 이른바 '로봇' 유형이다. 이들은 다른 사람이 시키는 대로만 움직이기에 적극성과 자발성, 독립성이 필요한 조직에는 적합하지 않다. 그러다 보니 자기연민에 빠지거나 부정적이고 비관적인 생각에 빠져 인간관계 자체를 매우 힘들어한다.

　이런 유형의 사람들에게는 문제점이 아닌 해결책을 제시해야 한다. 문제점만 제시해서는 절대 문제가 해결되지 않기 때문이다. 아울러 적극적인 참여를 통해 자신감을 불어넣어 주며, 의사소통을 명확하게 해서 자립심을 키워줄 필요가 있다.

4. 인간관계 고민에서 벗어나는 법

　다른 사람의 도움을 받는 데 익숙한가? 또한, 필요할 때 언제든지 도움을 요청할 사람이 있는가? 만일 다른 사람의 도움을 받는 데 익숙하지 않다면 위기에 처했을 때 어떻게 극복할 것인가?

　말했다시피, 인간관계의 기본 원칙은 '기브 앤 테이크(Give and Take)'다. 내가 상대에 대해 알고 싶은 만큼 나 역시 보여줘야만 더욱더 의미 있는 관계로 발전할 수 있다. 자기 노출에도 엄연히 상호성의 원리가 존재하는 셈이다. 이와 같은 심리적 룰을 '상호성 규범'이라 하는데, 대부분 사람은 누군가가 자기를 도와주면 자기 역시 보답으로 그 사람을 도와줄 의무감을 느끼게 된다. 그러니 상대에게 뭔가 원하는 것이 있다면 나를 먼저 보여줘야 한다.

세상에 완벽한 사람은 없다

이란에서는 최고급 카펫을 짤 때 아주 작고 섬세한 흠을 하나 만들어 둔다고 한다. 이를 가리켜 '페르시아의 흠(Persian flaw)'이라고 하는데, 여기에는 "세상에 완벽한 것은 없다"라는 장인들의 철학이 담겨 있다. 인디언들 역시 구슬 목걸이를 만들 때 흠이 있는 구슬을 하나 꿰어 넣고 그것을 '영혼의 구슬'이라고 부른다. 여기에는 '영혼을 가진 것은 그 무 엇도 완벽할 수 없다'라는 인디언의 지혜가 담겨 있다.

빈틈이 있다고 해서 불완전한 것은 절대 아니다. 미국 심리학자 캐시 애런슨(Kathy Aaronson) 박사에 의하면 "오히려 빈틈 있는 사람일수록 타인에게 도움을 베풀 기회를 준다"라고 한다.

애런슨 박사는 '퀴즈왕 선발대회'라는 실험을 통해 사람들은 퀴즈게 임 도중 실수하거나 자신의 실수담을 털어놓은 사람에게 더 큰 호감을 느낀다는 사실을 밝혀냈다. 허점이나 실수가 오히려 인간적인 매력으로 작용한다는 사실을 증명한 것이다.

의사나 심리상담사 역시 그와 비슷한 기법을 활용한다. 이른바 '자기 공개 기법(Self-disclosure Technique)'이 바로 그것이다. 예컨대, 그들은 고객이 자신의 문제를 말하지 못하고 망설일 때 "나도 비슷한 문제를 갖 고 있다"라며 먼저 말함으로써 고객의 경계심을 무너뜨린다.

아리스토텔레스(Aristoteles)가 말했듯이, 인간은 사회적 동물이다. 그 러니 누군가를 돕고 누군가로부터 도움받는 일은 매우 당연하다. 하지 만 그것을 꺼리는 사람이 있는가 하면, 아무리 작은 일도 기꺼이 함께하는 사람도 있다. 도움받는 것을 꺼리는 이유는 부끄럽거나 약해 보이기 때문이다. 누구도 그렇게 생각하지 않는데 착각에 빠져 혼자만의 삶을 사는 것이다. 과연, 그것이 과연 행복할까.

도움받는 것을 부끄럽게 생각해선 안 된다. 또한, 도움받는다고 해서 절대 약해 보이는 것도 아니다. 도움받은 만큼 다른 사람에게 돌려주면 된다. 그리고 정작 다른 사람의 도움이 필요할 때 어떤 도움도 받지 못한 사람이야말로 가장 약한 사람이다. 누구도 혼자 살 수는 없다. 함께 어울리며 부족한 것을 서로 채워줘야 한다.

'착한 사람 콤플렉스'에서 벗어나기

가벼운 우울증에서부터 심각한 정신 질환에 이르기까지 대부분의 심리 장애는 '관계'의 문제에서 시작된다. 크고 작은 비즈니스 문제 역시 마찬가지다. 그 중심에는 언제나 관계의 문제가 있다. 삶의 모든 일에는 다른 사람과의 관계가 씨줄과 날줄처럼 얽혀 있는 셈이다. 따라서 그런 문제를 해결하려면 반드시 관계의 문제를 가장 먼저 개선해야 한다.

최선을 다했는데도 전혀 행복하지 않다면, 누구보다 열심히 살았는데도 성공하지 못했다면 자신의 인간관계를 가장 먼저 돌아봐야 한다. 예컨대, 많은 직장인이 전직이나 이직을 진지하게 고민하는 이유는 연봉이나 근무조건, 업무 때문이 아니다. 그 핵심은 바로 어렵고 힘든 인간관계에 있다.

이렇듯 크고 작은 비즈니스에서부터 가족, 친구 사이에서 일어나는 작은 일까지 대부분 갈등의 중심에는 항상 관계의 문제가 있다. 또한, 얼핏 보기에는 별것 아닌 문제도 관계가 씨줄과 날줄처럼 얽히면 훨씬 복잡해진다. 그런 점에서 볼 때 원하는 인간관계를 만들려면 다른 사람을 변화시킬 것이 아니라 자기 자신이 먼저 변해야 한다. 그리고 그것은 반드시 행동으로 이어져야 한다. 자신은 바꾸지 않은 채 다른 사람 탓만 하면 평생 껄끄러운 관계 속에서 살 것이 틀림없기 때문이다. 머릿속으로 아무리 변화를 외친들 소용없다. 그것은 공염불에 지나지 않는다. 변화란 실천이 따라야만 빛을 발휘할 수 있다.

사람을 뜻하는 한자인 '사람인(人)'에서 보듯, 우리는 누구나 다른 사람에게 도움받고 도움을 주는 관계 속에서 산다. 그러니 다른 사람에게 매력 있는 사람이 되고 싶다면, 원하는 결과를 얻고 싶다면 당장 자신을 돌아보고 변화해야 한다. 그래야만 인간관계와 삶의 질 역시 훨씬 깊고 높아질 것이다.

일과 인간관계에서 성공하는 비결

독일 함부르크 응용과학대학 심리학과 옌스 바이드너(Jens Weidner) 교수는 경영자와 기업 임원들을 대상으로 오랫동안 컨설팅을 진행하면서 한 가지 중요한 사실을 깨달았다. 바로 착한 마음만으로는 살기가 매우 힘들다는 것이다. 특히 지금 같은 경쟁 사회에서는 자신의 감정을 분명하게 표현하는 것이야말로 일과 인간관계에서 성공하는 최고 비결이라 말한다.

많은 직장인이 '착함'이란 족쇄에 발목 잡혀서 자신의 행동을 스스로 제약하곤 한다. 예컨대, 다른 사람과 협의해서 해야 하는 일의 경우 자기 마음에 들지 않더라도 그것을 단호하게 말하지 못한다. 상대가 자기보다 직위가 높거나, 유능한 사람일 때, 마음이 매우 여린 사람일 때 더욱더 그렇다. 자기 말에 상처 입을까 봐, 자기를 싫어할까 봐 두렵고 겁나기 때문이다. 하지만 그렇게 해서 일의 결과가 좋으면 다행이지만, 그렇지 않다면 그 책임은 고스란히 자신이 떠안아야 한다. 착한 사람 소리 들으려다가 무능한 사람이라는 얘기를 들을 수도 있는 것이다.

자기 생각과 감정을 제대로 표현하지 못하는 것은 자신의 발전을 가로막는 걸림돌일 뿐이다. 또한, 그렇게 되면 우울증을 비롯해 불안장애, 공황 장애까지 생길 수 있다는 연구 결과도 있다. 그런 점에서 볼 때 자기 생각과 감정을 감추는 것은 마음의 자유를 제한하는 족쇄와도 같다. 그렇다고 해서 무조건 자기 생각과 감정을 내세우라는 것은 아니다. 다른 사람으로부터 인정받기 위해 그들이 원하는 대로 말하고 행동하는 '착한 사람 콤플렉스'에서 벗어나는 것만으로도 충분하다.

다른 사람 눈치 보며 살 필요 없다. 배려하며 사는 것만이 삶의 미덕도 아니다. 또한, 착한 사람 콤플렉스에서 벗어난다고 해서 나쁜 사람이 되는 것도 아니다. 우리가 걱정하고 두려워하는 일 역시 절대 일어나지 않는다. 자기 내면의 소리에 귀 기울이고, 자기 생각과 감정을 솔직히 표현하는 것이야말로 자신은 물론 상대를 존중하는 일이기 때문이다.

힘들 때 위로가 되는 사람이 있는가?

깜깜한 밤길을 운전하다 보면 앞에 차가 있을 때 한결 쉽게 운전할 수 있다. 마음도 훨씬 안정되고 편안해진다. 앞차에서 나오는 불빛이 어둠을 밝혀주기 때문이다.

우리 인생에도 그런 앞차와 같은 사람이 한 명쯤 있다면 얼마나 좋을까. 그런 사람을 가리켜서 '멘토(Mentor)'라고 한다.

멘토의 기원은 트로이 전쟁으로 거슬러 올라간다. 트로이 전쟁 당시 출정을 앞둔 오디세우스(Odysseus)에게는 한 가지 걱정이 있었다. 아들 텔레마코스(Telemachos)가 몸도 마음도 허약하다는 것이었다. 그래서 절친한 친구인 '멘토'에게 아들의 양육과 집안일을 부탁했고, 멘토는 오디세우스가 돌아오기 전까지 무려 10년 동안 텔레마코스의 친구이자 선생님인 동시에 상담자로, 또 때로는 아버지가 되어서 그를 보살폈다. 그때부터 멘토라는 이름은 지혜와 신뢰로 한 사람의 삶을 이끌어주는 지도자와 동의어로 사용되었다.

멘토는 많은 경험과 지혜를 통해 다른 사람의 부족한 점은 채워주고, 잘못된 점은 바로 잡아주면서 올바른 방향으로 이끈다. 또한, 힘들 때마다 마음을 다독이며 따뜻하게 위로하기도 한다. 그 때문에 좋은 멘토가 있는 사람일수록 위기에 강하고 쉽게 포기하지 않는다.

좋은 멘토일수록 자신의 경험과 노하우를 강요하지 않는다. 어디까지나 그것은 자신의 경험이자 방식일 뿐이기 때문이다. 그 때문에 자신의 경험과 노하우를 전수하되, 그것이 몸에 배어서 더 뛰어난 역량을 발휘할 수 있도록 도울 뿐이다. 생각건대, 그런 사람이 옆에 있다면 얼마나 행복할까.

가족보다 소중한 사람은 없다

한 남자가 죽으면서 선배에게 이런 말을 남겼다.

"형, 다 부질없어. 가족에게 잘해. 특히 아이들과 가능한 한 많이 놀아줘."

영어로 가족을 'Family'라고 한다. 그런데 이 단어의 어원을 살펴보면 'Father+Mother+And+I+Love+You'의 단어 첫 글자를 합성한 것이라는 이야기가 있다. 즉, 가족이라는 말에는 '아버지, 어머니, 나는 당신을 사랑해요'라는 뜻이 담겨 있다.

영화 〈소중한 사람〉은 알츠하이머에 걸린 시어머니와 가족의 이야기를 담고 있다.

영화는 홀로 사는 마사코가 이사 가는 이웃에게 줄 도시락을 싸는 장면에서부터 시작된다. 작별 인사와 함께 도시락을 건네받은 이웃은 마사코에게 이렇게 말한다.

"아들이 함께 살자고 할 때 못 이기는 척 함께 살아."

그렇게 해서 마사코는 막내아들과 함께 살기로 하고, 아르바이트하며 집안일을 돕는 며느리 토모에, 손자와 한 가족이 된다.

가족에게는 언제나 행복만 있을 듯했다. 하지만 그것도 잠시, 어느 날부터 마사코가 끊임없이 행주를 만들기 시작한다. "괜찮다"라고, "그만하라"고 해도 들은 척도 하지 않았다. 그럴수록 행주를 더 만들어서 쓰라고 건넬 뿐이었다. 그러던 어느 날, 동료로부터 갑자기 환경이 바뀌면 알츠하이머에 걸릴 수 있다는 말을 들은 며느리 토모에는 시어머니의 건강이 걱정되어 남편에게 도움을 요청하지만, 오히려 면박만 당하고 만다. 마사코 역시 자신을 병원에 데려가려는 토모에를 구박한다.

결론부터 말하자면, 마사코는 토모에의 짐작대로 알츠하이머에 걸렸다는 진단을 받는다. 문제는 그때부터다. 퇴근 후 집에 온 아들은 어머니에게 화만 내고, 손자는 할머니를 무시하기 일쑤다. 그와 달리 토모에는 어떻게든 잘해보려고 노력하지만, 갈수록 증상이 심해지는 탓에 차츰 지쳐간다. "긴 병에 효자 없다"라는 말처럼 가정 어디에도 행복은 존재하지 않았다.

결국, 아들 부부는 마사코를 요양원에 보내기로 한다. 그런데 그 순간, 반전이 일어난다. 토모에와 마사코가 급속히 가까워지기 시작한 것이다. 마지막 이별을 앞두고서야 서로의 진심을 알게 된 가족은 서로를 다시 이해하고 받아들이기로 한다.

세상이 점점 각박해지면서 가족의 중요성과 가치가 더욱 중요해지고 있다. 힘들 때 우리를 위로하는 사람은 미우나 고우나 가족밖에 없기 때문이다. 문제는 갈수록 가족이 해체되어 가고 있다는 것이다. 홀로 사는 노인의 수가 급속히 늘고 있을 뿐만 아니라 '나 홀로 가구' 역시 급증하고 있다. 결혼해도 출산을 꺼리는 현상 역시 점점 두드러지고 있다.

잘 나갈 때는 가족의 중요함을 제대로 인식하지 못하지만, 어려운 일이 생기거나 혼자 해결할 수 없는 일이 생기면 제일 먼저 생각나는 것이 가족이다. 그런데 그런 소중한 가족이 갈수록 일과 다른 사람들에 의해 점점 밀려나고 있다. 가정이야말로 고달픈 삶의 안식처요, 모든 싸움이 자취를 감추는 사랑의 공간임을 망각하기 때문이다.

가족은 우리 삶의 출발이자 살아가는 힘이다. 지금이라도 이 사실을 깨달아야 한다. 인생은 생각보다 짧다.

체면 때문에 소중한 사람에게 상처 주지 마라

미국 캘리포니아 대학 심리학과 연구진이 376명의 실험 참가자를 대상으로 인생 '최고의 순간'과 '최악의 순간'을 꼽는 실험을 했다. 그 결과, 실험 참가자 대부분은 평소 이상형으로 생각하던 사람과의 만남 및 사랑의 추억을 인생 '최고의 순간'으로 꼽았다. 반면, 사랑하는 사람과의 이별 및 다른 사람과의 관계에서 비롯된 시련을 '최악의 순간'으로 기억했다.

연구진은 이를 통해 '대부분 사람은 개인적인 목표와 일, 취미, 공부 등에 가장 많은 시간을 투자하지만, 인생 최고 순간과 최악의 순간은 그것들과는 거리가 먼 다른 사람들과 교감하면서 느끼는 '감정'임을 밝혀냈다. 우리 인생 최고의 순간과 최악의 순간은 '사건'이 아닌 '사람'과 관련된 셈이다. '어떤 일이 있었느냐'보다는 '그 순간을 누구와 함께했느냐'를 중요한 기준으로 생각하기 때문이다. 그런데도 의외로 많은 사람이 소중한 사람과의 관계를 너무도 쉽게 저버리곤 한다.

"파도를 막을 수는 없지만, 파도타기는 배울 수 있다."

독일의 심리학자 배르벨 바르데츠키(Barbel Wardetzki)의《따귀 맞은 영혼》에 나오는 말이다. 마음에 상처 입는 일은 언제나 생기기에 그것을 막기는 어렵지만, 그 상처를 극복하는 일은 얼마든지 가능하다는 뜻이다.

살다 보면 마음에 상처 입는 일이 자주 일어난다. 부모부터 형제자매, 사랑하는 연인, 직장 동료에 이르기까지 수많은 사람이 마음에 상처 주는 말과 행동을 수시로 일삼기 때문이다. 문제는 본인은 그것을 모른다는 것이다.

배르벨 바르데츠키의 말마따나, 우리 영혼에 생채기를 내는 말과 행동은 전혀 생각지도 않은 순간 일어나는 경우가 많다. 그러다 보니 더 많은 상처를 받기 마련이다. 특히 예민한 사람이나 과거에 비슷한 경험이 있는 사람은 더욱더 깊은 상처를 받는다. 그 상처가 우리를 아프게 할 뿐만 아니라 삶을 불행하게 만들기 때문이다.

지구상에 존재하는 생명체 중 인간처럼 서로에게 마음의 상처를 주며 사는 존재는 없다. 중요한 것은 눈에 보이는 상처는 시간이 흐르면 쉽게 아물지만, 눈에 보이지 않는 마음의 상처는 아무리 시간이 흘러도 쉽게 치유되지 않는다는 것이다. 시간이 지날수록 상처가 오히려 더 깊어진다.

체면 때문에 사랑하는 가족 혹은 소중한 사람에게 상처 주지 마라. 사랑하는 가족과 소중한 사람이 느낄 실망 및 상처와 비교하면 그것을 통해 얻는 자기 위안은 너무도 보잘것없고, 허망한 것에 지나지 않는다. 나아가 일시적인 체면 유지를 위해 사랑하는 가족과 소중한 사람을 탓하는 일은 관계를 파탄 나게 하는 지름길임을 명심해야 한다.

상대와 같은 속도가 되어라

인간관계에서 "우린 죽이 잘 맞아"라는 말은 그만큼 비슷한 점이 많다는 뜻이다. 간혹 자신과 반대되는 성향을 지닌 사람에게 끌리기도 하지만, 친밀함을 느끼고 좋아하는 사람은 결국 자신과 비슷한 이들이다. 공통점이 많을수록 호감을 느끼기 때문이다. 또한, 똑같은 부탁이라도 자신과 공통점이 많은 사람의 부탁을 더 잘 들어준다.

누군가와 친해지고 싶다면 상대와 같은 속도가 되어야 한다. 상대가 나와 똑같을 수는 없기 때문이다. 어떻게 하면 상대와 같은 속도가 될 수 있을까.

첫째, 말투를 비슷하게 해야 한다. 말의 속도가 같거나 톤이 비슷한 사람에게 더 끌리는 경향이 있기 때문이다. 특히 상대가 말하는 스타일에 맞추거나 자주 쓰는 말을 사용하면 훨씬 쉽게 친해질 수 있다. 단, 말투까지 흉내 내서는 안 된다. 자신을 무시하거나 놀린다고 생각할 수 있기 때문이다.

둘째, 몸짓이나 손짓 같은 동작을 적절하게 활용해야 한다. 외국 영화를 보면 친한 친구끼리 하이파이브를 하거나 주먹을 마주치는 등 자기들만의 마음을 나누는 신호가 있다. 그만큼 서로 마음이 잘 통한다는 뜻이다. 따라서 마음이 맞는 사람들과 이런 동작 하나쯤 만들어서 서로 마음을 전하는 것도 좋은 방법이다.

셋째, 생각이 비슷하다는 것을 직접 보여줘야 한다. 호감 가는 사람들은 상대를 적극적으로 따라 하면서 공통점을 만들기 위해 노력한다. 공통점이 많을수록 친근감을 느껴 쉽게 가까워지기 때문이다. 상대의 말에 '좋아', '그래', 'OK'라며 공감을 표시하거나, 머리를 끄덕여줘라. 엄지손가락을 치켜세우거나 따뜻한 눈빛으로 상대를 쳐다봐도 좋다. 그런 동작만으로도 대화 분위기가 좋아지는 것은 물론 호감도가 상승할 수 있다.

넷째, 상대를 진심으로 배려해야 한다. 우리가 아무 생각 없이 하는 말에도 진심이 그대로 묻어나곤 한다. 예컨대, "원해요"라는 말과 "필요해요"라는 말은 둘 다 뭔가를 갖고 싶다는 뜻을 지니고 있지만, 그 의미는 매우 다르다. "원해요"라는 말이 절대 만족할 수 없는 탐욕과 일방적인 강요의 의미를 지니고 있다면, "필요해요"라는 말은 진심과 상대를 배려하는 마음이 담겨 있기 때문이다.

끝으로, 감사의 피드백을 반드시 전해야 한다. 예컨대, 상대의 도움이 필요할 때 "당신의 도움을 원해요"가 아닌 "나는 당신의 도움이 필요해요"라고 하는 것이 좋다. 그리고 누군가가 자신의 빈틈을 채워줬다면 "도와줘서 고맙다"라고 반드시 감사하는 마음을 전해야 한다. 그래야만 상대 역시 나의 진심을 알게 된다.

있는 그대로의 모습을 보여줘라

유능하고 똑똑한 사람으로 보이려면 자기 PR이 필요하다. 하지만 자기 PR을 너무 지나치게 해서 호감은커녕 '잘난 척한다'라는 인상만 주는 사람이 적지 않다. 좋게 보이려다가 오히려 역효과가 생기는 셈이다. 이와 관련해서 미국 클리블랜드 주립대학 심리학과 연구팀이 재미있는 실험을 하나 했다.

연구팀은 데이비드와 존이라는 가상 인물을 설정한 후 취업 서류를 만들어서 여러 기업 인사담당자들에게 보낸 후 누구를 뽑고 싶은지 물었다. 두 사람의 이력서와 추천서는 거의 똑같았지만, 존의 추천서에는 '가끔 존과 함께 일하는 것이 힘들 때가 있다'라는 문장을 추가했다. 과연 어떤 결과가 나왔을까.

실험 결과는 매우 흥미로웠다. 인사담당자 대부분이 존을 선택했기 때문이다. 이를 통해 때로는 약점을 솔직히 드러내는 것이 훨씬 좋은 결과를 낳는다는 것을 보여준다.

자기 PR의 최대 난관은 호감과 유능함 사이에서 균형을 찾는 것이다. 유능한 사람이 되는 대신 호감을 잃을 수도 있기 때문이다.

누구나 장점과 약점을 갖고 있다. 그 때문에 사소한 약점은 너그러이 넘어가 주는 경우가 많다. 심지어 유능한 사람의 경우 사소한 실수를 할 때 호감도가 훨씬 높아진다는 실험 결과도 있다. 그러므로 장점을 드러내는 만큼 약점 역시 터놓고 말해야 한다.

고대 그리스 철학자 헤라클레이토스(Heraclitus)는 "판타 레이(Panta Rhei)"를 강조했다. "모든 것은 항상 변한다"라는 뜻으로, 세상 만물은 생성, 진화되기에 영원한 것은 없기 때문이다. 약점 역시 마찬가지다. 그것을 인정하고 받아들일 때 약점은 비로소 강점이 될 수 있다. 그러니 약점을 감추지 말고 솔직히 인정해야 한다. 그래야만 약점을 극복하며 원하는 곳을 향해 나아갈 수 있다.

평생 함께할 진정한 친구를 만들어라

손을 펴면 구름이요, 뒤집으면 비인가
가볍게 날리는 사귐 많으니 어찌 다 헤아릴까
그대는 아는가, 관중과 포숙의 가난한 때의 우정을
요즘 사람은 이것을 흙처럼 버리는구나.

친구 간의 의리 없음을 한탄하는 당나라 시인 두보(杜甫)의 '빈교행(貧交行)'이란 시다. 당시에도 친구 사이에 배신을 일삼는 사람이 꽤 많았던 듯하다. 이를 통해 보건대, 시대는 변해도 사람 마음은 별반 다를 게 없는 듯하다.

휴대폰에 저장된 수많은 사람의 연락처 중 필요할 때 기꺼이 손을 내줄 사람은 얼마나 될까. 한밤중에 전화해도 화내지 않고 달려와 줄 사람이 있기는 한 걸까. 반대로 친구가 급하게 돈이 필요하거나 심각한 위기에 처했을 때 아무 조건 없이 도와줄 수 있는 사람은 또 얼마나 될까. 만일 이 질문에 흔쾌히 답할 수 없다면 지금까지의 인간관계를 한 번쯤 재정비할 필요가 있다.

참된 우정은 세대와 신분을 뛰어넘는다. 조선 후기 서예가 추사 김정희(金正喜)에게도 변함없는 친구가 있었다. 제자 이상적(李尙迪)이 바로 그다. 역관이었던 이상적은 청나라에 드나들면서 어렵게 구한 책을 제주도에 귀양 가 있던 스승 추사에게 보냈다. 하지만 누구나 권세와 이익만 좇던 시절에 여간한 용기 없이 그 일을 한다는 것은 불가능했다. 이에 추사는 그런 제자의 마음을 한시도 잊지 않고, 그의 인품을 소나무와 잣나무에 비유한 작품을 남긴다. 당대 최고의 작품으로 불리는 '세한도(歲寒圖)'가 바로 그것이다. 추사는 세한도에 《논어》의 한 구절을 빌어 이렇게 쓴다.

"날이 추워진 다음에야 소나무와 잣나무의 푸름을 안다(歲寒然後知松柏之後凋)."

진정한 친구란 비가 내릴 때 우산을 씌워주는 것이 아니라 그 비를 맞고 함께 걸어가는 사람이다. 하지만 정작 힘들고 어려울 때 주위에 아무도 없는 경우가 많다. 힘 있을 때는 온갖 감언이설을 일삼으며 곁에 머물려던 이들이 어려움에 부닥치면 언제 그랬냐는 듯이 한꺼번에 빠져나가기 일쑤기 때문이다. 그래서 진정한 친구는 가장 어렵고 힘들 때 드러나는 법이다.

남의 잘못에 관대하고, 자신에게 엄격하라

"남의 잘못에 관대하라. 하지만 자기 잘못에는 엄격해야 한다. 또한, 자신의 괴로움은 이를 악물고 참아야 하지만, 타인의 아픔은 절대 그냥 지나쳐서는 안 된다.”

수많은 중국인이 ‘인생의 책’으로 꼽는 《채근담》에 나오는 말로, ‘자신에게 엄격해서 손해 볼 일은 절대 없다’라는 깊은 깨달음에서 비롯된 삶의 지혜이다.

한 가지에 지나치게 빠지는 것을 경계하는 중국인이 딱 하나 예외로 두는 것이 있다. 바로 자신에게 엄격한 것이다. 그러나 우리 주위를 살펴보면 남의 잘못을 뼈아프게 지적하는 사람이 의외로 많다. 그런 사람일수록 자신에게 관대하다. 반면, 성공한 사람들은 하나같이 자신에게 엄격하다. 그들은 다른 사람에게는 관대하지만, 자신의 실수와 잘못은 조금도 용서하지 않는다. 자신이 세운 삶의 원칙과 기준에서 크게 어긋나기 때문이다. 그만큼 자기관리에 철저하다.

자신에게 엄격한 사람이 되려면 다음 네 가지에 주의해야 한다.

첫째, 박수에 현혹되어서는 안 된다. 박수를 다른 말로 하면 ‘인기’라고 할 수 있다. 인기는 사람을 살릴 수도 있지만, 죽일 수도 있기 때문이다. 다른 사람들로부터 박수받으면 자신도 모르게 자만심이 생기고, 이는 곧 자신을 엄격하게 바라보지 못하게 한다.

둘째, 약속은 반드시 지켜야 한다. 여기서 말하는 약속이란 자신과의 약속은 물론 다른 사람과의 약속 모두를 말한다. 다른 사람과의 약속을 지키지 않는 사람이 자신과의 약속을 지킬 리 없다. 다른 사람과의 약속을 지키지 않으면 도덕적으로 비난받지만, 자신과의 약속을 지키지 않으면 아무런 제재도 받지 않기 때문이다. 그러니 자신과의 약속을 지키려면 먼저 다른 사람과의 약속부터 철저히 지켜야 한다.

셋째, 다른 사람의 실수나 잘못에는 관대하되, 자신의 실수와 잘못에는 엄격해야 한다. 다른 사람을 용서했으니, 자신 역시 용서해도 된다고 생각해서는 절대 안 된다. 다른 사람의 잘못을 용서해야 하는 이유는 용서 말고는 다른 방법이 없기 때문이다. 하지만 자기 잘못은 다르다. 반성과 깨달음 없는 실수와 잘못은 아무런 의미가 없기 때문이다.

마지막으로, 어떤 일이 있어도 자신과 타협해서는 안 된다. 누구나 살면서 수없이 자신과 타협하고 양보하기를 거듭한다. 설령, 자신의 마음에 들지 않더라도 '이 정도면 됐어. 나로서는 최선을 다한 셈이야'라며 스스로 위로하고 합리화한다. 과연 그것이 최선일까.

삶을 돌이켜 볼 때 지금까지의 삶이 자기 생각만큼 유익하지 않다면, 그래서 뭔가 새로운 결심이 필요하다면, 지금까지와는 반대로 사는 것도 삶의 전략 중 하나다.

많은 사람이 '시간이 우리를 성장하게 할 것'이라고 믿는다. 그 결과, 나이 들고, 세상살이의 경험이 쌓이면 지금보다 훨씬 지혜롭고 크게 성장하리라 생각한다. 과연, 그럴까. 전혀 그렇지 않다. 그것은 착각에 지나지 않기 때문이다. 우리 주위에는 나이 들수록 더 비굴해지고, 더 고집스러워지며, 더 많은 편견에 사로잡힌 사람이 많다는 것이 그 방증이다.

우리의 성장 동력은 엄격함으로부터 시작된다. 그런 점에서 볼 때 성공 습관을 지닌 사람 중에서 자신에게 관대한 사람은 없다. 귀찮을 정도의 집요한 자기관리와 원칙이야말로 성공의 기본 원리이기 때문이다.

똑같은 기회, 다른 선택을 한 사람들의 상반된 삶…
그 결정적인 차이

　스포츠 분야에서 모든 선수가 정상을 꿈꾸지만, 최고의 자리를 거머쥐는 이는 오직 한 명뿐이다. 가장 높은 자리에는 오직 한 명만 오를 수 있기 때문이다. 그렇다면 과연 무엇이 챔피언과 다른 선수의 차이를 만드는 것일까.

　스포츠 멘탈 코칭기업을 운영하면서 미국 올림픽 국가대표 선수들을 비롯해 MLB(미국 프로야구 리그), NBA(미국 프로농구 리그), WNBA(미국 여자프로농구 리그), PGA 투어(미국 프로골프 리그), LPGA 투어(미국 여자 프로골프 리그), NHL(북미 아이스하키 리그), NFL(미국 프로미식축구 리그) 선수와 감독들의 멘탈 코치를 맡았던 스포츠 심리학자 짐 아프레모(Jim Afremow) 박사는 오랫동안 기억되는 위대한 챔피언을 만드는 것은 엄청난 중압감을 견디고 마지막 한 줌의 잠재력까지 끌어내는

'정신력'이라고 말한다. 타고난 재능도 강인한 정신없이는 힘을 제대로 발휘할 수 없기 때문이다.

세계 최고의 역사를 자랑하는 테니스 대회인 윔블던 남자 단식에서 3연패를 달성한 세계 남자테니스 랭킹 1위 노바크 조코비치(Novak Djokovic) 역시 그 말에 동의한다.

"힘과 힘이 부딪치고, 피와 땀이 뒤얽힌 스포츠에서 뛰어난 선수 100명을 줄 세워 놓으면 체력은 그리 큰 차이가 없다. 문제는 정신력이다. 즉, 신체적 역량과는 달리, 정신력은 상황에 따라서 크게 변한다. 따라서 꾸준한 반복과 훈련으로 기술과 역량을 키우듯, 정신력 역시 계속해서 갈고닦아야 한다."

어떻게 하면 강인한 정신력을 키울 수 있을까. 수많은 챔피언이 밝힌 강인한 정신력의 비결에는 몇 가지 공통점이 있다.

- 최고를 목표로 한다.
- 어떤 순간에도 훈련을 절대 게을리 하지 않는다.
- 자기 자신을 믿는다.

실례로, 2012년 런던올림픽 레슬링 금메달리스트인 조던 버로우(Jordan Burroughs)는 어떻게 해서 금메달을 딸 수 있었느냐는 기자들의 질문에 이렇게 말했다.

"내 눈에는 오직 금메달만 보였다."

또한, 위대한 챔피언들은 어떤 상황에서도 변명하거나 핑계 되지 않는다는 공통점이 있다. 이에 대해 아프레모 박사는 이렇게 말한다.

"혹시라도 기대했던 성적이 나오지 않을까 봐 미리 쉬운 길을 택하려고 꼼수를 부리거나 끊임없이 변명을 늘어놓는 사람이 있다. 하지만 챔피언은 다르다. 그들은 상황이나 몸 상태가 최상이 아니어도 '여전히 이길 수 있다'라고 자기주문을 걸며, 오직 그 순간에만 집중한다. 그리고 그 결과에 깨끗하게 승복하고 책임진다."

아프레모 박사는 "그런 특징은 챔피언뿐만 아니라 누구나 갖고 있다"라며, "챔피언을 부러워만 하지 말고, 꾸준히 갈고닦아서 제대로 발휘할 수 있게 해야 한다"라고 강조한다.

누구나 살면서 수없이 실수하고, 넘어진다. 실수하지 않고, 넘어지지 않는 사람은 삶을 포기한 사람밖에 없다. 그런 점에서 볼 때 살면서 넘어지는 것은 우리 잘못이 아닐 수도 있다. 하지만 넘어졌을 때 일어서지 않는 것은 100% 우리 잘못이다. 다시 일어서지 않는다는 것은 삶을 그대로 포기한다는 뜻이기 때문이다.

한 번뿐인 삶의 챔피언이 되고 싶은가? 오늘보다 나은 내일을 살고 싶은가? 그렇다면 변명하지 마라. 핑계 대서도 안 된다. 변명과 핑계는 일시적인 책임에서 벗어나게 할 수 있을지는 모르지만, 성공에서 영원히 멀어지게 하는 지름길이기 때문이다.

THE SEVEN LAWS OF WINNERS
이기는 사람들의 7가지 법칙

The Seven Laws of Winners
이기는 사람들의 7가지 법칙

초판 1쇄 인쇄 2023년 1월 20일
초판 1쇄 발행 2023년 1월 30일

지은이 임채성
책임 편집 현영환
디자인 산타클로스 김현미

펴낸곳 루이앤휴잇
주 소 서울시 양천구 목동동로 240, 103동 502호 (목동, 현대1차아파트)
팩 스 0504-039-1522
메 일 pacemaker386@gmail.com
포스트 https://post.naver.com/lewuinhewit

출판등록 2011년 8월 30일 (신고번호 제313-2011-244호)

종이책 ISBN 979-11-86273-57-9   13320
전자책 ISBN 979-11-86273-58-6   15320

루이앤휴잇은 많은 사람에게 도움이 되는 책을 출간하는 것을 목표로 하고 있습니다.
책으로 출간했으면 하는 좋은 아이디어와 원고가 있다면 주저하지 말고 문의해주세요.
pacemaker386@gmail.com